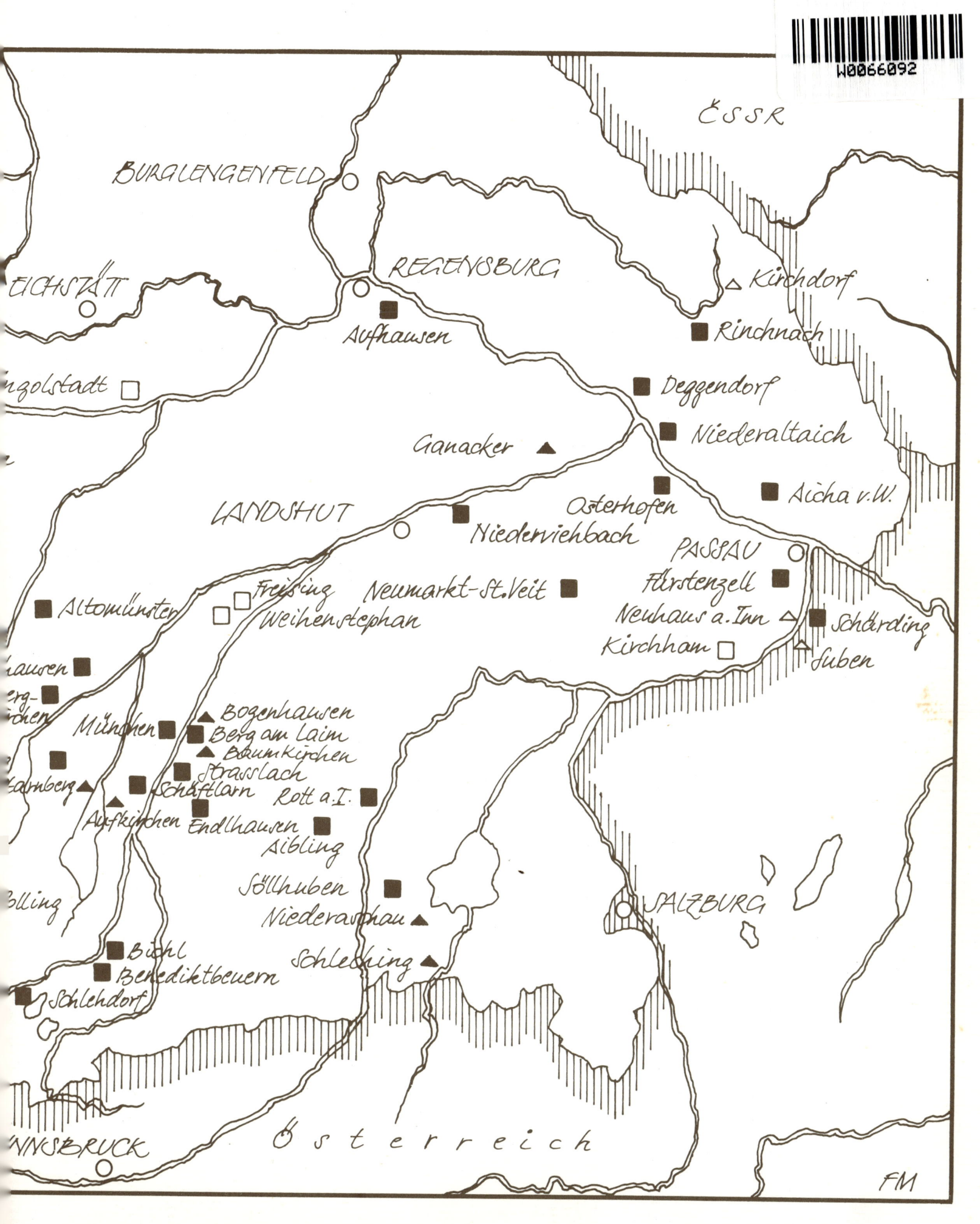

ČSSR

BURGLENGENFELD ○

EICHSTÄTT ○

REGENSBURG ○

△ Kirchdorf

Aufhausen ■

■ Rinchnach

ngolstadt □

■ Deggendorf

■ Niederaltaich

Ganacker ▲

■ Aicha v.W.

LANDSHUT

Osterhofen ■

○ Niederviehbach ■

PASSAU ○

Freising □ Neumarkt-St.Veit

Fürstenzell ■

■ Altomünster
Weihenstephan □

Neuhaus a.Inn △

■ Schärding

Kirchham □

△ Suben

hausen ■

erg- ○
kirchen ■

Bogenhausen ▲
München ■ ■ Berg am Laim

▲ Baumkirchen

Strasslach

arnberg ▲
▲ ■ Schäftlarn Rott a.I. ■

Aufkirchen Endlhausen ■
Aibling

Söllhuben
Niederachau ▲

■

○ SALZBURG

lling

Bichl ■
Benediktbeuern ■

Schleching ▲

■ Schlehdorf

NNSBRUCK ○

Österreich

FM

Johann Michael FISCHER

Norbert Lieb

Johann Michael FISCHER

Baumeister und Raumschöpfer
im späten Barock Süddeutschlands

Photographische Aufnahmen:
Wolf-Christian von der Mülbe

Verlag Friedrich Pustet Regensburg

CIP-Kurztitelaufnahme der Deutschen Bibliothek

Lieb, Norbert:
Johann Michael Fischer : Baumeister u.
Raumschöpfer im späten Barock Süddeutschlands /
Norbert Lieb. Photograph. Aufnahmen: Wolf-
Christian von der Mülbe. – Regensburg : Pustet,
1982.
  ISBN 3–7917–0716–7

NE: Fischer, Johann Michael [Ill.]

ISBN 3-7917-0716-7
© 1982 by Verlag Friedrich Pustet, Regensburg
Umschlaggestaltung: Peter M. Loeffler, Regensburg
Reproduktionen: Firma OSIRIS, München
Gesamtherstellung: Friedrich Pustet, Regensburg
Printed in Germany 1982

Inhalt

5

Einleitung

Johann Michael Fischer ist einer jener Meister, in deren Schaffen die Architektur des 18. Jahrhunderts allgemeine Bedeutung erreicht hat. Um diese abzumessen, soll der Monographie eine Einführung in den geographischen Raum, in die Umstände und Besonderheiten dieser Zeit vorausgeschickt werden.

Fragte man Johann Michael Fischer nach seinem Stand, hätte er geantwortet: »Bürger der Kurbayerischen Haupt- und Residenzstadt München«. Zu Beginn des 16. Jahrhunderts war in Bayern die langdauernde Zersplitterung der Dynastie Wittelsbach und des Landes überwunden worden. Der erbrechtlichen Konzentration folgte die fürstenstaatliche Organisation von Territorium, Verwaltung und Regierung. Parallel damit wurde die konfessionelle Einigung bewirkt, fast im Prinzip des Staatskirchentums. Gleichzeitig gewannen die bayerischen Wittelsbacher für fast zwei Jahrhunderte die erzbischöflich-kurfürstliche Würde von Köln. Das Denkmal dieser Konzeptionen und Erfolge ist St. Michael in München, das die Kirchenarchitektur Bayerns bis weit ins 18. Jahrhundert bestimmt hat.

Dem Herzog Maximilian I. gelang es, 1623 den bisher pfälzischen Kurfürstentitel und 1628 die vormals kurpfälzische Oberpfalz für sein Haus und seine Stammlande zu erwerben. Die Wunden des Dreißigjährigen Kriegs konnten unter Maximilians Sohn, Kurfürst Ferdinand Maria, merkwürdig rasch verheilen. Unter der Vormacht des Landesfürsten festigte sich in Bayern eine geschlossene Vielzahl und offene Vielfalt regionaler und lokaler Kulturkräfte. Die staatliche Organisation empfing das Leben eines Organismus. Neben dem Hof gewährten Adel, Städte und Klöster bis herunter zu den kleinsten Gruppen des Landes den Künsten die Möglichkeiten einzigartiger Entwicklung. Ihr Ursprung und Ziel war eine vitale, begeisterte und vergeistigungsfähige Freude an Bau und Bildwerk.

Zunächst wurde der Zeitraum von 1570 bis 1630 am kurfürstlichen Hof von einer niederländisch-italienischen Spätrenaissance geprägt. Sie ging bald bruchlos in bayerische Eigenständigkeit über. Die lange Regierungszeit Maximilians I. sicherte eine Kontinuität, die den Dreißigjährigen Krieg überdauern konnte. Die Kirchen von Tuntenhausen und Maria-Birnbaum sind beispielhaft gleichsam zwei Brückenpfeiler, welche die Entwicklung von 1620 bis 1660 getragen haben. Um 1660/70 wird das kurfürstliche Bayern mit der Theatinerkirche und dem Opernhaus in München und mit Schloß Nymphenburg von den ersten großen Wellen italienischer Barockkunst erfaßt.

Der nächste Thronfolger, Kurfürst Max Emanuel, weitet mit Feldherrntaten, in fast schrankenlosem dynastischem Ehrgeiz und politischen Plänen den Horizont zu internationalen Weiten. Indem er gleichzeitig in der höfischen Kunst den Anschluß an Paris herstellt, beteiligt sich Bayern an dem kunstgeschichtlich markanten Übergang der Vormacht von Italien auf Frankreich.

Neben den episodisch, inter nationes agierenden Wanderkünstlern erscheinen

Fremde, die in Bayern ansässig, ja heimisch werden. Darunter sind viele, die aus Mischgebieten stammen: romanisierte Niederländer (seit Friedrich Sustris und Peter Candid), Graubündner Baumeister, Stukkatoren vom Südrand der Alpen, in Frankreich ausgebildete Niederländer, der Wallone Cuvilliés. Nicht minder wichtig als die weltläufigen Anreger der Modernität sind aber die Gestalter eigener Kraft und Art. Sie kommen, oft in ganzen Verbänden von Familien, Sippen und Landsmannschaften, meist aus kleinen Epizentren des gewerblichen und bäuerlichen Landes: aus Miesbach etwa und Schliersee, Dachau oder Weilheim, aus der Aiblinger Gegend und den alten Klosterorten Tegernsee, Benediktbeuern, Wessobrunn. Ansehnliche Aufträge haben sich bei der Rekatholisierung der Oberpfalz und ihrer Eingliederung in den Barock ergeben: in Waldsassen und der Kappel, ferner in Speinshart, Amberg, Michelfeld, Ensdorf und Freystadt.

Der Kunstkreis Max Emanuels kulminiert in der Anlage von Park und Schloß Schleißheim. Doch gehören in die Ära dieses Fürsten auch die Klöster Benediktbeuern, Tegernsee, Wessobrunn und Ettal, die Kirchen von Fürstenfeld und Weltenburg. Für die Benediktiner der Bavaria sancta ist Salzburg eine wichtige Stelle künstlerischer Vermittlung geworden. Aus der Nachbarschaft Bayerns und Österreichs haben sich im 18. Jahrhundert mehrmals politische Rivalitäten ergeben, aus denen dynastische Erbfolgekriege entbrannt sind. Doch können während der Verbannung des Kurfürsten Max Emanuel unter der Habsburgischen Administration in München der Bürgersaal und die entwicklungsgeschichtlich bedeutsame Dreifaltigkeitskirche entstehen. Als Max Emanuel wieder nach Bayern zurückkehrt, bringt er aus Frankreich mehrere junge und neue, unter seinem Protektorat ausgebildete Künstler mit, vor allen den Dachauer Gärtnerssohn Josef Effner.

Nun ist die Zeit endgültig reif für die höchste Entfaltung auch der einheimischen Kunstbegabung. Sie breitet sich über ganz Bayern, aus dem »Untergrund« und über den fruchtbaren »Mittellagen« erheben sich wahre »Gipfel«. Vielerlei Bauaufgaben werden aktuell: die hauptstädtische Residenz und kurfürstliche Schlösser in deren Umkreis, Stadtpaläste und Landsitze des Adels, Bürgerhäuser, Klosteranlagen, Kongregationssäle, Kloster- und Wallfahrtskirchen, Pfarrkirchen (von Dörfern – wie Berbling bei Aibling – bis zu St. Peter in München), nicht zuletzt auch die bildkünstlerischen Neugestaltungen alter Kirchenräume (vom Freisinger Dom bis zu Rottenbuch, Steingaden, Ettal und Andechs). Geniale Werke bringen die 1730er Jahre: in der Hofkunst die »Reichen Zimmer« der Münchener Residenz und die Amalienburg im Garten von Nymphenburg; im sakralen Bereich die Asamkirche St. Johann Nepomuk in München. Während des nur wenige Jahre, von 1742 bis 1745, dauernden Kaisertums Karl Albrechts ist die Kirche in der Wies begonnen worden.

Darnach kann noch das stille Leuchten einer Spätzeit folgen, unter Kurfürst Maximilian III. Josef: mit den »Kurfürstenzimmern« und dem Residenztheater in München, mit den Sälen von Nymphenburg und Schleißheim, den Landschlössern Haimhausen und Sünching, den Klosterkirchen von Schäftlarn und Freising-Neustift.

Um 1770 endet die ganze Epoche, nachdem sie ein volles Jahrhundert umfaßt hat. 1777 stirbt die regierende Linie der altbayerischen Wittelsbacher aus. 1779 muß Kurbayern das Innviertel an Österreich abtreten. 1789 leitet die Französische Revolution den Zusammenbruch des alten Deutschen Reiches ein.

Die Bauten Johann Michael Fischers, im besondern die wichtigen, sind zum größten Teil festgestellt, die bedeutendsten auch fast alle erhalten.

Lebenszeit, Stand und Tätigkeit des Meisters, auch etwas von seinem schöpferischen Selbstbewußtsein überliefert die Inschrift seines Grabmals in der Frauenkirche in München. Unmittelbare Schriftstücke wie Briefe, eine Familien- und Werkchronik, Tagebücher oder Reiseberichte sind nicht erhalten, es hat sie wahrscheinlich nicht gegeben. Auch ein Bildnis ist nicht bekannt. Was man heute von den Lebensumständen Fischers weiß, muß aus einzelnen amtlichen Dokumenten zusammengefügt werden.

Abb. S. 220d

Herkunft und Frühzeit

> » . . . von dem Maister Johann Michael Fischer
> Stattmaurmaister zu Burg-Lengenveldt . . . ein
> Leiblicher Sohn«
> (Aus dem Meisterrechtsgesuch von 1722)

Johann Michael Fischer ist im Februar 1692 zu Burglengenfeld in der südlichen Oberpfalz geboren, als zweites Kind und erster Sohn eines Maurermeisters. Großvater war väterlicherseits ein Rotgerber im nahen Nabburg, mütterlicherseits ein Schneider aus einer bereits seit längerer Zeit in Burglengenfeld ansässigen Familie. Hier zeigen sich schon einige Grundtatsachen von genereller Bedeutung: Daß der Beruf vom Vater auf den Sohn übergeht und dabei die Begabung sich steigern kann; daß baukünstlerisches Schaffen auf Handwerksübung beruht; daß Bayerns Kunstzentrum München außer den internationalen, vom Hof der Wittelsbacher vermittelten Anregungen auch aus seinem Stammland immer wieder Kraft gewonnen hat.

Fischers Geburtsjahr liegt in der Mitte jener von 1685 bis 1698 reichenden Zeitspanne, während welcher die größten Schöpfer der süddeutschen Architektur des 18. Jahrhunderts geboren sind. Der Geburtsort Burglengenfeld gehörte innerhalb der in der Hauptmasse dem Kurfürstentum Bayern eingegliederten Oberpfalz zu einer Exklave des Wittelsbachischen Teilfürstentums Pfalz – Neuburg. In der Stadt führte der Vater Fischer eine vom Maurerberuf, kleiner Landwirtschaft und auch von bürgerlicher Freundschaft getragene Existenz. Als Mitglied des Rates von Burglengenfeld brachte er es auf längere Zeit zu Ansehen. Die Bezeichnung »Stadtmaurermeister« weist auf amtliche Funktion, doch ist irgendwelche Tätigkeit bisher nicht festgestellt.

Der junge Johann Michael Fischer zählte zehn Jahre, als der Spanische Erbfolgekrieg ausbrach, von dem 1703 auch Burglengenfeld bedrängt wurde. Einige Jahre später konnte die Zeit der Lehre beginnen. Wie der älteste Sohn in den Beruf des Vaters eintrat, so auch noch sein 1704 geborener Bruder (Johann) Andreas. Anders als Dominikus Zimmermann und Balthasar Neumann hat Johann Michael Fischer von Anfang an ausschließlich im Maurerfach gelernt.

11

Lehr- und Wanderjahre

». . . und hab das Maurhandtwerch nit allein ordtentlich gelehrnet und an verschidtnen Orthen darauf gewandtert, auch zu Prün in Mähren schon für einen Pällier gestandtn«
(Aus dem Meisterrechtsgesuch von 1722)

Die Lehrzeit ist auf etwa 1706/09 anzusetzen. Da Fischer bei seiner Bewerbung um das Meisterrecht in München weder einen Lehrbrief noch Gesellenzeugnisse vorgelegt hat und auch sonst bisher keine Nachweise bekannt geworden sind, bleiben wir auf Vermutungen angewiesen. Obwohl es in Burglengenfeld damals gleichzeitig mehrere Maurermeister gegeben hat, ist erster Lehrherr Johann Michael Fischers wahrscheinlich der Vater gewesen.

Bald freilich mag der Geburtsort einem aufstrebenden jungen Talent zu eng geworden sein. Die der Lehre folgende Gesellenwanderschaft hat längere Zeit gedauert und auch weithin sich erstreckt. Die Überlegungen um die »verschiedenen Orte« der Wanderschaft müssen im Umkreis des Geburtsorts beginnen. Solange während des Spanischen Erbfolgekriegs die Kurbayerische Oberpfalz unter Kaiserlicher Verwaltung stand, konnte ein Pfalz-Neuburgischer Untertan sich hier wohl frei bewegen.

Schon bald nach der Mitte des 17. Jahrhunderts hat in der Architektur der Oberpfalz eine bemerkenswerte Tätigkeit eingesetzt, an der altbayerische Bauleute, besonders solche aus dem südöstlichen Oberbayern großen Anteil hatten. So sind einige Mitglieder der Familie Dientzenhofer in den 1680er und 1690er Jahren in Amberg und von dort aus auch sonst in der Oberpfalz tätig gewesen. Die Frage, ob und wo der junge Johann Michael Fischer etwa 1710/15 in dieser Region als Geselle gearbeitet hat, läßt sich bisher nicht beantworten. Gewiß hat er den einen und anderen Kirchenbau der Oberpfalz kennengelernt, in Pfreimd etwa oder in Waldsassen, Speinshart, Ensdorf oder Michelfeld.

Fischer nennt nur eine einzige Station seiner Wanderschaft, wahrscheinlich die letzte und entfernteste: Brünn in Mähren. Der Weg dorthin ging wohl, von den Dientzenhofer bereitet, durch Böhmen, ein Gebiet von damals außerordentlich hoher baukünstlerischer Bedeutung. Versuchen wir den Verlauf der Wanderung nach Orten zu rekonstruieren, an denen Fischer besonders starke Eindrükke neuer Kirchenarchitektur hat empfangen können, so darf man etwa folgende Linie nachzeichnen: Über Waldsassen nach Eger (St. Klara, Christoph Dientzenhofer, 1707) – Prag (Christoph Dientzenhofer: 1703/11 St. Nikolaus auf der Kleinseite, 1708/15 Klosterkirche Břevnov, schon 1699 Klosterkirche Woborschischt) – nördlich von Prag: seit 1699 und wieder seit 1708 Wallfahrtskirche Gabel, 1709 Kirche Neupaka, 1714 Leitmeritz an der Elbe, 1716 Osseg bei Teplitz. Auf dem weiteren Weg nach Osten mag Fischer nach Olmütz (Jesuitenkirche, 1711/18) gekommen sein. Brünn hat er wohl etwa 1715 erreicht.

Leider erfahren wir nicht, bei wem Fischer dort als Palier gedient hat. Doch kann man diesen Meister mit einiger Gewißheit nennen: Mauritz Grimm, der aus Altdorf bei Landshut stammt und seit 1707 als Maurermeister in Brünn bezeugt ist. Dort hat er die Johanneskirche errichtet, vermutlich auch seit etwa 1710 die Wallfahrtskirche im nahen Kiritein. Während Fischers wahrscheinlicher Palierzeit ist als Werk Grimms in Brünn die neben der Minoritenkirche gelegene Loreto-Kapelle gesichert.

Der Rückweg führte vielleicht wieder durch Böhmen, möglicherweise aber auch von Brünn südwärts, etwa zu den Schlössern von Austerlitz und Frain, dann nach Wien und donauaufwärts bis Linz, von dort über Passau und Regensburg zurück nach Burglengenfeld – oder über Salzburg nach München. Die Haupt- und Residenzstadt Kurbayerns ist jedenfalls das Endziel der Wanderschaft gewesen.

Anfang in München

». . . und bin de facto bey dem alhiesigen Statt Maurmaister Johann Mayr schon bereiths im 5ten Jahr als Pällier in Arbeith«
(Aus dem Meisterrechtsgesuch von 1722)

1718 also ist Johann Michael Fischer in München angekommen. Dort hatte sich nach dem Ende des Spanischen Erbfolgekriegs die höfische Kunst der Spätzeit des Kurfürsten Max Emanuel zu entfalten begonnen. Auch die Sakralarchitektur belebte sich: Seit 1714 war der Bau der Dreifaltigkeitskirche vollendet, 1718 ihre Ausstattung. 1716 wurde das große Werk der Zisterzienser-Abteikirche Fürstenfeld wieder aufgenommen und 1717 die Pfarrkirche in Murnau angefangen. Seit dem Tod (1713) des Graubündners Giovanni Antonio Viscardi war die Bahn für jüngere, deutsche Baumeister frei geworden.

So gewiß diese Situation und ihre Aussichten Fischer nach München gelockt haben, so wahrscheinlich kann man auch einen Mann nennen, der den oberpfälzischen Maurergesellen in der Landesmetropole besonders gefördert hat: Johann Kaspar Fischer, ein jüngerer Bruder des Vaters. Er wird 1710 als »Mundbäck« am Hof des verbannten Kurfürsten Max Emanuel in den Niederlanden erwähnt und ist 1719 Hofpfistermeister in München geworden. Als solcher hatte er gute Verbindungen zum Hof, mit Beamtenschaft und Künstlern.

Seinen beruflichen Standort aber fand Johann Michael Fischer bei dem Münchner Stadtmaurermeister Johann Mayr (1677–1731). Dieser stammte aus einer Bauhandwerkerfamilie in der Gegend von Aibling, dem Ursprungsland auch der Dientzenhofer. Wie andere Berufsgenossen war Johann Mayr während der 1690er Jahre als Maurerpalier in der Oberpfalz tätig gewesen, im Amberger Kreis Wolfgang Dientzenhofers. Dann hatte er in München 1699 die Witwe des Stadtmaurermeisters Martin Gunetzrhainer geheiratet und dadurch das Amt seines Vorgängers erworben. Zugleich übernahm er die Fürsorge für zwei Stiefsöhne, Johann Baptist und Ignaz Anton Gunetzrhainer. Letzterer hat 1712/15 bei Johann Mayr gelernt. Dieser Zusammenhalt mußte für Johann Michael Fischer viel bedeuten. Ob sein Vater mit Johann Mayr etwa seit dessen Tätigkeit in der Oberpfalz schon bekannt war, ob Vermittlungen über die Dientzenhofer wirksam wurden – der Maurergeselle Fischer konnte in München keinen besseren Arbeitgeber finden. Denn Mayr war ein tüchtiger, sowohl bei städtischen und privatbürgerlichen wie bei kirchlichen Bauherrn erprobter, seit 1715 auch zu Aufträgen des Hofs und des Adels herangezogener Meister. Im Maurerhandwerk Münchens hatte er mehrmals das Amt des Zunft-Vierers inne, auch 1717 und 1724/31.

Ausdrücklich überliefert ist eine einzige Tätigkeit Fischers als Palier Johann Mayrs: 1721 in Lichtenberg. Der am altbayerischen Hochuferrand des Lechs, nördlich von Landsberg gelegene Kurfürstliche Sitz Lichtenberg genoß als Jagdschloß die Liebe Max Emanuels. Der vom Hofbaumeister Enrico Zuccali errichtete Hauptbau erfuhr 1722/23 unter Josef Effners Leitung eine neue Ausgestaltung. Bei den vorbereitenden und begleitenden Maßnahmen hat vermutlich Johann Baptist Gunetzrhainer, seit 1721 Unterbaumeister bei Hof, den Palier seines Stiefvaters eingeführt. Obwohl nur maurertechnische Änderungen oder Neben- und Wirtschaftsbauten auszuführen waren, ist Fischer in Lichtenberg dem Kurfürstenhaus bekannt geworden. Er gibt nämlich an, in Lichtenberg »von Ihro Churfürstl. Durchlaucht in Bayern (d. i. Therese Kunigunde, die Gemahlin Max Emanuels) das mündliche Versprechen dahin erhalten« zu haben, »dass wan ich alhier (in München) für einen Maister einkhomen: dieselbe mich selbsten Recommendieren wolle«.

Darauf gestützt, richtete Fischer im Februar 1722 an die Stadt München das Gesuch um Zulassung als Maurermeister. Das Handwerk erhob scharfen Einspruch mit manchen formal-rechtlichen Bedenken und zünftlerischen Einwänden, ja Bösartigkeiten. Erst im Januar 1723 genehmigte der Rat der Stadt, unter dem Druck des Hofs, die Aufnahme Fischers. Bis zur Einreichung der vorgeschriebenen »Meisterstuckrisse« verging noch mehr als ein Jahr. Während dieser Zeit könnte Fischer unter Johann Mayr 1723/24 an Schloß Schleißheim, am Preysing-Palais in München oder am Herrenkonvent von Altomünster beschäftigt gewesen sein. Auch die 1723/24 vermutlich von Johann Baptist Gunetzrhainer geschaffene Hofmarkkirche in Schönbrunn bei Dachau hat auf Fischers Entwicklung Einfluß gehabt. Am 8. Juli 1724 entrichtet Johann Michael Fischer die für das Bürger- und Meisterrecht fälligen Gebühren. Am 30. Januar 1725 wird er bei St. Peter in München mit Maria Regina, der 23jährigen Tochter Johann Mayrs, getraut.

So schließt sich der erste Kreis von Beruf und Familie. 33 Jahre alt, tritt Fischer nun in ein damals allgemein neu anhebendes Kunstleben ein. Die ersten Schritte zur Selbständigkeit tut er fern von München, im Außendienst der das kirchliche Bauwesen des Landes überwachenden Kurfürstlichen Zentralbehörde. In zwei Städten, Deggendorf an der Donau und Schärding am Inn, hat er ansehnliche Sakralbauten auszuführen. Die Aufgaben gehören ins Programm einer Kurbayerischen Kunstpolitik, die hier auf das Hochstift-Passauische Bauwesen trifft und auch den Wettstreit mit Österreich aufnehmen will. Beide Unternehmungen werden von der Gruppe Mayr-Gunetzrhainer-Fischer getragen. Vielleicht hängen sie auch noch mit Verbindungen aus Fischers Wanderzeit zusammen?

Frühe Tätigkeit im niederbayerischen Donauland und im Innviertel

S. 17: Deggendorf, Heilig-Grab-Kirche, Turm, 1722–28. S. 18: Schärding, Stadtpfarrkirche, südliche Langhaus-Wand, 1722–27.

Der Turm der Heilig-Grab-Kirche in Deggendorf

> *»Den Bau hat gefiehrt Johann Michael Fischer Burger und Statt Maurermaister in Minchen«*
> (Inschrift am Turm, 1727)

Der Neubau des Turms der gotischen Heilig-Grab-Kirche in Deggendorf war eine Angelegenheit der dortigen Stadtbürgerschaft. Im Frühjahr 1721 lag ein Entwurf des Passauer Domkapitel-Maurermeisters Jakob Pawagner vor. Im nächsten Jahr genehmigte die Kurbayerische Regierung den Beginn des Baus. Noch bevor er jedoch praktisch begonnen war, schickte die Kurbayerische Behörde im Frühjahr 1722 den Hof-Unterbaumeister Johann Baptist Gunetzrhainer aus München zu Besichtigung und Besprechungen nach Deggendorf. Er wählte einen wirksameren Standort für den Turm und erbot sich zur Verbesserung des Pawagner-Entwurfs, besonders von dessen »oberisten Thaill«. Überdies erklärte sich Gunetzrhainer bereit, für die Ausführung einen »gut experientierten Palier« zu vermitteln. Während Pawagner durch Bauunfälle an zwei nah gelegenen Orten in Mißkredit geriet, bearbeitete Gunetzrhainer das Turmprojekt. Am 2. September 1722 wurde der Grundstein gelegt. Unter dem als Bauunternehmer bestellten Johann Mayr ging das Werk rasch und gut voran. Im Frühjahr 1723 konnte es dem von Gunetzrhainer gebrachten, bisher wohl schon als Palier tätigen Johann Michael Fischer »gänzlich anvertraut und überlassen« werden. Ende 1723 standen zwei Geschoße des Turms. 1726 war die Kuppel fertig, zum Teil auch schon gedeckt. Im Herbst 1727 erhielt Fischer eine Schlußzahlung für die »Direction der Verputzung«. Als er im Spätsommer 1728 zur Setzung des Turmknaufs in Deggendorf weilte, war das sein 28. Aufenthalt am Ort. Fischer hat der Aufgabe also viel Sorgfalt zugewandt. Er, der während dieser Bauführung das Münchner Meisterrecht erhielt, dem in Deggendorf auch schon Paliere unterstanden, konnte hier seine Fähigkeiten erstmals entfalten und beweisen. Daher kommt es wohl auch, daß in der Bauinschrift des Turms nach den Amtsträgern Fischer allein genannt wird, sogar mit der (unzutreffenden) Titulatur als »Stadtmaurermeister in München«.

Den künstlerischen Hauptanteil trägt zweifellos Johann Baptist Gunetzrhainer. Da Pawagners Vorprojekt verschollen ist, läßt sich nicht sagen, wieviel der Münchner Hofbaumeister etwa von diesem übernommen hat. Man darf ihm aber den Entwurf mindestens des dritten Turmgeschoßes samt der Kuppel zuschreiben.

Die Architektur entspricht der 1720 für die kirchliche Kunst in Bayern erlassenen Kurfürstlichen Anordnung: »Es sei sich der Stil an die grossen Maîtres der Italiener zu halten«. Über einem Grundquadrat von gut 8 Metern Seitenlänge erhebt sich der Bau bis zum Ansatz der Kuppel auf etwa 42 Meter. Die zwei

Abb. S. 17

S. 19: Niederalteich, Klosterkirche, Türme, 1730–36. Die ursprünglichen Kuppeln 1813 durch Brand zerstört.

S. 20: Niederalteich, Klosterkirche, Sakristei, 1724–26. Stukkatur von Franz Ignaz Holzinger, Deckengemälde von Andreas Haindl (Wels, Oberösterreich).

S. 21: Osterhofen, Klosterkirche, erbaut 1726–28. Altäre (1731–35), Kanzel und Stukkatur von Ägid Quirin Asam; Deckengemälde und Hochaltarbild von Kosmas Damian Asam, 1732.

S. 22: Osterhofen, Klosterkirche, nördliche Außenansicht.
S. 23: Osterhofen, Klosterkirche, Aufbau des inneren Langhausrandes.
S. 24: Osterhofen, Klosterkirche, Struktur des Emporengeschosses.

22

unteren Geschoße sind mit Steinquadern verkleidet, auch das aus Backstein gemauerte dritte Geschoß ist mit Hausteinwerk ausgestaltet. In diesem Material und in der Technik kommt lokale Baugewohnheit, vielleicht aber auch etwas aus Fischers oberpfälzischer Lehrzeit zur Geltung.

Die Höhen der drei Geschoße sind in entschiedener, durch die Gebälke ausgeprägter Proportionierung bemessen. Die Vertikalgliederung geben Pilaster, im Untergeschoß toskanische, im zweiten ionische, im dritten Geschoß sind die abgeschrägten Ecken mit korinthischen Wandsäulen besetzt. Diese kanonische Folge der »Ordnungen« hat Gunetzrhainer wohl bei Josef Effner gelernt. Die in den Verhältnissen der Geschoßhöhen und durch die Gliederung getragene Steigerung vollendet die aus Kupfer getriebene Kuppel, deren Form im besondern wohl aus Österreich und auch von den Dientzenhofer angeregt ist.

In entwicklungsgeschichtlicher Hinsicht wird die um 1725 in der Architektur bestehende Lage deutlich: die Wendung von der gegliederten Schwere, Schärfe und Strenge zu einer plastisch auflebenden Gesamtbewegung. Über dem von den Regeln antikischer Renaissance gehaltenen Baukörper entwickelt sich die Bekrönung. Damit ist erreicht, was Effner 1726 in der Begutachtung von Entwürfen zum Hochaltar von St. Peter in München gefordert hat: daß »ein Original erkennt werden müsse«. Der Abschlußbericht der Stadt Deggendorf lobt die »ganz neue Manier«, die »Schönheit, Zierlichkeit und Beständigkeit« des Turms. Mit ihm hat die wohlhabende niederbayerische Donaustadt in Ehrgeiz und Begeisterung ein Hoheitszeichen der Spätzeit Max Emanuels geschaffen. (Man könnte darauf, in Entsprechung zur Imperialkunst Österreichs, die Bezeichnung »bayerische Elektoral-Architektur« anwenden.) Mehr als dies: Der Bau ist, wie es die lateinische Inschrift ausdrückt: »ein heiliger und starker Turm«, gipfelnd mit einer Vase, über welcher die Monstranz, das Heiltumszeichen dieser Kirche, über die Stadt und ihr Land erhoben wird.

Die Stadtpfarrkirche von Schärding am Inn

> ». . . zu Schärding und Niederalteich importan-
> ten Kirchen- und Turmgebäu vorzustehen habe«
> (Johann Michael Fischer, 1725)

Ähnlich wie in Deggendorf ist der Bauvorgang und auch die Konstellation bei der Pfarrkirche von Schärding. Die südlich von Passau gelegene Stadt gehörte damals zum Kurfürstentum Bayern. Die neue Pfarrkirche wurde 1720 begonnen, nach Entwürfen und unter Leitung des Passauer Meisters Jakob Pawagner. Nachdem der Bau rasch bis nah zur Wölbung gelangt war, stürzten 1721/22 nacheinander drei (Wand-)Pfeiler, wohl in der Mitte der Südseite des Langhauses, ein. Pawagner wurde entlassen und von der Kurbayerischen Regierung Johann Baptist Gunetzrhainer zum Bericht nach Schärding abgeordnet. Dieser referierte vom März bis Juli 1722 über die Fortsetzung des Baus unter seiner Leitung. Die Ausführung übernahm wie in Deggendorf Johann Mayr, dessen Anwesenheit in Schärding im Mai 1723 belegt ist. 1724 war der Rohbau vollendet, bis etwa 1726/27 wurde das Innere ausgebaut. Auch hier besorgte Fischer als Vertreter Mayrs die Arbeiten. Daß er dem Bau »vorzustehen« hat, sagt er selbst im Jahre 1725.

Anders als in Deggendorf ist in Schärding die Vorarbeit Pawagners in Grundriß und Raumstruktur maßgebend geblieben. Der Bau ist eine Wandpfeilerkirche österreichisch-passauischer Art, der Carlone-Richtung zuzurechnen. Die Wölbung, die unter Fischers Aufsicht ausgeführt worden ist, bilden Hängegewölbe, sogenannte »böhmische Kappen«. Diese weiche Gewölbeform entspricht der Entwicklungsstufe von 1725. Dazu paßt auch, außen wie innen, die Auskehlung der Ecken, besonders aber die Gestaltung der Außenseiten des Langhauses. Die Abb. S. 18 in Backstein mit hellem Verputz ausgeführte Wandung nimmt eine Folge von fünf hohen, rundbogig schließenden Nischen auf. Die sie trennenden schlanken, glatten toskanischen Pilaster stellen Ordnung und Beziehung zur Fläche her. Die Nischenmuldung ist in der donau-österreichischen Architektur vorgebildet, in der Abteikirche von Melk und in der Stiftskirche Spital am Pyhrn. In Schärding ist das Motiv an den Außenbau übertragen, wo es zumal in Schrägansichten, flüssig wirkt, in der Aufnahme von Licht und Schatten den Baukörper weich belebt. Schön ist die Wirkung zum Markt hin: Die rahmende Häuserzeile des Platzes und das überlegen postierte Kirchenschiff halten gegenseitigen Bezug, der Kurvenlauf der Häusergiebel klingt mit der modellierten Nischung der Kirchenwand zusammen.

Wer den Gedanken der Mulden-Nischen nach Schärding gebracht hat, läßt sich zunächst nicht entscheiden. Für Pawagner spricht dessen österreichische Herkunft. Falls er den Langhausbau mit der Errichtung der Pfeiler begonnen haben sollte, wäre die Ausführung der Füllmauern und deren Außengestaltung aber erst später denkbar. Gunetzrhainer hat ebenfalls die österreichische Architektur gekannt, doch ist für ihn Entwurftätigkeit in Schärding nicht überliefert. Die Idee Fischer zuzuweisen und sie aus seiner Wanderzeit herzuleiten, wäre also plausibel. Er hat für das Motiv offenbar Sympathie empfunden und es deshalb bald an einem gesicherten eigenen Bauwerk übernommen.

Erste selbständige Bauwerke in Niederbayern

Chor und Türme der Benediktiner-Abteikirche Niederalteich

> ». . . wie sich Johann Michael Fischer hierbei (beim Turm von Deggendorf) dergestalten renomiert gemacht, dass ihm anjetzt bei umliegenden und auch entfernteren Klöstern und anderen Orten . . . Hauptgebäu anvertraut worden«
>
> (Aus dem Bericht der Stadt Deggendorf über den dortigen Turmbau, 1733)

Die Entwicklung Fischers vollzieht sich von nun an in glücklicher Folgerichtigkeit. Durch die Tätigkeit in Deggendorf gewinnt er den ersten Auftrag zu einem von der Werkgemeinschaft Mayr-Gunetzrhainer unabhängigen Bau: in dem unterhalb von Deggendorf gelegenen Benediktinerkloster Niederalteich. Dort wurde die mittelalterliche Abteikirche seit 1718 durch Jakob Pawagner innen durchgreifend umgestaltet und erneuert. Während das Werk im Langhaus sich erfolgreich anließ, legte man 1719 den Grundstein zu einem neuen Chor und begann 1720 mit dessen Ausführung. 1722 waren die Arbeiten im Langhaus nach Westen schon weit vorgeschritten, als sich am Chor Schäden zeigten, veranlaßt durch den Zustand der alten Fundierung und durch verfehlten Ansatz des aufgehenden neuen Gemäuers. Deshalb wurde, wie in Schärding, Pawagner entlassen. Der an seine Stelle berufene Johann Michael Fischer plädierte nach einer genauen Untersuchung für einen vom Fundament an völlig neu zu errichtenden Chor. Diesen Vorschlag nahm das Kloster an, im Herbst 1724 wurde der Grundstein gelegt und sofort ein neues Fundament gemauert. Im nächsten Jahr begann der Aufbau nach Fischers Entwurf, 1726 war der Chor vollendet, am 2. September 1727 wurde die neue Kirche geweiht.

Abb. S. 33

Wenn auch nur ein Teil, so war der Chor als solcher doch ein »Hauptgebäu«. Groß, aus der Ferne »romanisch« wirkend, liegt die Kirche in den Auen der Donau. Das Chorhaupt ist dem Langhaus unmittelbar angeschlossen, als ein etwas gedrücktes, eben dadurch aber besonders energie-erfüllt wirkendes Halbrund. Unter Verzicht auf äußere Strebepfeiler wird die statische Sicherheit im Mauerwerk selbst garantiert. Die Verantwortungsbewußtheit des jungen Meisters ist zu verspüren. Die Mauerrundung wird durch große Nischenmulden im Gegensinn intensiviert. Sie sind nicht durch Pilaster, sondern durch auf die Mauerfläche gebrachte hochrechteckige Blendfelder gerahmt. Das Nischenmotiv ist aus Schärding übernommen, hier aber auf eine Rundkörperlichkeit gelegt. Die Formierung geschieht durch echt baumeisterlichen Zugriff, kräftiger, breitspuriger als in Schärding. Sie erscheint fast wie eine Wiederaufnahme romanischer Mauerauffassung. Die Plastizität des Gesamtkörpers wird durch Konkavitäten und Licht- und Schattenstufungen belebt.

Im Innern präsentiert sich Fischer erstmals als Raumgestalter. Ausgeführt ist eine doppelgeschossige Anlage: unten die Sakristei, ein schatzkammerhafter Gewölberaum, darüber der Mönchschor. (Dieser ist als Werktags-, auch Winterchor zu verstehen, im Unterschied zu dem vor dem Hochaltar angeordneten großen öffentlichen Festtagschor.) Der Chorraum ist im Grundriß halbrund, mit fünf großen Fenstern, die kräftige Wand verstärkt und gegliedert durch gedrungene Wandpfeiler und Pilaster. Über prägnanten und funktionsgerecht differenzierten Gesimsen liegt ein kurvig umrandetes Spiegelgewölbe, mit Stichkappen (über den Fenstern) und umfaßt von Gurtbogen, die zum Teil flach, zum Teil geschrägt, gestelzt oder gemuldet sind – alles Motivik der Dientzenhofer. Aus dieser Struktur ergibt sich raum-architektonische Festlichkeit: elementar, im Boden fundiert, sonor in Wand und Wölbung, voll ruhiger Helligkeit.

Abb. S. 20

Dieser Chor ist hinter dem Hochaltar klausuriert und ins Obergeschoß gehoben. Bei aller Abgrenzung besteht eine optische, das bedeutet eine vergeistigte Verbindung zwischen Mönchschor, Hochaltarpresbyterium und Langhaus. Die Verbindung erfolgt durch zwei oberhalb der Hochaltarbekrönung sich öffnende, lichterfüllte Teilbogen. Auf diesem Weg konnte auch das Chorgebet im Kirchenschiff gehört werden. Eine dritte Verbindung verläuft im Emporengeschoß der Langhausseitenschiffe. Die Emporen liegen im Presbyterium vor dem Hochaltar niedriger als im Gemeinderaum. Dadurch kann eine nähere Beziehung vom Langhaus zum Mönchschor hergestellt werden, sowohl in wirklichem Gehen als auch in vorwärts und zurück gerichteten Blicken. Wie hier aus den Emporen die Bewegung zum Mönchschor gezogen, in ihn aufgenommen und gesammelt wird, um auf der anderen Seite wieder großzügig in die Empore entlassen zu werden: In diese mehrfachen Bewegungs- und Schauverbindungen und ihre architektonische Gestaltung hat Fischer sich besonders gern eingefühlt.

Nachträglich wurden 1730/36 auch noch die beiden Türme neu gestaltet, nach einer (vielleicht schon 1725 vorliegenden) Planung Fischers. Die Türme sind durch den sie tragenden und zusammenfassenden unteren Quaderbau in die Gesamtmasse des Langhauses eingebunden, um sich dann in zwei Obergeschoßen als Vertikaldominanten aufzurichten. Die neuen Aufbauten bestehen aus

Abb. S. 19

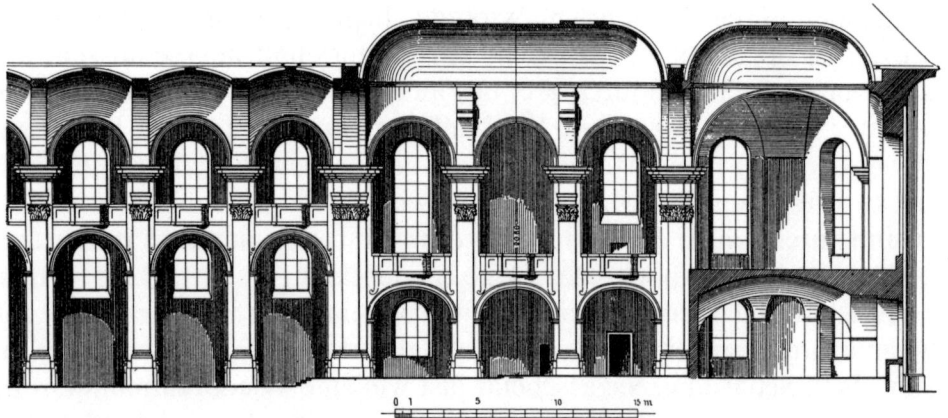

Niederalteich: Längsschnitt durch den Kirchenraum (rechts Sakristei und Chor)

28

Backstein, der mit weißer, grauer und rosafarbener Tönung verputzt ist. Rahmungen, Kapitelle und Vasen sind aus Haustein gemeißelt. Die Architektur folgt jener des Turms von Deggendorf, doch ist sie leichter gestimmt. Andrerseits wirkt sie, mit Osterhofen verglichen, feierlich: Beweis für Fischers Anpassungsfähigkeit an verschiedene Situationen. Die ursprünglichen Turmkuppeln sind 1813 durch Brand vernichtet worden.

Abb. S. 17
Abb. S. 22

Die Prämonstratenser-Abteikirche Osterhofen

> ». . . ein dem Kloster conform schönes Gottshaus nach aller Möglichkeit ausgedenkt habe«
> (Bericht Johann Michael Fischers, 1726)

Aus der Tätigkeit in Niederalteich ergab sich die Berufung an das nahe Prämonstratenserkloster Osterhofen. Im Frühjahr 1726 hatte Fischer auf Weisung der Kurfürstlichen Regierung ein Gutachten über die Instandsetzung der dortigen mittelalterlichen Abteikirche zu erstatten. Eine Woche später wird berichtet, daß der Meister zu einem Neubau rate und sogar die Niederlegung der schadhaften alten Kirche schon eingeleitet habe. Im Spätsommer war der Abbruch beendet und die neue Fundierung bereits begonnen, anscheinend bevor noch die Genehmigung der weltlichen Oberbehörde ergangen war. Dank dem Einsatz eines großen Bautrupps konnte schon im November 1727 das Mauerwerk der neuen Kirche »bis an das inwendige Hauptgesims gehen« und 1728 der Rohbau unter Dach kommen.

1728 hatte Fischer also vier Bauten zugleich in seiner Hand: Deggendorf, Schärding, Niederalteich und Osterhofen. In Osterhofen durfte er erstmals selbständig einen größeren ganzen Kirchenbau nach eigenem Entwurf schaffen.

Von der mittelalterlichen Kirche übernahm er den Westteil: ein enggestelltes Turmpaar mit einem dazwischen liegenden Vorraum. Ein geplanter Ausbau der Türme (wie in Niederalteich) unterblieb, dafür entstand über dem Vorraum ein einziger Turm. Die Gliederung in Gemeinde-Langhaus und eingezogenen Chor ist für eine Klosterkirche kleineren Ausmaßes aus Bestimmung und Tradition gegeben. Die Breite des neuen Mittelraums entspricht wohl jener der alten, dreischiffigen Kirche. Doch hat Fischer »die allzu großen Pfeiler« (Freipfeiler) des mittelalterlichen Langhauses aufgegeben, um mehr »Weite« zu gewinnen: einen ungeteilten freien Mittelraum. Der gesamte neue Raum ist in seinen Dimensionen leicht faßbar, in den inneren Proportionen ruhig durchgestimmt.

Grundriß und Aufbau des Langhauses gehen vom Wandpfeilerschema aus. Ihm ist ein Emporengeschoß eingezogen. Für die Konzeption ist charakteristisch, daß die Mitte des Langhauses von drei gleichen Jochen eingenommen wird und daß vor und nach diese Trias je ein flacheres Joch geschaltet ist, mit Balkonen anstelle der Emporen. Für diese Disposition ist wohl die Theatinerkirche in München (1663) Vorbild gewesen.

 Abb. S. 22 Außen zeigt sich die Kirche als hoher Langbau, dessen Einheit durch die mit gleicher Trauflinie und gleicher Firsthöhe angelegte Dachung bestimmt ist. An der freien Nordseite wird die Wandung durch Vertikalstreifen gegliedert. Der nach Osten gerichtete Chor schließt nach mittelalterlicher Art in dreiseitiger Brechung, über welcher das Dach einmal getreppt und prismatisch zugeschliffen ist – was an Fischer von Erlach erinnert. Der ganze Außenbau wirkt wie ein auf die Randhöhe des Donautals gehobenes Kirchen-»Schiff«. In deutlichem Unterschied zum altehrwürdigen Habitus der Benediktinerkirche Niederalteich äußert hier sich die neue, vornehme Kunstkultur der Prämonstratenser.

Abb. S. 33

Ihr verdanken wir im besondern die Innengestaltung der Kirche, welche die Asam, der Maler Kosmas Damian und der Stuckplastiker und Altarmeister Ägid Quirin, geschaffen haben. Ihre Kunst und Werkgemeinschaft war in dieser Gegend 1720/21 durch die Zisterzienser-Abtei-Kirche von Aldersbach bekannt geworden. Der neue Auftrag hat dem Brüderpaar so viel Wirkung verschafft, daß Osterhofen vor allem als »Asam-Kirche« berühmt ist. Anders als Fischers Bauführung gedieh die Arbeit der Asam nur langsam. Selbst bei der Weihe im Herbst 1740 war die Kirche noch nicht ganz vollendet.

Selbstverständlich ist ihre Innengestaltung vom Abt des Klosters angegeben und entschieden, wahrscheinlich in Besprechungen auch zwischen den Asam und dem Baumeister vorbereitet und angelegt worden, wobei wohl bald Einverständnis zwischen den Partnern bestanden hat. Obwohl es grundsätzlich kaum ergiebig ist, Anteile scheiden zu wollen, so kann die Behandlung der Pilaster, die Auswärtsbiegung der Kapellenfenster und das Oberlicht des Hochaltars als Beitrag der Asam gelten. Sonst läßt sich die Abrundung aller körperlichen Kanten und räumlichen Ecken Fischer zuweisen und aus der Entwicklung Schärding-Niederalteich verstehen.

Abb. S. 21

Langhaus und Chor werden durch ein muldenförmig modelliertes Übergangsfeld miteinander in Bezug gebracht. Da die Emporen tiefer als in Schärding liegen, können sie mehr am Raum teilnehmen. Aufgegeben ist gegenüber Schärding das dort ganz durchgezogene Gebälk, die Querarmidee, die Gliederung der Gewölbe durch Gurtbogen. Dagegen äußert sich in Osterhofen ein entwicklungsgeschichtlich jüngerer Sinn, der in Struktur und Raum auf eine leicht und weich bewegte Einheit ausgeht. So werden die Flanken des Langhauses primär nicht von einer Gerüstfolge jochweise gesetzter Pfeilerkuben bestimmt. Auch die Kapellen und Emporenzellen sind vom Grundriß auf nicht rechtwinkelig zugerichtet, sondern je breitrundlich geformt und als Raumzylinder hochgeführt. In der Grundfigur können diese Begleiträume in überarchitektonischer Bildlichkeit fast wie ein Perlbesatz an der Mittelbahn erscheinen.

Abb. S. 23, 34

Im Aufbau zeigen die Langhausflanken eine einzige Reliefeinheit, in fließendem Wechsel zwischen den konvexen Emporenbrüstungen und den konkaven Stirnseiten der Wandpfeiler. Die Brüstungen der Emporen sind zugleich festliche Bekrönungen der Kapellen. Die Lisenen und Bogen, welche in Kapellen und Emporen einleiten, sind schräg gestellt und kurvig verdreht. Die Arkaden der Emporen verhalten sich zum Mittelgewölbe nicht in stichkappenartig scharfer Auseinandersetzung, sondern in geschmeidiger Verbindung. Die Bogen der Kapellenstufen und der Brüstungen, ja sogar die Biegung der Fensterflächen resultieren daraus, daß die Idee der Raumzylinder Vorrang hat. Die spalierähn-

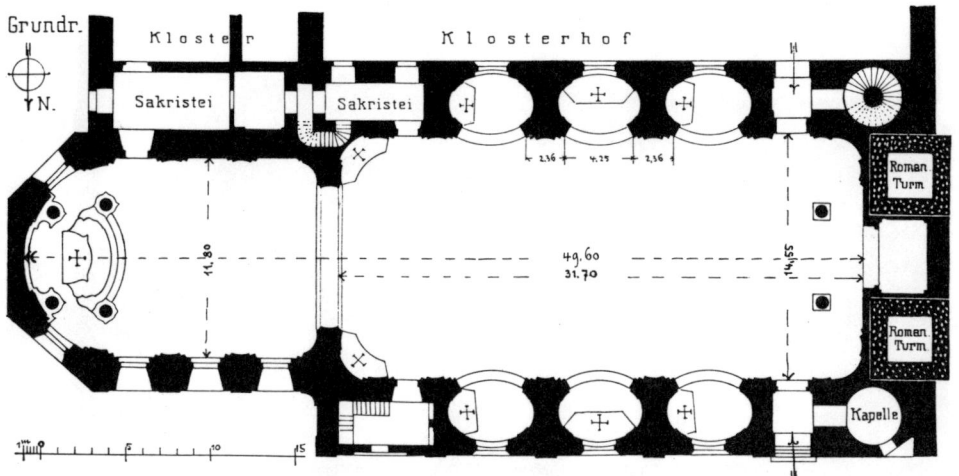

Osterhofen: Grundriß der Kirche

liche und raumhaltige Struktur der Langhausflanken wird an den Wänden des Chors, in flächige Projektion abgewandelt, weitergeführt.

Es ist eine bedeutsame Leistung des jungen Baumeisters, wie hier in das Wandpfeilersystem, dieses weitverbreitete und vielbewährte Traditionsgut der süddeutschen Kirchenarchitektur des 17. und 18. Jahrhunderts, neue Motive eingebracht sind. Wohl hatte die Tendenz zur Bewegung der Randstruktur schon bei den Vorarlbergern zu verschiedenen Lösungen der Wandpfeiler und auch zu konkaven Emporenanlagen (Weingarten 1715, Donauwörth Heilig-Kreuz 1717) geführt. Für die von Fischer in Osterhofen gefundene Weiterbildung sind vor allem aber Erfahrungen seiner Wanderzeit in Böhmen und Mähren, im Dientzenhofer-Kreis, als Anregung vorauszusetzen. Das Hauptergebnis der neu »ausgedenkten« Lösung ist, daß im Langhaus die Belebung und Definition des Mittelraums von den Flanken her erfolgt. Die am deutlichsten in den Emporen vorgetragenen Kurven fungieren, eher in sich spielend als Kraft aufwendend, von der Rundung aus nach innen. Im Unterschied zur Münchner Theatinerkirche geben der Grundriß und das Raumfeld keine direkte Antwort auf die Fragen nach dem Aufbau und nach Art und Gliederung der Gewölbe.

Die bildnerische Ausformung des neuen Struktur- und Raumkonzepts erfolgte durch die Asam: in Stukkatur, Altären, Plastik und Deckenmalerei, Dekoration, Farbe und Licht. Besonders im Gesamtblick von dem unter der Orgelempore eingeordneten Balkon aus kann der vom Architekten zubereitete Raumbau als erfüllter Bildraum erfahren werden. Dem Freskomaler waren weite, ungeteilte Deckenflächen überlassen. Über die drei Mitteljoche des Langhauses zieht ein einziges Bildfeld. Das Deckenbild des Chors wird, in ausgleichender Antwort zur Konstitution des Langhauses, von Architekturmalerei gerahmt. Dem Hochaltar zuliebe ist der Chorschluß innen gerundet. Auch der Umstand, daß der Chor nur direktes Nordlicht erhält, fördert die bildkünstlerische Darbietung. Indem die beidseits mittlere der drei Langhauskapellen mit einem größeren, an die Wand gestellten Altar versehen ist, kann im optischen Zusammenhang eine Querachse wirksam werden. Zwei andere Seitenaltäre vermitteln den Übergang vom Langhaus zum Chor.

S. 33: Niederalteich, Klosterkirche, Chorhaupt 1724–26
und Türme 1730–36.
S. 34: Osterhofen, Klosterkirche, linke Langhauswand
und Übergang zum Chor.

Osterhofen: Längsschnitt durch den Kirchenraum

Die (etwa in Melk vorgebildeten) Balkone wirken als Theatermotiv. Die
Emporen, in ihrer praktischen Funktion eigentlich Luxus, sind vornehmlich für
die bildliche Erschließung des Raums unentbehrlich. Sie verhalten sich zum
saalhaften Mittelraum so, wie Hausbalkone eine Palaststraße begleiten oder
einen Innenhof rahmen. Während die Kapellen vom Mittelraum ausgehen,
wenden sich die Emporen umgekehrt von außen nach innen. Ihre konvexen
Brüstungen lassen verborgene Raumgehalte ahnen. Von den Emporen her
ergeben sich Schrägblicke zum Chor und Hochaltar wie auch Einblicke in
das Langhaus; sie gewähren Aufblicke auf den Boden und die dort im Schiff
versammelte Gemeinde, Einsichten in die gegenüberliegenden Kapellen und
nähere Aufblicke in die Bilderwelt der Decken. Solche Beziehungsmöglichkeiten hatte Kosmas Damian Asam in der Neugestaltung des Freisinger Doms
entwickelt, nun konnten sie in Fischers Bau eingehen. Überdies erfährt man im   *Abb. S. 24*
Emporengeschoß als Überraschung die unverzierte, fast abstrakte Gegenwart
glatter, weißer Wände und durchleuchteter Glasflächen. Der helle Raumzylinder wird oben jeweils von einem Gesims umfaßt und abgeschlossen. Die
Gesimskurven sind zu einer Bewegungsführung differenziert. Da dem Vertrag
zufolge die stukkierten Rahmenwerke und Gesimse dem Baumeister übertragen
waren, dürfen wir hier eine exquisite Leistung Fischers sehen. Scharf geschnittene Durchgänge verbinden die einzelnen Zellen zu einem Zusammenhang und
teilen diesen wieder. Architektur und Bildkünste sind gegenseitig akzentuiert:
Strenges gegen Freies, Rationalität gegen sinnliche Schau – aber wesentlich ist
und bleibt die von Fischer und den Asam getragene Gemeinschaft der Künste.
Unterschieden von der Buntheit des Salzburger Doms wie von der farblos
gebliebenen Helligkeit der Salzburger Kollegienkirche, schweben in Osterhofen
Farben und Gold auf weißem Grund, erfährt das Licht durch den ganzen Raum
eine zarte Modulierung, ohne dramatische Kontraste.
Fischers Architektur mag den Asam willkommener gewesen sein als die Sche-
matik von Aldersbach oder als der im Freisinger Dom verlangte Kompromiß mit

S. 35: München, Klosterkirche St. Anna am Lechl, 1727–37; Zustand von 1981 nach der 1979 beendeten Wiederherstellung des 1943/44 schwer beschädigten Raums. Hochaltar und Stuckwerke von Ägid Quirin Asam, Deckengemälde von Kosmas Damian Asam.
S. 36: Unering, Dorfkirche, 1730–32; südliche Außenansicht, Turm 1830.

dem Mittelalter. Daß in Osterhofen das Asamsche Raumbild heller, »jünger« erscheint als in Fürstenfeld, Rohr und Weltenburg, kommt aus Fischers Architektur. Sie hat nach Schärding und Niederalteich eine neue Stufe erreicht, abgeklärt und rein, doch ohne der Wärme und Herzlichkeit zu entbehren. Die vom Dom in Salzburg über jenen in Passau gehende Entwicklung verläßt hier die Ära der sakralen Triumpharchitektur. Das Leitthema von Osterhofen bezeichnet in der Chorbogeninschrift das Wort »gloria«. Ausdruck des Kirchenraums ist nun eine gelöste, den Menschen zugetane Freude. In diesem Sinn hat die prämonstratensische Kunstliebe und das zwanglose Zusammenwirken Fischers und der Asam in Osterhofen als »theatrum sacrum« eine neue raumbildliche Rhetorik der Kirche eingeleitet.

Die Propstei-Kirche Rinchnach im Bayerischen Wald

Eine der »Hauptkirchen« Fischers: die »Probstey Rinching am Böhmerwald«
(Bauakten von Berg am Laim, 1739)

Im Jahr der Vollendung des Chors in Niederalteich erhielt Fischer von diesem Kloster einen weiteren Auftrag: In Rinchnach am Bayerischen Wald war 1727/29 eine Neugestaltung der spätgotischen Propsteikirche durchzuführen. So sehr die Aufgabe einem Neubau nahe kam, sollte doch vom alten Mauerwerk möglichst viel erhalten bleiben. Tatsächlich ist im Äußern das Altarhaus mit seinem dreiseitigen, von Strebepfeilern besetzten Schluß deutlich noch als mittelalterlicher Bauteil zu erkennen. Das Langhaus stellt sich als Rechteckkasten dar, nüchtern fast wie eine Scheune; breit und schwer auch die Eingangsseite – das Ganze der Landschaft des Bayerischen Walds angepaßt.

Abb. S. 45

Um so mehr überrascht das Innere: nicht nur groß, auch großartig. Da die Ausstattung einfacher als in Osterhofen gehalten ist, wird Fischers Baumeisterschaft um so mehr sichtbar. Indem sich der Architekt hier eine Zentralisierung des Gemeinderaums zum Ziel setzte, nahm er erstmals und sogleich in durchaus persönlich anmutender Art ein Problem auf, mit dem er sich sein Leben lang immer wieder beschäftigte.

Da in Rinchnach zusätzlich die Auseinandersetzung mit alten Gegebenheiten verlangt war, traf sich die vom Bauherrn gebotene Sparsamkeit mit der Bedächtigkeit und nicht minder mit der erfinderischen Begabung des Baumeisters. Bemerkenswert ist die gedankliche Entwurfprozedur. Anknüpfend an Osterhofen, erfolgt die Formung des neuen Raums durch Einbau innerhalb des gesetzten Mauer-Rahmenwerks. Das Neue wird nicht in Zerstörung alter Werte erreicht, sondern in schöpferischer Innenentwicklung. Dem Finden der Lösung kam zugute, daß der rechteckige Gemeinderaum in der Längsrichtung gedrungen, in der Breite hingegen eine saalhafte Weitung aufzunehmen bereit war. Den Wänden hat Fischer kurze, aber stabile Wandpfeilereinzüge vorgelegt, die mit glatten Pilastern besetzt sind. Die vier Ecken des Raumkastens werden abgeschrägt und in tiefe Halbrundnischen ausgeformt.

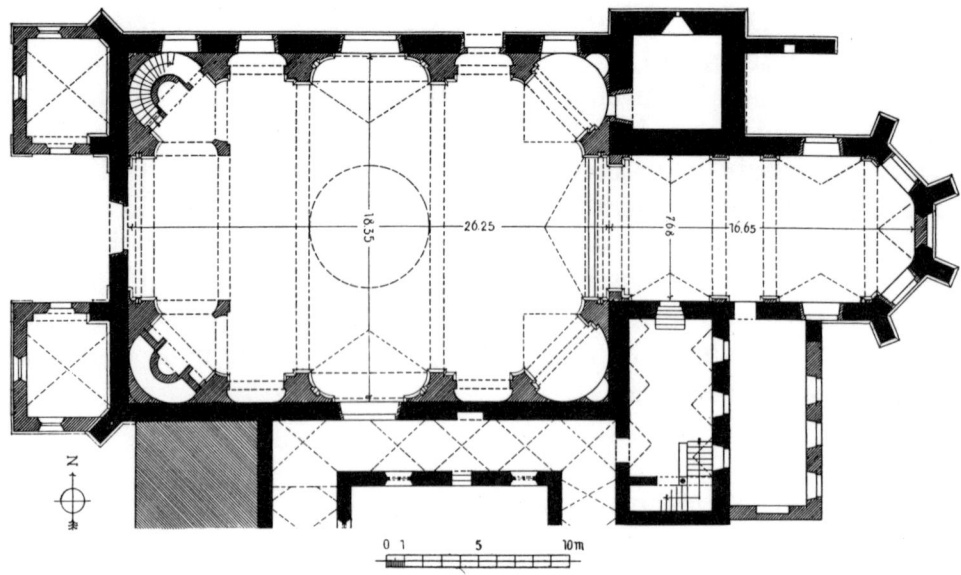

Rinchnach: Grundriß der Kirche

Nachdem man den Gang dieser Vorstellungsfolge im Grundriß erfaßt hat, muß man, um die Wand- und Raumgliederung zu verstehen, die Wölbung betrachten. Über dem ganzen Gemeinderaum liegt eine flachkuppelige Spiegeldecke. In ihr werden durch zwei große quergezogene Gurte drei Teile ausgegrenzt, wodurch eine Mittelquerbahn sowie je eine dieser vorangehende und eine ihr folgende Bahn entsteht. Von den Schrägseiten her sind vier kleine Stichkappen ins Gewölbe eingeführt. Je eine breitere und tiefere Stichkappe bezeichnet die mittlere Querbahn. Das dem ganzen Raum als Einheit zugedachte Gebälk setzt in den Mittelflanken aus. Dort ist die Wandung konkav gemuldet, so daß die Flanken des Mittelteils etwas von vermehrter querarmartiger Wirkung erhalten. Konkav sind auch die an den Diagonalnischen stehenden Pilaster geformt. Über den Gebälken sind Wandbogen angelegt: wechselnd Halbkreisbogen und (im Mittelteil) weitere, gedrückte Korbbogen, alle von nahezu gleicher Scheitelhöhe. So entsteht eine periphere Geleitzone, welche zwischen Wand und Wölbung vermittelt, im besondern aber die Tief-Zentralität des inneren Gesamtraums entscheidet. Im Gewölbe selbst ist die Mittelbahn weniger tief als die erste und dritte Begleitbahn. Zum Ausgleich wird die Mittelbahn akzentuiert durch eine auf einem kleinen Kreis sich öffnende, wie eine Krone aufgesetzte Kuppel, die durch Malerei und Licht ausgezeichnet, nach außen aber im Dach verborgen ist. Nach dem Gemeinderaum folgt der schmale und tiefe, aufgehellte Chor- und Hochaltarraum.

Wie in Osterhofen ist das ganze Innere sorgsam abgemessen; die Fußlinie des Gewölbes trägt in den Aufbau eine bewährte proportionale Teilung ein.

Die Innenwandung wird wie ein Relief behandelt, näherhin ähnlich einem *Abb. S. 46* Reliefentwurf, der mit Ton oder Wachs auf einem Brett aufgetragen und dann geschnitten und modelliert worden ist. Durch diese Wandgestaltung wird schon Raum angegeben, in der Bewegung des Wandreliefs etwa auch innere Raumlebendigkeit widergespiegelt. Die Belichtung ist infolge des anstoßenden Propsteigebäudes unausgeglichen, doch wird auch aus dieser Zwangslage Leben gewonnen. (Leider ist die Lichtkomposition des Gemeinderaums durch die nachträgliche Vermauerung der rechten rückwärtigen Kapelle geschädigt worden.)

Die Zentralisierung des Gemeinderaums und eine gewisse Schwere der Architektur legt den Vergleich mit Bauten des Giovanni Antonio Viscardi nahe: mit Maria-Hilf bei Freystadt in der Oberpfalz (1700) für die Eckräume, mit der Dreifaltigkeitskirche in München (1711) für die Kuppel. Auch der dem Enrico Zuccali zuzuteilende Zentralraum von Murnau (1721) und die Gunetzrhainersche Kirche von Schönbrunn bei Dachau (1723) dürfen als Voraussetzungen für Rinchnach gelten. Die Wandgestaltung hängt wohl mit Böhmen, Mähren und Österreich zusammen. Die mittlere Wandarkatur gibt es ähnlich in der oberbayerischen Kirche von Lenggries (1721), die der Richtung Gunetzrhainer/ Effner zugehört. Die Kuppel kann Kenntnis der Salzburger Kollegienkirche verraten.

Johann Michael Fischer hat die Aufgabe von Rinchnach mit Ehrgeiz, Energie und Geschick gemeistert. Bemühung, auch Künstlichkeit läßt sich nicht verkennen. Eindrucksvoll ist die abgewogene Verteilung der Akzente und Werte. Vitale Originalität ist im Längsschnitt und in Querschnitten abzulesen, auch wenn man den Grundriß in verschiedenen Höhenschichten nimmt. Für den Willen zur Konzentration spricht, daß die horizontalen Mittelachsen der vier Eckräume sich in der Vertikalachse des Kuppelzentrums schneiden. Sowohl die Körperlichkeit wie auch die partielle Raumhaltigkeit der Wandung wird in Hinterschneidungen, Hinterfangungen und Höhlungen anschaulich, in anregender, wenn auch etwas »einrissiger« Art. Besonders merkwürdig sind die in die Friesstreifen geschnittenen kleinen Oculi mit ihren Durchblicken. Dieses Motiv, mehr noch die stellenweise unreinen Fensterformen lassen vermuten, daß an dem verhältnismäßig entlegenen Ort in der Ausführung manches etwa wenig ausgebildeten, dafür um so eigenwilligeren Hilfskräften überlassen werden mußte.

Andrerseits stellt sich im Längsschnitt an den Langhauswänden fast ein Triumphbogenschema heraus. Darin und in der Kuppel kommt architektonische Rhetorik zur Geltung. Die Verwandlung der baulichen Realität der Kuppel in schwebende Erscheinung zeigt, daß die Zeit des Bild-Raums gekommen ist. Fischers Begabung wird auch hier darin wirksam, wie Rationalität und Sensibilität ineinander verwoben sind, zum Ansatz einer neuen Entwicklung, die Zukunft hat.

Das erste Meisterwerk in München: St. Anna am Lechl

»Batie sur les deßin du Maitre Maßon Fisher en 1728«
(Unterschrift des Grundrisses im Kupferstichwerk des François Cuvilliés)

Die Bauten im niederbayerischen Donauland waren noch nicht vollendet und die Kirche von Rinchnach eben begonnen, als Fischer in München den Ruf für St. Anna am Lechl erhielt. In diesem östlichen Vorgelände der Landeshauptstadt war vor kurzem eine Niederlassung des Hieronymitenordens gegründet worden. Dank der Huld des Kurfürstenhauses und mit Förderung der Bürgerschaft konnte eine planmäßig geordnete Anlage von Kloster und Kirche entstehen und dem Gotteshaus selbst eine kunstvolle Gestaltung zuteil werden.

Die Grundarbeiten zur Kirche begann Fischer im März 1727. Am 19. Mai legte Kurfürstin Maria Amalia den Grundstein. Bis 1733 war die Baustelle jeweils von Frühjahr bis Herbst in Betrieb. Gleichzeitig erstellte Fischer einen »Teil« des Klosters, den links an die Kirchenfassade anstoßenden Trakt. Schon 1729 wurde die große Wölbung der Kirche geschlossen. Am Weihnachtsabend von 1730 konnte der Kirche die einstweilige Benediktion erteilt werden. Doch erst im Herbst 1733 beendete Fischer seine Arbeit, die Schlußzahlung quittierte er im Frühjahr 1734. Am 19. September 1737 fand die Weihe statt. Nachdem die Kirche 1943/44 durch Luftangriffe schwer getroffen worden war, wurde bis 1951 zunächst das Mauerwerk wieder gesichert und geschlossen. 1965/66 erfolgte die Rekomposition der Fassade, bis Frühjahr 1979 die Wiederherstellung des Kircheninnern.

Da St. Anna nicht als Pfarrkirche zu dienen hatte, konnte der Bau in den Dimensionen mäßig gehalten werden: Die Gesamtlänge bleibt unter der Hälfte jener von Osterhofen. Da die Hieronymiten keines größeren, offen zwischen Langhaus und Hochaltar angelegten Mönchschors bedurften, ergab sich ein näher zusammenhängender Gesamtraum, der, ähnlich der Münchner Dreifaltigkeitskirche, die Andacht einzelner Besucher und kleiner Gruppen bestens aufzunehmen geeignet war.

Der Raum ist nach außen in eine auf längsrechteckigem Grundriß liegende Rahmung verschlossen. Die mit Rinchnach verwandte kastenartige Form des Außenbaus wurde hier wohl gewählt, weil sie der klausurierten Strenge der Hieronymiten gemäß war. Die Entwicklung Fischers kann man darin erkennen, wieviel mehr als in Osterhofen hier im Innern baumeisterliche Raumstruktur zur Geltung kommt.

Abb. S. 213c und d

Thema ist wie in Rinchnach eine Verbindung von Längs- und Zentralräumlichkeit. Aufs erste statuieren Wandpfeiler Vertikalität. Zugleich erstellen sie, ohne das horizontale Gegengewicht von Emporen, ein raumhaftes Tief-Rund. An seinen Flanken liegen je drei Nischen: eine breitere, aber etwas flachere in der Mittelquerachse und als deren seitliche Begleitung, schräg gedreht, zwei schmälere, doch tiefere Nischen. Auf der Längsachse wird der Raum am Anfang aus einem Vorraum eröffnet, auf der entgegengesetzten Seite mündet er in ein

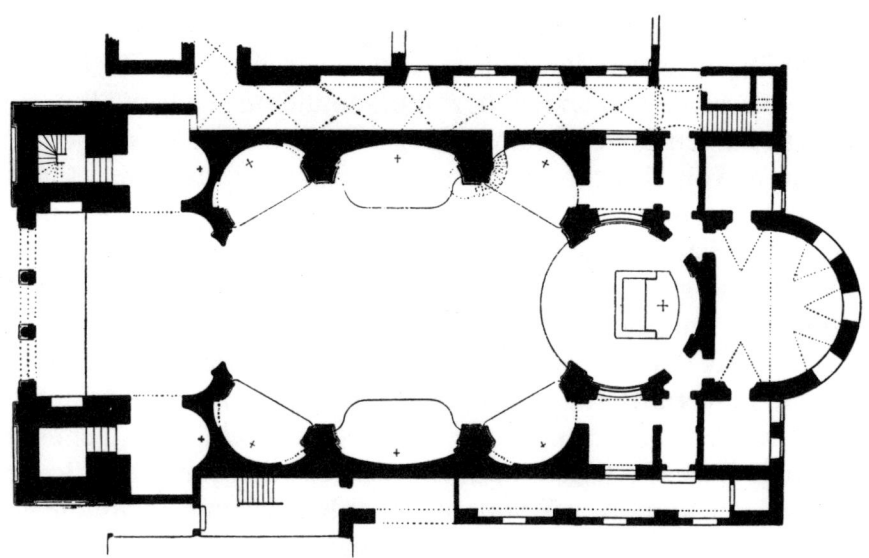

München, St. Anna am Lechl: Grundriß der Kirche (links: Vorraum und Fassade von 1852/53)

kreisrundes Hochaltarhaus. Oben nehmen die Pfeiler eine umgehende Folge von Bogen auf. Über und zwischen diesen beginnt ein den Mittelraum deckendes muldenförmiges Gewölbe.

Der Gesamtgrundriß ist in seiner Innenspur einer Kartusche vergleichbar. Doch sind – Argument gegen eine solche Interpretation – auch maßgebende geometrische Konstruktionen in der Planung enthalten; (sie lassen sich bis zu Borromini zurückführen, vermittelt durch die Dientzenhofer).

In der inneren Grundrißspur gibt es keine geraden Linien und rechten Winkel, im Aufriß keine ebenen Wände, Kuben und einfachen Zirkelbogen. Mit außerordentlicher stereometrischer Präzision sind die Pfeilereinzüge zugeschnitten. Ihre Stirnen besetzen je zwei kannelierte Pilaster, die von Teilgruppen glatter Pilaster flankiert sind. Die Pilaster werden nicht, wie bisher üblich, als Mittel der Flächengliederung angewendet, sondern zur Veredlung der Wandpfeiler, die auf diese Weise sich der Erscheinung von Freipfeilern nähern. Dabei spielt die Kannelierung zugleich vornehme Schlankheit wie auch Fähigkeit des Tragens an. Hauptsächlich aber sind die Pilaster Faktoren der raumbildlichen Gestalt. Oberhalb der Kapitelle wird der Architrav als Band räumlicher Einheit auch durch die Nischenwandungen geleitet. Fries und Gesims sind dagegen nur den Pfeilerstirnen zugeteilt, als Auszeichnung.

Abb. S. 35, 213e
In das außen so schlichte Gehäuse ist also ein reiches Innengebilde »eingeräumt«. Der Rand des Mittelraums wird im Boden von einwärts gezogenen Kurven der Stufen und Brüstungen der Kapellen umgeben. Am deutlichsten zeigt sich das Tief-Rund der Raumanlage in der Gesimsschicht der Wandpfeilerstirnen. Während in Weltenburg der umgehende Gebälkring die schlüssige Prägnanz eines Rotationsraumes setzt, ist es hier die intermittierte, gewissermaßen gestrichelte Folge einzelner Gesimslagen, die den Innenraum umschreibt. Originell und neu ist, daß die innere Grundfigur der Raumbildung also eigentlich erst in der Auf-Hebung zur Höhe klar wird.

41

Über dem Gesims zieht ein Umgang von insgesamt acht, in Breite, Kurvierung und Scheitelhöhe wechselnden Bogen, von denen über die Begleiträume hin tonnenförmige, zu den Wänden heruntergemuldete Teilgewölbe ausgehen. Über den einwärtigen Bogen beginnt das große Gewölbe. Anstatt einer stereometrisch klaren, von Regeln und Tradition sanktionierten Deckform ist hier eine ungegliederte, nach den Seiten offene Schale gelegt, deren Aufgabe und Sinn es vor allem ist, Bildbaldachin zu werden. Zwischen den Pfeilergesimsen und den Verbindungsbogen, zwischen diesen und den gekurvten Rändern des Gewölbebildfelds entfaltet sich die höhere Raumlebendigkeit. Die Übergangszone von der vertikalen Stützstruktur zum Innengewölbe gehört verschiedenen Bereichen an: Sie vermittelt von unten nach oben, von innen nach außen und in beiden Beziehungen ebenso auch umgekehrt; sie schwebt als umgehender freier Horizontalring. Das Wechselverhältnis zwischen den konvexen Bogen in der Bodenlage und den konkaven Wandungen der Randräume beläßt die Komposition in einem bewußt mehrdeutigen Zustand. Dabei haben alle Teile ihre Kontakte, jeder Teil ist am richtigen Platz, alle Abstände sind ausgewogen. Die Umrisse der Fenster passen mit den Wölbungen der Nischen zusammen. Den Grundrissen der Nischen entspricht im Aufbau der Wechsel der Bogen, ihre verschiedene Führung und Raumbeziehung.

Noch weniger als die Propsteikirche von Rinchnach läßt sich St. Anna am Lechl als ein grundsätzlich bestimmter, geschlossener und in der Überlieferung feststehender Typus klassifizieren. Das als Ausgangs- und Zielvorstellung für den Gemeinderaum denkbare Oval kommt als »künstliche« Form meist in solchen Zeiten vor, welche formale Kunstwerte besonders hochstellen, ja sogar zur Selbstdarstellung der Kunst als Künstlichkeit neigen. Doch ist diese Münchner Kirche genetisch nicht aus einem Kern-Oval, das von kleinen, in sich ganzen Raumzellen umgeben wird, abzuleiten. Erst recht nicht kann man die Komposition etwa als Verschmelzung eines Ovals mit einem Kreuzraum auffassen. St. Anna am Lechl steht außerhalb der Vorgeschichte der Ovalarchitektur, emanzipiert sich von ihr und den verschiedenen Variationen, wie sie besonders in Italien und Österreich existieren und in Bayern noch 1716 für die Asam-Kirche in Weltenburg übernommen worden sind. Im Gemeinderaum der Pfarrkirche Murnau (1717) ist der außen kubisch gehaltene Rahmenbau innen aufgefüllt mit selbständigen, stereometrisch in sich fixierten Teilräumen; das gewonnene Ganze kann wieder in die Elemente zerlegt werden. St. Anna am Lechl ist dagegen im Prinzip eine ganze und unteilbar bleibende Gesamtheit. Dem entspricht die Innenwand. Die in München zuletzt 1711 in der Dreifaltigkeitskirche demonstrierte, durch Säulen gegliederte reliefhafte Wandstruktur (italienischer Art) ist in St. Anna am Lechl von einer kontinuierlich bewegten und raumhaltigen Kurvierung abgelöst. Ebenso ist die große Mittelwölbung eine Einheit, ohne Einschnitte von Stichkappen und ohne Teilung durch Gurtbogen, auch ohne die von den Dientzenhofer gepflegten Kurvierungen, Überschneidungen und Verkettungen. In Grundriß, Aufbau und Raumanlage gehen viele, fast alle denkbaren Vorstellungen ineinander über, auseinander hervor. Die von Fischer in Rinchnach erprobte Methode der von den Wänden her einsetzenden Raumbildung ist weiterentwickelt. Es lohnt sich auch, Osterhofen in den Blick

42

zu nehmen: Die drei mittleren Joche der dortigen Langhausflanken sind in St. Anna in eine zusammenhängende, dem Mittelraum mehr offen zugetane und bis oben offen geführte Schale umgeformt. Zudem wird die in Osterhofen durch die Altäre bewirkte Rhythmisierung der drei Joche hier auch architektonisch ausgestaltet. Zu sagen, daß das Osterhofener System in St. Anna wie durch einen Atemzug in zentralräumliche Weite und Schwingung versetzt sei, wäre jedoch nicht zulässig. Der Schwebezustand des Gesamtraums läßt sich sowohl auf Expansion wie auf Kontraktion deuten. Die Dynamik der vorangehenden Architektur ist aufgegeben. Wesentlicher als Ausladung oder Zusammenziehung ist das gewaltlose »Begreifen« des Raums von den Rändern her nach innen. Während der Gemeinderaum durch die hochgeführten Randräume geweitete und erhöhte Freiheit gewinnt, ist das Altarhaus ein gefaßter Zentral-Steilraum.

Abb. S. 213d

In St. Anna am Lech1 hat der 35jährige Johann Michael Fischer abermals eine entwicklungsgeschichtlich bedeutsame Leistung vollbracht, seine Kunst und die Fähigkeit zur Synthese von Vorstellungen und Erfahrungen in einem originellen und qualitätvollen Werk sehr persönlicher Art bewiesen. Wie Osterhofen eine neue Ausformung des Wandpfeiler-Langhauses gibt, so St. Anna eine neue Auffassung des Zentralraums. Mit Recht hat Cuvilliés den Grundriß dieser Kirche in sein Architekturbuch aufgenommen. Sieht man vergleichend St. Anna neben Dominikus Zimmermanns Wallfahrtskirche Steinhausen und Balthasar Neumanns Schloßkirche Werneck, so offenbaren sich die Charaktere dreier Hauptmeister der Baukunst des 18. Jahrhunderts.

Abb. S. 35, 213e

St. Anna am Lech1 wurde seit 1729 mit Deckenmalerei, Plastik, Stukkatur und Altären ausgestaltet. Wie in Osterhofen, das im selben Jahr, 1739, vollendet worden ist, darf man zwischen Fischer und den Asam auch hier Übereinstimmung annehmen, wohl schon im Entwurf. Verständlicherweise hat der Baumeister bei dieser Münchner Kirche öfter und leichter »zusehen« können als im fernen Niederbayern. Da hier, anders als in Osterhofen, das bildnerische und schmückende Werk der Asam sich auf einen strengen Orden, auch einen kleineren Raum einzustellen hatte, könnte es sich ergeben haben, daß das Architektonische hier mehr als in Osterhofen überwiegt. Fischer hat die Lichtregie geführt. Den Asam sind die spezifisch sakralen und rhetorisch ausdrucksvollen Bereiche zugewiesen. Doch auch da nehmen sie ihren Part in Zusammenhang mit der architektonischen Struktur und Raumanlage wahr, sich ihr einbeziehend und ebendadurch sie steigernd. Asam-Beitrag ist wahrscheinlich die gekurvte Rahmung des großen Gewölbefreskos. Seine Komposition ist auf eine einzige Ansicht hin ausgelegt und bestimmt so die Einheit und Gesamterscheinung des Raums. Alle Seitenaltäre haben an den peripheren Wandungen ihren Platz, jene der querachsialen Mitte sind an Größe betont. Jeder Altar hat seine Einzelbeziehung zum inneren Gemeinderaum, ebenso ist die Gesamtheit der Altäre ins erste Gesamtbild des Tief-Rund-Raums einbezogen und gesammelt. Im Presbyterium füllen der Hochaltar und das Gewölbebild den ihnen dargebotenen Raum. Der Enthusiasmus dieses Zielbereichs verlangt nach Rahmung und Halt durch Architektur. Daß der Hochaltarraum in sich zentralisiert ist, daß seine seitlichen Ausdehnungen den Blicken aus dem Gemeinderaum zunächst unkontrollierbar entzogen sind, vermehrt seine heilige Bedeutung. Durch das virtuose Stuckbildwerk des schwebenden Engels und der kurfürstlichen Wappenkartusche wird eine optische Einführung in den Hochaltarraum und ebenso umgekehrt die Beziehung aus dem Gewölbe des Sanktuariums zum Bildgewölbe des Gemeinderaums geleitet.

Im Zusammenwirken Fischers und der Asam ist St. Anna zu einer Kirche residenzstädtischer Bürgerlichkeit geworden. Sie erhebt hohen Kunstanspruch zu religiösem Ausdruck. Der Raum selbst lebt vor uns und um uns, nicht als ein zwischen den Rändern verbleibendes Restvakuum, sondern als ein Gefäß geistigen Pneumas. Die »zusammengenommene«, »eingezogene« Kirche eines Einsiedlerordens gelangt in der Tiefe und Höhe der Architektur und durch die Bildkunst der Asam zu einer zugleich gelösten und verbindlichen Inwendigkeit. Vergleicht man die 1737 nach Entwürfen Iganz Anton Gunetzrhainers begonnene Karmelitenkirche von Reisach am Inn, so wird die Fischer eigene Herzlichkeit des Raums von St. Anna am Lechl doppelt spürbar.

Da die Kirche dem Klosterbau beigeordnet wurde und auf einen markanten Turm verzichten mußte, aber doch eine gewisse öffentliche Wirkung erreichen sollte, kam der Fassade Bedeutung zu. Ein erster (später vielleicht als Reinzeichnung kopierter) Entwurf ist durch die Klosteranlage und die Nischenstatue als für die Lechl-Kirche bestimmt gesichert. Hier hat Fischer eine mit zwei rahmenden Pilasterpaaren, einem flachen Dreieckgiebel und einem großen Schaugiebel komponierte Fassade vorgelegt, in den Hauptzügen streng geregelt, vielleicht nach italienischem Vorbild. Als dann wie üblich erst am Schluß des ganzen Bauvorgangs die Fassade tatsächlich errichtet wurde, wählte man eine andere Variante, die dem Stil Fischers und dem Milieu Münchens näher steht: mit einem Attikageschoß und frei sichtbarer Walmdachschrägung. Diese ausgeführte Fassade darf als wohl bewußtes Gegenstück zu der 1733/35 von den Brüdern Gunetzrhainer erbauten kurfürstlichen Salesianerinnenkirche St. Anna (»Damenstift«) in München angesehen werden.

Abb. S. 213a

Abb. S. 213b

S. 45: Rinchnach, Propstei-Kirche, 1727–29; Stukkatur von Franz Ignaz Holzinger (Niederalteich), Deckengemälde von Andreas Haindl.

S. 46: Rinchnach, Propstei-Kirche, 1727–29; linke Langhauswand.
S. 47: Unering, Dorfkirche, 1730–32; Altarbauten und Stukkatur der Seitennischen von Johann Baptist Zimmermann, Altarbildwerke (Holz) von Johann Georg Greif, Deckengemälde von Johann Georg Sang.
S. 48: Niederviehbach, Kloster, 1731–33; nördliche Schauseite. Unten zwei Bauinschriften an der Hofwand, 1731.

Johan · Michael ·
Fischer · Burger · Maurer
und · Baumeister · in · Minchen
hatt · dissem · Kloster · Bau
geßiertt · ANNO
1 7 3 1

Marthin · Möser ·
Maurer · Balliehr · Negst ·
Minchen · In · Der · Lieben Uu
ist · gewest · bei · Dissen · Neien
Kloster · Bau ·

Zwei frühe Dorfkirchen in Oberbayern: Unering und Bergkirchen

Auch kleine, ländliche Bauten können die Art und Entwicklung eines Meisters sehr einprägsam zeigen. Vor allem läßt sich an ihnen beobachten, wie jeweils verschieden sie auf kleine, geschlossene Gemeinden abgemessen, durch Bauträger- und Ortsherrschaft bestimmt und meist auch ihrer Landschaft angepaßt sind.
Während der Errichtung von St. Anna am Lechl übernahm Fischer den Bau zweier Landkirchen im westlichen Umkreis Münchens.

> *»Maurermeister zue München, H. Johann Michael Fischer«*
> (Generalrechnung Unering, 1732)

Für das zwischen Starnberg und dem Nordende des Ammersees gelegene Dorf Unering wird das Vorhaben einer neuen Kirche im Januar 1729 aktenkundig. 1730 brach man die alte Kirche ab, der Neubau konnte schon im Sommer des nächsten Jahres benutzt werden. Innen ist am Altarhaus die Jahrzahl 1731 angebracht. Am 4. Februar 1732 quittierte Fischer die für die Bauführung ihm zustehende Entlohnung. Im gleichen Jahr wurde die Kirche geweiht. Am Altarhausbogen ist durch das Wappen der Grafen von Törring zu Seefeld und die umgelegte Kette des Ordens vom Goldenen Vlies der Kirchherr vorgestellt: Maximilian Kajetan, Reichsgraf von Törring in Seefeld, Kurbayerischer Oberst-hofmeister und Generalfeldmarschall-Leutnant.

Abb. S. 36 Die innerhalb des Dorfs auf einer leichten Anhöhe stehende Kirche zeigt im Äußern sofort eine klare Anlage: Hauptteil, offenbar den Gemeinderaum enthaltend, ist ein Block, dessen vier Ecken abgeschrägt sind. In diese Schrägen sind flache Blendfelder eingetieft, die mit einem flachen Stichbogen schließen, in mauertechnisch sachlicher Fügung. Die beiden Flanken des Blocks enthalten je ein großes, schildförmig umrissenes Fenster. Dem Gemeindebau folgt als eingezogener, geradwandig schließender Breitblock das Altarhaus. Seine Ost-seite ist durch einen Sakristeianbau, ein hochrundes Fenster und einen dieses Fenster übergreifenden Gebälkbogen gegliedert. Das schönste Gesamtbild bietet sich in der Seitenansicht. Über einem den ganzen Bau in gleicher Höhe umziehenden Ansatz liegen bestimmend die Dachkörper: eine große Pyramide über dem Gemeindebau und das im First niedriger gehaltene Satteldach des Altarhauses. Ursprünglich war diese Ansicht akzentuiert durch einen über das Altarhaus gesetzten Dachreiter. An der Stirnseite des Gemeindebaus wurde erst 1830 ein neuer Turm erstellt, dessen gotisierender Spitzhelm aus der Ferne gesehen wohl sich ansehnlich geltend macht, in der Nähe aber die Stileinheit der Komposition stört.

Doch ist es immer noch wert zu beachten, wieviel unterschiedliche Motive bei aller Einfachheit in der ursprünglichen Gestaltung enthalten und zusammengeführt sind: In einem weit und sanft schwingenden Hügelland liegt und erhebt sich das Profil der Längsansicht, mit geometrischen Flächen wie mit seinem aus diesen Flächen zubereiteten Baukörper; in der Hauptfläche des Gemeindebaus ein bewegt umrandetes großes Fenster; über dem hellen Mauerbau dunkel die geschnittenen Dächer. So stimmen, am schönsten unter dem Himmel eines Frühsommertags, die Landschaft und der ebenso bedachtsam wie durchfühlt gestaltete Bau zusammen.

Die beiden Hauptteile der Kirche sind auch innen sachgerecht unterschieden und doch in Zusammenhang gebracht. Der Gemeinderaum hat die Grundform eines Quadrats mit abgeschrägten Ecken. Seine größte lichte Breite mißt 10,40 Meter; seine Scheitelhöhe erreicht 10,50 Meter. Diese Abmessung ergibt ausgewogene Geschlossenheit.

Wie in Rinchnach und in St. Anna am Lechl wendet Fischer auch hier seine Aufmerksamkeit auf das raumbezogene Gestalten der Innenwandung, mit allerdings durch die Aufgabe und die Dimensionen beschränkten Möglichkeiten. An den Flanken des Gemeinderaums erscheint die Mauer als dünne, auf das unbedingt Nötige reduzierte Füllung. Dagegen sind Hauptträger der Struktur die vier Schrägseiten, deren Achsen sich im Raumzentrum zu einem Diagonalenkreuz treffen. Die Schrägseiten haben Nischen aufgenommen, die nur sparsam, mit segmentbogigem Grundriß ins Mauerwerk eingearbeitet sind, deren Existenz aber im Außenbau durch die Blendfelder gespiegelt wird. Als Ausgleich zur geminderten räumlichen Entfaltung sind die Nischen von glatten toskanischen Pilastern gerahmt. Diese tragen ein Gebälk, das über die Nischenbogen gelegt ist. So wird den Schrägseiten in der Art eines Tormotivs eine Formengruppe gehobener architektonischer Würde zuerkannt. Dabei sind die Pilaster mit konkaven Flächen dem Innenraum angepaßt, während die rechteckigen Abschlußlagen des Gesimses festigend und gliedernd wirken. Die Pilaster- und Profilbildung mag Arbeit von Bauleuten gewesen sein, denen Fischer aber Entwürfe an die Hand gegeben hat.

Über dem bei den kleinen Ausmaßen verhältnismäßig mühelos zentralisierten Gemeinderaum liegt ein Schalengewölbe, das in den Schrägen oberhalb der Gesimse auf niedrigen Auflagen ansetzt oder auch, in umgekehrtem Bezug, an

Abb. S. 47

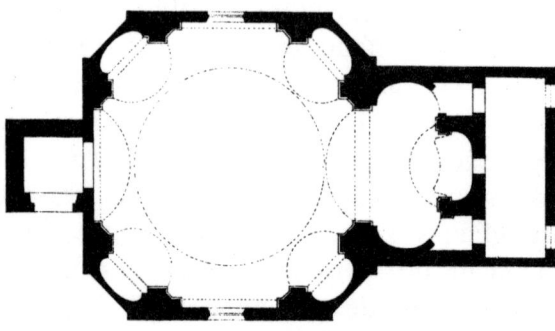

Unering: Grundriß der Kirche

den vier Breitseiten von Hohlkehlenbogen aufgenommen wird. Durch die Formation der Schrägseiten ist eine offene Verbindung zwischen Gemeinde- und Hauptaltarraum möglich geworden und zudem durch die triptychonale Zusammenordnung dreier Altäre ein eindrucksvolles Schaubild entstanden.

Der mit einer Pilasterstellung und einem darüber gezogenen Korbbogen sich öffnende Hochaltarraum hat als Grundriß eine Art von breitem Dreipaß, der durch inwendiges Einbauen zustande gekommen ist und den Hauptaltar und zwei diesem seitlich beigeordnete Oratorien aufnimmt.

Mit Fischers Baumeisterschaft hat die Dorfkirche einer hochadligen Herrschaft Anteil an der neuen residenz- und hauptstädtischen Bild- und Zierkunst Münchens empfangen. Der Stukkator Johann Baptist Zimmermann gibt im Dekor der Nischengewölbe sein Bestes. Die Rahmung des großen Deckenbilds ist mit jener in St. Anna am Lechl verwandt.

»Neuer Gottshaus Pau Vermög dazu mit Johann Michael Fischer Pau Maistern in München . . . getroffenen Contracts in standt gebracht«
(Bericht des Landgerichts Dachau, 1738)

Wenig später als der Bau von Unering entstand jener in Bergkirchen, einem westlich von Dachau gelegenen Dorf. Die Aufgabe übernahm hier die bäuerliche Gemeinde mit ihrem als Bauherr und Auftraggeber eifrig und kenntnisreich tätigen Pfarrer. Nach längeren Überlegungen wurde im Frühjahr 1731 der Vertrag mit Fischer geschlossen. Schon im November konnte der Dachstuhl aufgesetzt werden. Der Baumeister hatte, wie in Osterhofen, auch die »Quadratur«, d. i. das architekturgebundene Stuckwerk von Profilen und Kapitellen zu übernehmen; es war bereits 1732 ausgeführt. Verschiedene sonstige Bauarbeiten wurden im Februar 1734 zu Ende gebracht. Bis 1736 entstanden die Freskierung und die ornamentale Stukkatur, auch einige kleine Anbauten. 1738 erhielt Fischer Vergütung für nochmalige Nachschau und 1739 die Restzahlung seines Werklohns.

Auf einem nordseits das Amperland begleitenden Höhenzug ist die Kirche als gedrungener Langbau stattlich ins Profil gestellt, zu der heute unfern ziehenden Autobahn München–Augsburg hin. Die stärkste Fernwirkung hat der an der Stirnseite beibehaltene mittelalterliche Turm. Ihm schließt sich die neue Kirche unmittelbar an. Wieder werden das Gemeindehaus und das Altarhaus sofort als Bestandteile deutlich. Die Verbindung von Turm und Kirche und die Begleitung des Altarhauses vermitteln Anbauten, die außen wie Seitenschiffe fungieren und im besondern an der Talseite die Komposition stützen. Das Altarhaus schließt gerade. In die Mauerflächen sind wenige große Fenster eingelassen. Ein Gesims umzieht in gleicher Höhe den ganzen Bau. Den Gemeindebau deckt ein höherer, pyramidenförmig zum Achteck abgeschrägter Dachkörper mit einer kurzen Firsthorizontalen. Eine Lage tiefer wird bis zum Altarhaus eine zweite Firstlinie durchgehalten. Die Dachschräge des Altarhausschlusses liegt jener des Gemeindehauses parallel. Der ganze Kirchenbau stimmt in sich und mit dem alten Sattelturm überein, ausbalanciert in Lagerungen und Aufstieg. Anders als der aristokratische Bau von Unering ist diese Kirche größer, schwerer, kräftiger. Solche Eigenschaften stehen einer Dorfkirche im wohlhabenden Bauernland gut an.

Der Grundriß ist jenem von Unering typisch verwandt: Der rechteckige Ge- *Abb. S. 57* meinderaum wird durch Abschrägungen zum Achteck zugerichtet. In den Schrägseiten sind innen Nischen angelegt, deren Achsen sich im Zentrum kreuzen. Das Altarhaus ist ein eingezogener, ungefähr dreipassig umrandeter Breitraum. Andrerseits ergeben sich Unterschiede gegenüber Unering. Die dort bestehende Quadrat-Kreis-Einheit, die Übereinstimmung von Außen und Innen fehlt in Bergkirchen. Hier ist der Gemeinderaum im Grundriß etwas über das Quadrat hinaus in die Länge (= Tiefe) gestreckt. Die Diagonalseiten sind härter formiert, räumlich vertieft. Die rechte rückwärtige Nische ist durch Verbindung mit einem Anbau in ihrem Eigengehalt entwertet. Über dem Gemeinderaum liegt ein gedrücktes Tonnengewölbe. Zwei Quer-Gurtbogen teilen es in drei Abschnitte: ein breitrechteckiges (aber tiefer als in Rinchnach dimensioniertes) Mittelfeld; davor und darnach je ein im Grundriß trapezförmiges Feld (das mehr als in Rinchnach dem Mittelfeld untertänig ist). Durch die Gurtbogen erhält der Gemeinderaum als Gegengewicht gegen die Längsstrekkung des Grundrisses eine gewisse Breitung. Mit der 1735/36 von Johann Zick geschaffenen Deckenmalerei hatte das Mittelfeld ursprünglich wohl eine durch Zentralisierung betonte übergeordnete Bedeutung, was mit Rinchnach vergleichbar ist. Nachdem Deckenmalerei und Stukkierung 1884 beseitigt worden sind, wirkt der Gemeinderaum mehr gedrungen, fast bedrängt; ist die Ausgeglichenheit von Kubus, Achteck und Rundung verlorengegangen; will Tiefe anstatt in Gesamtmodellierung eher im Hintereinanderlegen von Schichten erreicht werden.

Der alte Turm ist für die Mittelachse bestimmend geworden, zum Vorteil für die Außenerscheinung, von gewissem Nachteil aber für die Innenräumlichkeit. Dieser kompakte Baukörper und seine nahe Verbindung mit der Kirche hat es unmöglich gemacht, einen mittelachsialen Haupteingang und einen inneren Vorraum anzulegen. Deshalb kommt hier kein sofort wirksamer Gesamtprospekt des Raums zustande. Man betritt die Kirche von der Seite her, an der rechten Flanke des Gemeinderaums, und hat als Erstes die etwas leere Gegenseite mit einem großen gegenlichtigen Fenster im Blick.

Während manche nicht ganz gelösten Einzelheiten und kompositionellen Bezüge der Gliederung vielleicht wieder zu Lasten lokaler Ausführungskräfte gehen, ist der am besten gestaltete, auch noch mit dem originalen Stuckdekor erhaltene Teil das Hochaltarhaus. Eingeleitet wird es durch eine die Gliederung des Gemeinderaums übernehmende Pilasterstellung. Zu Seiten des Hochaltareingangs treffen je zwei glatte Pilaster zusammen, unmittelbar in einem stumpfen Winkel. Optisch kann sich dadurch annähernd die Erscheinung eines rechtwinkeligen Pfeilerkörpers ergeben. In der Konfiguration jedes Pilasterpaars ist der dem Gemeinderaum zugekehrte Pilaster flach, der in den Altarraum führende dagegen konkav gebildet. Diese Unterscheidung ist schon in der Sockellage angesetzt, aufgenommen wird sie in den Kapitellen und fortgeführt im Gebälk, besonders in den scharfen Gesimsverkröpfungen, abschließend in der Kehlung des Korbbogens. Auch im Altarraum kommt es in den konkaven Flankenwänden und im weit heruntergeführten Hängegewölbe zu raumhaltigen Bewegungen. In den Wechselbeziehungen zwischen Gemeinde- und Altarraum zeigt sich eine von Osterhofen und Rinchnach über St. Anna am Lechl bis hierher reichende Entwicklung.

Obwohl in dieser Dorfkirche die Tendenz zu eleganten Zusammenhängen sich nicht ungehindert und mühelos hat entfalten können, hat Fischer doch auch hier einen Bau und Raum von atmender Kraft zu schaffen gewußt.

Die Stiftskirche Dießen am Ammersee

Die Augustiner-Chorherrn von Dießen hatten 1720 einen Neubau ihrer Stiftskirche begonnen. Die Pläne, die vielleicht schon seit einiger Zeit bereitlagen,
könnte der aus Vorarlberg stammende Stiftsmaurermeister Michael Natter
entworfen, die Bauführung etwa dessen Sohn Rasso übernommen haben. Trotz
»vieler Hindernisse« stand nach einigen Jahren »auf dem Grund schon etliche
Schuhe hoch aufgerichtetes Gemäuer«, nach anderer Angabe war der Neubau
sogar »beinah bis zur Bedachung gekommen«, als 1728 der bisherige Propst
starb. Sein Nachfolger, dessen Vorstellungen das begonnene Werk nicht genü-
gen wollte, wandte sich um Rat an Johann Michael Fischer. Dieser erklärte 1729
den »bereits gelegten Grund« für gut (in technischer Hinsicht), doch müsse das
»bereits . . . aufgerichtete Gemäuer abgetragen werden«. Diese Forderung
wurde anscheinend in erster Linie durch künstlerische Überlegungen bestimmt
und in diesen waren der intelligente und kunstsinnige neue Propst und der ihm
gleichaltrige, bereits angesehene Baumeister offenbar einig. Die schon gelegte
Fundamentierung sollte also belassen werden, grundsätzlich wohl auch das für
das Langhaus schon im Vorentwurf gewählte System. Die vermutlich kleinteili-
ge und allzu gleichmäßige Innenarchitektur aber sollte in lebendigeren Rhythmus und leichtere Eleganz übergeführt werden. Diese neue Vorstellung hat im
besondern wohl die Anlage des Chors, des Vorraums und die Fassade bestimmt.
Vor der letzten Entscheidung beschloß der Propst noch, »sich anderweitig im
Land Bayern um diejenigen Kirchengebäude, welche vor anderen den Vorzug,
sonderlich aber jene, die . . . Fischer selbst gebaut, umzusehen«. Diese Reise,
die wohl bis Osterhofen ging, unternahm der Prälat gemeinsam mit dem
Architekten in gut zwei Wochen des Spätsommers von 1731. Dann erhielt
Fischer den Auftrag. Nach Fertigstellung der Entwürfe wurde der Bau im
Frühjahr 1732 begonnen – im 600. Jahr der Errichtung des Stifts an dieser Stelle.
1736 sind die Gewölbefresken datiert. Am 7. September 1739 feierte man die
Weihe.
In Dießen wurde Fischer nach Osterhofen zum zweiten Mal die ganze Bauaufga-
be einer Prälatenkirche zuteil. Gegenüber Osterhofen mißt hier die Länge um
etwa ein Viertel mehr. In Osterhofen wie in Dießen ist der Langraum im
Wandpfeilersystem angelegt. Dafür bot das großartige Vorbild die nahe bei
Dießen gelegene Zisterzienser-Abteikirche Fürstenfeld. Im Unterschied zu
Fürstenfeld und Osterhofen hat man in Dießen aber auf Emporen verzichtet.
Eine emporenlose Wandpfeilerstruktur mag Fischer im niederbayerischen Al-
dersbach (1718) kennengelernt haben. Beim Verzicht auf Emporen können die
Begleiträume frei gehalten und bis oben aufgeführt werden – wie es Fischer in
St. Anna am Lechl getan hat. Legt man die Grundrisse von Dießen und
Osterhofen nebeneinander, so ist jener von Dießen proportional mehr ge-

streckt, im Gemäuer sparsamer, in der Struktur durchsichtiger. Im Grundriß und in den Aufrissen sind auch in Dießen viele maßstäbliche und auch figurierte Konstruktionen zu finden, welche die Proportionen regeln, auch symbolische Anspielungen enthalten mögen.

Abb. S. 60 Der Grundriß ist als ein Längsrechteck umrissen, in dessen Anfang ein Vorraum gelegt und am Ende eine eingezogene halbkreisförmige Apsis angefügt ist. Im Langhaus bilden die Wandpfeiler in gleichmäßigem Abstand vier Joche, die von je vier gleichen Begleiträumen flankiert sind. Nach dem vierten Joch wird durch näheres Zusammenrücken der Wandpfeiler der Beginn des Chors bezeichnet. Dieser ist ein Quadrat, das leicht zum Achteck abgeschrägt und seitlich von je einer breitrechteckigen Raumschicht mit eingebauter Tribüne begleitet ist. Darnach folgt, mit verborgenen Ausrundungen beginnend, die Apsis. In der Bodenschicht wird der Grundriß durch Stufen gegliedert. Im vierten Langhausabschnitt vermittelt eine zurückgezogene mehrteilige Stufenlage die Scheidung wie die Verbindung von Gemeinderaum und Chor.

Abb. S. 58 Die Wandpfeilerstirnen sind mit je drei kannelierten Pilastern bezogen. Über ihnen geht das Gebälk um den ganzen Raum, auch an den Seiten- und Rückwänden der Begleiträume, bestimmter und zugleich ruhiger als in Fürstenfeld. Die Gebälkführung setzt sich im Chor fort. Doch stehen dort an Stelle der Pilaster

Abb. S. 59 Stuckmarmorsäulen – wieder ein Motiv aus Fürstenfeld. Die großen, im Langhaus in zwei Reihen angeordneten Fenster spenden reichliches Licht – Licht der Höhe über dem See, im Tageslauf bewegt, als Streiflicht an der Gliederung der Raumtiefe mitwirkend, auch die Kunstdarbietung der Altäre fördernd.

Über das Langhaus zieht eine große Tonnenwölbung. Achsensenkrecht zu ihr liegen über den Begleiträumen kleine Quertonnen. Über dem Chorquadrat wölbt sich eine gemauerte Kuppel, kreisrund umrandet, im Aufriß etwas über Halbkugelform gehöht. Die Apsis schließt mit einer ungefähr viertelkugeligen Wölbung.

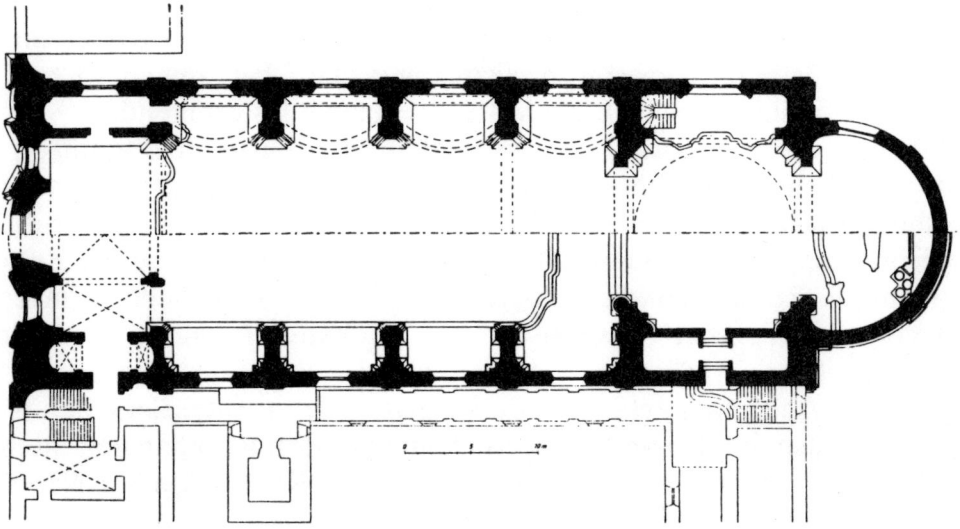

Dießen: Grundriß der Kirche
Oben: in Höhe des Gewölbeansatzes; unten: in Höhe des Erdgeschosses

Oberhalb des Gesimses ist eine gekurvte Auflage eingebracht. Sie kann in ihrem Verhältnis zum Gewölbefuß sowohl als anlaufend wie als auslaufend empfunden werden. Jedenfalls bewirkt sie eine hufeisenförmige Stelzung. Da im Gegenspiel dazu die Gurtbogen im Scheitel etwas abgeplattet sind, wirken sie spangenhaft, wie von oben dem Raum aufgelegt. Der am Chorbogen im Aufriß sich darstellende Gewölbeansatz entspricht der im Grundriß abgesteckten Choreinleitung. Das Hauptgewölbe zieht auch die Gewölbe der Begleiträume in sein Leben. Längstonne und Quertonnen begegnen sich nicht in Stichkappenschnitten, vielmehr neigen sich die Ansätze der Quertonnen zur Mitte des Gesamtraums vor, schwingen sie teilnehmend in die große Tonne ein. Diese Formation macht den ganzen Gewölbebereich elastisch.

Dazu kommt, daß die Gurtbogen nicht durchweg jochweise auf die Wandpfeiler bezogen und in gleichmäßigem Takt über die große Tonne verteilt sind. Offensichtlich haben die Gurtbogen nicht in erster Linie die Statik zu sichern, sondern vielmehr eine Rhythmisierung der Raumkomposition und die Tiefengliederung des Raumbilds zu gewähren. Dabei übernimmt nun die Deckenmalerei die Führung. Über den drei eigentlichen Langhausjochen liegt ein einziges großes Deckenbild. Der Chorvorraum hat dagegen ein kleineres, breitformatiges Bildfeld, ein ebensolches das Gewölbe über der Orgelbühne. Während dieses erste Deckenbild für den Rückblick angelegt ist, enthält das große Mittelbild eine dreiteilige Komposition: einen zentralisierten schweren Komplex in der Mitte und gegensätzlich dazu zwei kleinere, für den Vorwärts- und den Rückblick eingerichtete Kopfstücke. Die im Chor durch Stufenanstieg, Ecksäulen und Kuppelkreis angelegte Feierlichkeit wird mit einer figuralen Bildkuppel bekrönt.

Die zuoberst also »ausgeführte« Raumkomposition wird von den Altären vorbereitet und unterstützt. Da die Seitenaltäre nicht wie in Osterhofen achsial unterschieden, sondern alle an den Wandpfeilereinzügen auf gleiche Sicht gestellt sind, treten sie in gemeinsamem Prospekt mit dem Hochaltar. Die Rhythmisierung erfolgt intern, innerhalb der paarweisen Folge der von verschiedenen Meistern stammenden Altäre. Das vierte Altarpaar, größer und am meisten mit Pathetik vorgetragen, akzentuiert den Übergang zum Chor. Der Hochaltar dominiert als Ziel, die Mitte des Raumbilds erfüllend.

Die gesamte Innengestaltung ist vom Wetteifer mit Fürstenfeld beflügelt. Der geographischen Lage Dießens entsprechend, sind vorwiegend Münchner und Augsburger Künstler beschäftigt worden. Sicher hat der Propst die Berufungen ausgesprochen, die Verteilung der Aufträge und die Disposition der Entwürfe bestimmt, die Zusammenarbeit angeregt und überwacht. Dank dem Einvernehmen von Auftraggeber, Baumeister und Bildkünstlern hat sich ein hohes Gesamtkunstwerk ergeben.

Die über St. Anna am Lechl gehende Steigerung der architektonischen Raumgestaltung entspricht jenem Weg, den Dominikus Zimmermann von Steinhausen 1727 bis Günzburg 1736 zurückgelegt hat. Im Kreis Balthasar Neumanns sind die Kirchen von Gößweinstein 1730 und der Würzburger Residenz 1732 mit Dießen zeitgenössisch.

Bei allem dekorativen Reichtum und sinnlichen Reiz wirkt der Dießener Raum

S. 57: Bergkirchen, Dorfkirche, 1731–34; Hauptaltar um 1760, zwei Seitenaltäre mit Gemälden von 1731, Stuckierung 1732, Deckengemälde von Johann Zick (erhalten im Altarhaus) 1735–36.
S. 58: Dießen, Stiftskirche, 1732–40; Stukkatur von Johann Michael und Franz Xaver Feichtmayr und Johann Georg Üblhör, Deckengemälde von Johann Georg Bergmüller 1736.

weniger profan als der Dom und die Kollegienkirche in Salzburg oder die Stiftskirche von Kempten. Das ist Frucht jener neuen Entwicklung, die sich in Fischers Werk erstmals in Osterhofen gezeigt hat.

Im ersten, dem zugleich größten und tiefsten Gesamtblick erscheint das Innere voluminöser, erfüllter als in Osterhofen. Die im Grundriß vorgegebene Längserstreckung verdichtet sich zunächst eher zu Breitendehnung und Höhendrang. Die kulissenhafte Stellung der Seitenaltäre, der über dem Chorbogen geraffte Vorhang, der proszeniumähnliche Vorchor und der ganze Hochaltar sind Faktoren eines »theatrum sacrum«. In der Optik der Raumtiefe haben Gewölbe und Deckenmalerei die führende Funktion. Da die Seitenräume ohne Deckenbilder sind, bleibt dem Mittelraum der Primat. Innerhalb des Gesamtbilds schafft die Architektur Ordnung; zu Extremen, Brüchen oder Umkippungen kommt es nicht. Mittel der Stabilisierung und Gliederung der Struktur sind die Wandpfeiler und Gurtbogen. Nicht minder bestimmend wirkt ihr Nacheinander, Ineinander und Übereinander im Gesamtbild. Der Raum ist »malerisch« gesammelt und ebenso durchschreitbar, in aktiver Bewegung des Besuchers zu erfassen und immer gegenwärtig: im Vorwärtsgehen, im Hin und Her von Kapelle zu Kapelle wie in der Schau zum Hochaltar und in den Aufblicken zu den Deckenbildern. Mit dem Vorchor aber beginnt das nur mehr dem Schauen erreichbare Sanktuarium. Hier ist angesichts des Hochaltars der Ort des Chorgebets der Stiftsherren und der Raum des Gedächtnisses der Stifter. Die gewisse Abstraktheit der Tribünen läßt sich vielleicht so erklären, daß sie ideell für die längst ausgestorbene Gründerfamilie reserviert sind. Innerhalb des Chorraums gibt es auch eine geheime Vertikalachse: aus der Gruft aufsteigend durch den Marmorstern im Boden zum Scheitel der Kuppel mit der Glorie der heiligen und seligen Männer und Frauen des Dießener Grafengeschlechts. Die Kirche als Audienz- und Thronsaal Gottes, als »Heiliges Theater«, als Bild des »neuen Himmels« und als

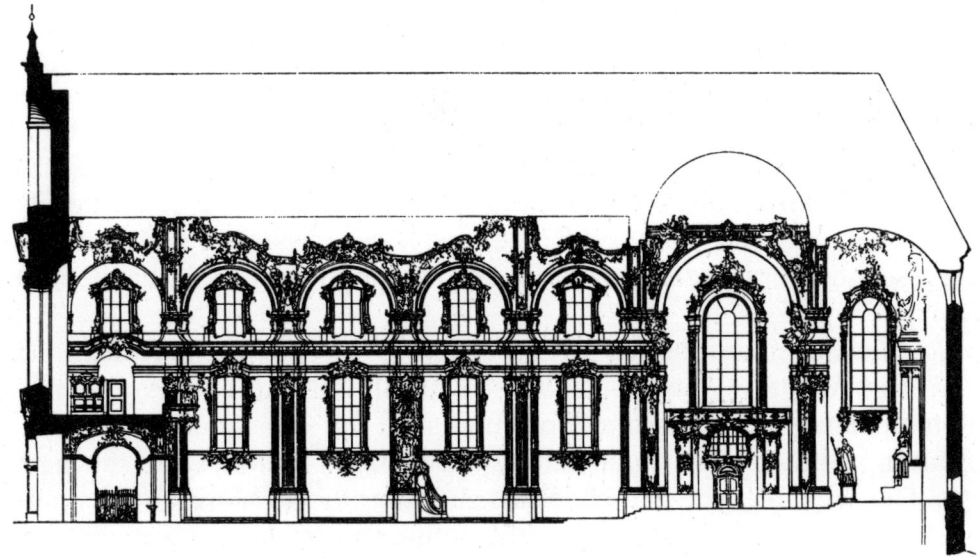

Dießen: Längsschnitt durch den Kirchenraum

Raum des geschichtlichen Gedenkens: Diese mehrschichtigen Motive werden miteinander vereint, zur Freude, Belehrung und Bewegung.

In der neuen Architekturkonzeption kann im besondern das Gewölbe von tektonischer Verpflichtung befreit und zum Träger raum- und zeitübersteigender Bildlichkeit werden. Darauf ist ein Lieblingswort des 18. Jahrhunderts anwendbar: sublim, d. h. hoch erhoben, in der Höhe schwebend; Sublimierung: Verfeinerung, Vergeistigung. Vor allem möchte man auf die Deckenmalerei auch das Wort sublimen, die »obere Türschwelle« anzuwenden versucht sein.

Das Äußere der Kirche ist der weithin sichtbaren Lage gemäß gestaltet: mit Pilastergliederung, großzügiger Fensterordnung, das Gebälk durch Bogen- und Keilsteinmotive belebt. Das Dach wird mit gleichem Ansatz und gleicher Firstlinie, auch die Chorkuppel überdeckend, bis zum Schluß geführt; dort ist die Einziehung durch doppelte Treppung ausgeglichen. In der dem Ort und dem See zugewendeten Rundung öffnet sich ein Rundfenster. Nach Osterhofen ist Fischers baumeisterliche Sicherheit gewachsen. (Dem Vorarlberger Peter Thumb, dessen Vater einst für Dießen tätig gewesen war, ist der bayerische Bau anscheinend bei der Außengestaltung der Wallfahrtskirche Birnau am Bodensee zum Vorbild geworden.) Wie der Innenraum den Zeitgenossen als »Himmel« gedeutet worden ist, so mag der Außenbau über dem Ammersee als gebautes Kirchen-Schiff erscheinen, oder auch als ein barock-bayerisches Gott-Königsschloß, dem jenseits des Sees die mittelalterliche Gottesburg von Andechs gegenübersteht.

In diesem Zusammenhang mußte der Turm Bedeutung gewinnen. Der an der rechten Flanke des Langhauses stehende mittelalterliche Turm ist von Fischer erhöht worden: mit einem auf einer Zwischenlage angesetzten, leicht ins Achteck übergeführten neuen Glocken- und Uhrgeschoß. An seinen Ecken stehen glatte Säulen zwischen glatten Pilastern, mit ionischen Kapitellen. Die Wände öffnen sich in breiten und hohen Klangarkaden. In die Kapitellzone ist das Uhrzifferblatt eingeschaltet. Darüber erfolgt in je einer doppelbogigen Gesimsaufschwingung der Übergang zu einer schlanken Kuppel. Die Gesamtkomposition transponiert die Deggendorfer Turmarchitektur ins Leichtere, verwandt den gleichzeitig erhöhten Türmen von Niederalteich. Die Aufgabe akustischer und optischer Zeitanzeige ging mit dem Ausdruck sakraler Dominanz und der Einfühlung in die See- und Hügellandschaft glücklich überein. Leider ist die Kuppel 1827 durch Blitzschlag zerstört worden und der Oberteil des Turms ausgebrannt. Für den 1846 vollendeten lieblosen Ersatzbau hat man Fischers Obergeschoß geopfert. Das dadurch entstandene Problem ist bis heute nicht gelöst.

Abb. S. 214a

Um so glücklicher tritt die Fassade als eine für Dießen typische Kunstrepräsentation vor Augen. Obwohl erst zuletzt errichtet, wahrt sie vollkommenen Zusammenhang mit dem Baukörper und auch mit der Innenarchitektur. Die Gestaltung wurzelt in der Idee einer zwischen zwei Flanken vorschwingenden Mitte. Die ursprüngliche barocke Kraftentfaltung dieses Motivs ist hier neuartig umgebildet. Die Tendenz zu Zurückhaltung und leichter Bewegung ist graphisch schon im Grundriß der Fassade angelegt. Am lebendigsten wird sie in der Höhe in Gebälken und Giebeln. Wenn wir uns von der Seite nähern, überra-

Abb. S. 69

Abb. S. 70

schen im Aufblick dicht verkürzte Kurvierungen. Wieviel weniger sie dynamische Bewegungsvorgänge sind als Abbildung von Beweglichkeit, zeigt sich darin, daß die Effekte bei mittelachsialen Standorten in verschiedenem Abstand andere Erscheinung und Wirkung annehmen.

Wesentlich ist dabei die Beteiligung des Lichts, dem die Fassade gleichsam zum Spielfeld angeboten ist. Morgens und vormittags umreißt Gegenlicht den von Flammenvasen und Kreuz besetzten Schaugiebel. Schräg und steil von oben fallendes Mittagslicht erregt den Giebel. Am frühen Nachmittag holt Streiflicht eher wieder die linearen Binnengliederungen hervor. Wenn endlich am späten Nachmittag sich Westlicht frontal auf die Fassade legt, kann wie bei einem figuralen Reliefbildwerk das Beste sich zeigen: die einzelnen Elemente, ihre Richtungen und Kräfte wie ihr Zusammenwirken zu einem Ganzen; das Verhältnis von horizontaler und vertikaler Gliederung, von geraden und gekurvten Linien. Kostbar in gleichsam metallischer Präzision und doch weich stehen die hellen Wandflächen an den Flanken des Untergeschosses und des Schaugiebels und die dunklen Glasflächen der Fenster nebeneinander; die Eleganz der glatten Pilaster, die Bemessung der plastischen Akzente figuraler, heraldischer und emblematischer Art.

Abb. S. 213a

Ein vergleichender Blick auf die 1732/33 ausgeführte Schauseite des Kongregationssaals in Ingolstadt erkennt die überlegene architektonische Disziplin und Qualität der Dießener Fassade. Fischers erster Entwurf der Fassade von St. Anna am Lechl hat im Dreiecksgiebel und dem oberen Schaugiebel mit der Statuennische die Komposition von Dießen vorbereitet. Das Architekturrelief läßt sich von der Innenwandgestaltung von Rinchnach ableiten. Anregend für Dießen ist besonders die Dientzenhofer-Architektur gewesen, vielleicht auch die Kenntnis der Fassade von S. Maria Maddalena in Rom, 1676/91, oder von J.-A. Meissoniers Entwurf für S. Sulpice in Paris, 1726. So möchte man fragen, ob für die Dießener Fassade etwa beratende und entwerferische Mitwirkung des Münchner Hofbaumeisters Cuvilliés angenommen werden könnte – die Außenarchitektur der Amalienburg von 1734 ist stilverwandt.

Bei solchen Beziehungen bleibt aber entscheidend, daß die Fassade kein fremdes, der Kirche nachträglich vorgeblendetes Schaustück ist. In ihrem Aufbau wird die Sockel-, Pilaster- und Gebälkanlage des Innern angezeigt, in den Kurven der oberen Giebelränder der Anlauf des großen Gewölbes. Man darf etwa auch Kontexte zwischen der Fassade und dem Grundriß der Kirche sehen:

Abb. S. 93

Sockel und Portal = Vorhalle mit ihren Seitenräumen; Pilaster und Hochfenster des Mittelteils = Mittelschiff und Kapellen; Dreiecksgiebel = Vorchor; Statuennische = Chor und Hochaltarraum; oberer Abschlußbogen = Apsis. Solche Beziehungsmöglichkeiten bringen erst höhere Lebendigkeit, im Sinn der Architekturrhetorik des 18. Jahrhunderts.

St. Michael in Berg am Laim

». . . daß ich so gar der erste bin wegen dem Gebey gewesen und dar zue alle geherige Riß verfertiget«
(Johann Michael Fischer, 1738)

Der Bau steht im östlichen Vorgelände Münchens, in der Luftlinie gut vier Kilometer vom Zentrum der Altstadt entfernt. Die hier sich ausbreitende Hochebene ist dieselbe, welche die großen kurbayerischen Schloß- und Parkanlagen von Nymphenburg und Schleißheim trägt. In diesen Zusammenhang gehört auch Berg am Laim. Der Münchner Wittelsbacher Herzog Josef Clemens von Bayern, ein Bruder Max Emanuels, seit 1688 Erzbischof und Kurfürst von Köln, ließ sich hier ein Schloß namens »Josephsburg« erbauen, bei dem er 1693 eine Erzengel-Michael-Bruderschaft gründete. Sein Nachfolger in Amt und Würden, auch im Besitz von Berg am Laim, Clemens August, ein Bruder des Kurfürsten Karl Albrecht, entschloß sich zur Errichtung einer eigenen größeren Kirche für die inzwischen an Mitgliederzahl sehr angewachsene Bruderschaft.
Die Entwurfs- und Ausführungsgeschichte dieser Kirche ist verwickelt. Mehrere Instanzen waren am Vorhaben beteiligt. Kurfürst Clemens August selbst hielt sich nur zeitweilig in München auf, wollte ebendeshalb aber in der Nähe der Residenzstadt sich repräsentieren. Bauträger der Kirche war die Bruderschaft. Sie unterstand einem »Consilium«, das Kajetan Freiherr von Unertl, Stadtpfarrer und Dechant bei St. Peter in München, leitete, ein kunstverständiger, bei der Hofbeamtenschaft gut eingeführter Herr. Die Verwaltung der Hofmark Berg am Laim und das Sekretariat der Bruderschaft oblag einem Kurkölnischen Geheimen Kanzleibeamten altbayerischer Herkunft, der sich der praktischen Vorbereitung und örtlichen Leitung des Baus mit großem Eifer und einiger Sachkenntnis, doch nicht ohne Eigenmächtigkeit widmete.
Aus dieser Situation ergab es sich, daß Johann Michael Fischer in Berg am Laim – soweit wir wissen: das einzige Mal in seiner ganzen Tätigkeit – vorübergehend von einem Andern verdrängt wurde. Die Frage nach den Anteilen des Rivalen an Entwurf und Ausführung sicher zu beantworten, stößt wiederum auf Schwierigkeiten: Vorverhandlungen und Verträge sind nicht erhalten, Entwurfmaterial ist nur lückenhaft und unzuverlässig überliefert, die entscheidenden Originalpläne fehlen. Schließlich ist Fischers Konkurrent bis jetzt durch kein anderes wichtiges, mit Berg am Laim vergleichbares Werk bekannt geworden.
Die Entwurfsgeschichte beginnt 1735 mit einem wohl auf Initiative des Bruderschaftssekretärs veröffentlichten Kupferstich. Da Fischer selbst betont, daß er die ersten Entwürfe geschaffen habe, und er nachweislich auch einen ersten Kostenvoranschlag eingereicht hat, darf man dieses Projekt ihm zuweisen, wenn auch mit Vorbehalten: Das Blatt übermittelt als Werbebild eine gewisse Wunschvorstellung der geplanten Kirche, wobei die äußere Ansehnlichkeit der ganzen Anlage – ein Mittelding zwischen Kloster (Grundriß) und Schloß (Ansicht) – hervorgehoben wird. Möglicherweise dienten als Vorlage frühere Bewerbungsprojekte Fischers und der in Augsburg ansäßige Kupferstecher mag

sich nicht über alles klar gewesen sein. Am 11. Februar 1737 erst erteilte Kurfürst Clemens August die Genehmigung zum Baubeginn, ohne daß freilich das Einverständnis des Bruderschafts-Consiliums vorlag.

Bald tritt gegen Fischer ein anderer an: Philipp Jakob Köglsperger. Er war der Sohn eines Maurermeisters beim Kurfürstlichen Hofbauamt in München. Anderthalb Jahrzehnte jünger als Fischer, hatte er 1726/27 am Bau der Parkschlößchen von Nymphenburg mitgearbeitet. Dann war er auf Wanderschaft gegangen, weilte er als Geselle bei Kilian Ignaz Dientzenhofer in Prag. Seit 1730 diente er wieder im Münchner Hofbauamt als Maurerpalier unter Cuvilliés. In dieser Position mag Köglsperger sich für Berg am Laim Chancen ausgerechnet haben. Im November 1737 leitete er dort die Grundaushebung, mit Vertrag vom 4. Februar 1738 wurde ihm der Kirchenbau selbst übertragen. Vielleicht genoß er die Protektion Kajetan von Unertls, der als Hauptwidersacher Fischers genannt wird. Trotzdem konnte Köglspergers Stellung auf Dauer nicht sicher sein. Denn er besaß weder das zur Bauführung vorgeschriebene bürgerliche Maurermeisterrecht, noch hatte er beim Vertragsabschluß für Berg am Laim einen Gesamtentwurf vorgelegt.

Da zur finanziellen Förderung des Bauvorhabens weiterhin werbende Aktionen nötig erschienen, verlegte sich Köglsperger zunächst auf den Entwurf einer imposanten Kirchenfassade, mit deren Errichtung er im Frühjahr 1738 begann. Am 7. Oktober des gleichen Jahrs wurde der Grundstein zur Kirche gelegt.

Doch dann begann Fischer seine älteren Rechte geltend zu machen. Mit Schreiben vom 17. Dezember 1738 protestierte er energisch gegen seine Verdrängung. Ein erster Erfolg – kaum nur der Versuch einer Abfindung – zeigt sich darin, daß am 16. März 1739 eine Zahlung an Fischer »für Riss und andere Bemühung« vorgesehen ist. Bald darauf wurde, nach einer Besichtigung der Baustelle, Köglsperger wegen zu großen Materialverbrauchs abgesetzt und im April 1739 Fischer wieder angestellt.

Nach der Vollendung von Dießen und der inzwischen neu angenommenen Aufträge von Aufhausen und Ingolstadt hatte Fischer freie Hand. Vom 21. Juni 1739 an bezog er die für die Bauführung ihm laufend zustehende Vergütung. Inzwischen muß er auch neue Entwürfe ausgearbeitet haben. Im Juli 1739 erstattete der auch bei Clemens August angestellte Cuvilliés über Fischers Planung ein günstiges Gutachten. Bis Sommer 1740 stand »über die Hälfte« des Baus, im Herbst 1742 war das Dach vollendet. Am 1. Mai 1744 konnte die Kirche eingesegnet werden. Im folgenden Frühjahr erhob sie Clemens August zur »wahren Hof-, Ritterordens- und Erzbruderschaftskirche«. 1749/50 entstanden die Turmabschlüsse, im Herbst 1751 wurde die Kirche geweiht. 1758 hatte Fischer noch den Außenverputz zu besorgen.

Abb. S. 214b   Der Kupferstich-Grundriß von 1735 zeigt zwei, je in sich zentralisierte Hauptteile: ein »Langhaus« und ein von diesem in seinem Ansatz weit angeschnittenes Altarhaus. Das »Langhaus« beruht auf einem Quadrat. In seiner mittleren Querachse laden zwei Arme aus, nischenförmig, mit größeren Altären ausgestattet. Die vier Ecken des Quadrats sind zu flachen Nischen abgeschrägt. Wiederum wird diese innere Raumform durch Einlegen einer Schale in die Außenrandung gewonnen. Im Intervall der Schalen ergibt sich, von beiden

Seiten des Eingangs aus, je ein segmentbogiger Gang, in welchem Beichtstühle stehen. Nachdem diese Begleiträume bis zu den Querarmen geführt sind, werden sie jenseits der Querarme neu fortgesetzt in Nebenräumen, aus denen Treppen zu zwei, im Obergeschoß an den Flanken des Altarraums angelegten »Oratorien für Fürstenpersonen« führen. Unterhalb dieser Oratorien sind im Altarraum selbst »Plätz und Stühl für die Herren Consultores« der Bruderschaft vorgesehen.

An sich und besonders im Vergleich mit St. Anna am Lechl stellt sich die Grundrißbildung des »Langhauses« unausgeglichen und holperig dar. Wenn das vermutlich dem Kupferstecher anzulasten ist, so kann die Idee und Führung der Begleiträume nicht ganz überzeugen: Sie haben hier weder als wallfahrtskultische Umgänge zu fungieren, noch die Statik des Oberbaus zu sichern. Vielmehr sollen sie Verbindungen zwischen dem alten Schloß und der neuen Kirche vermitteln, ohne dabei den Fluß der Enfiladen höfischer und aristokratischer Profanarchitektur zu erreichen. Dahingestellt sei, ob das Tiefoval des Altarraums von Enrico Zuccali angeregt sein könnte, der einst das Schloß des Kurfürsten Josef Clemens entworfen hatte. In Fischers bisherigem Werk ließe sich das innenschichtige Gestalten des »Langhauses« mit Rinchnach in Verbindung bringen, die verschiedene Auswertung der Diagonalnischen (vorn Altäre, rückseits Beichtstühle) mit Rinchnach und Bergkirchen. Bei den Begleiträumen des Altarraums und der hinter dem Hochaltar angebauten Sakristei könnte sich Fischer an das Niederalteicher Chorhaupt erinnert haben.

Im nächsten Stadium der Planung wird Köglsperger aktiv. Er erklärt im lang weiterdauernden Streit mit Fischer noch im April 1742 dem Rat der Stadt München schriftlich, er habe in Berg am Laim »den völligen Grund heraus, die Faciata samt den zwei Türmen 8 Schuh (d. s. etwa 2,65 Meter) aufgebaut«. Nach seiner Entlassung sei beim Weiterbau der von ihm entworfene »Hauptriss geblieben und nur inwendig ein so anderes weniges geändert, allein da es bei meinen (Köglspergers) Dessin geblieben wären, weit verträglicher gewesen«. Seinen Entwurf hatte Köglsperger allerdings nicht schon bei Vertragsabschluß, sondern erst »lang hernach« vorgelegt.

Hier ist ein Grundriß einzuschalten, der als Bestandteil einer wohl in einem oberschwäbischen Kloster angelegten Plansammlung in die Zentralbibliothek von Luzern gelangt ist. Dieser Grundriß (»Luzern I«) enthält, darin mit dem Kupferstich von 1735 übereinstimmend, die programmatisch verlangten Räumlichkeiten. Doch ist der dem Gemeinderaum folgende Teil hier lang gestreckt und seitlich gerade begrenzt. Davon abgesetzt folgt in gleicher Breite ein Hochaltarsanktuarium mit dreiseitig gebrochenem Schluß. Das Gemeinde-»Langhaus« von 1735 ist ein Breitraum geworden mit zwei nach innen kräftig gefaßten, jedoch nicht ausladenden Querarmen. Den Übergang vom Gemeinderaum zum Hochaltarraum vermitteln zwei diagonal gedrehte Kapellen, die auf breit-sechseckigem Grundriß etwas hart und plattgedrückt, fast für sich verkapselt sind. Die in Rinchnach bestehende Frage, welche (kultische) Bestimmung den zwei rückseitigen Diagonalräumen zukomme, wird hier auf diese Weise umgangen, daß diese überhaupt gestrichen und durch je einen an die Fortführung der Querarmwand gestellten Altar ersetzt werden. Die innere

Abb. S. 214c

Eingangsseite ist als gerade Mauer gebildet – die als Mittelteil einer Konvexfassade erklärbar sein könnte. Die ganze asymmetrische Grundrißkomposition dürfte sich vor allem wieder aus Überlegungen ergeben haben, einen praktischen Zusammenhang mit den Schloßflügeln zu finden. Nach außen sollte der Gemeindebau der Kirche vor die Flucht der Begleitbauten vortreten, mit einem einzigen Turm über der konvexen Stirnseite. Diese Komposition ließe sich als Weiterentwicklung des Projekt-Kupferstichs von 1735 verstehen.

Die Zuschreibung des Grundrisses Luzern I an Fischer kann durch die nahe Verwandtschaft mit der Kirche in Aufhausen (1736) gestützt werden, auch durch die Ähnlichkeit des Chorschlusses mit Osterhofen.

Noch aber muß die Beurteilung differenziert werden. Im Grundriß Luzern I ist nämlich, durch Schraffierung als eigener Entwurfteil gekennzeichnet, dem Gemeinderaum eine von zwei Türmen flankierte, im Mittelteil vorbuchtende und durch zwei Säulenpaare ausgezeichnete Fassade vorgelegt. Nachdem Köglsperger die Fassade nach eigenem Entwurf begonnen und sie bereits zu einiger Höhe aufgeführt hat, darf man ihm diesen Teil von Luzern I zuweisen. Vermutlich hat er, um überhaupt bald einen Entwurf vorzeigen zu können, einen auf etwa 1736/37 datierbaren Grundriß Fischers übernommen und ihm ein eigenes Fassadenkonzept vorgeschaltet. Jedenfalls erscheint die Ankoppelung der Fassade etwas gewaltsam. Die Massigkeit der unteren Turmteile kann den Vorwurf der Materialvergeudung verständlich machen. In den Fischerschen Grundriß hat Köglsperger des weiteren, gleichfalls schraffiert, große Säulen eingetragen – wohl eine jener »inwendigen« Einzelheiten, die Fischer dann wieder »geändert« hat. Da 1738 an der Baustelle verhältnismäßig viele Kräfte beschäftigt gewesen sind und die Grundsteinlegungen üblicherweise meist an der Stelle des späteren Hochaltars vorgenommen werden, ist es möglich, jedenfalls nicht zu widerlegen, daß Köglsperger vom Frühjahr bis Herbst 1738, wie er selbst behauptet, außer der Fassadenanlage auch den übrigen Bauplatz der Kirche schon abgesteckt und hergerichtet habe. Damit wird andrerseits aber nicht ausgeschlossen, daß Fischer, als er im Frühjahr 1739 den Auftrag wieder erhielt, den Bau noch nach eigenen Vorstellungen hat weitergestalten können. Zwar liegen keine Ausführungsentwürfe mehr vor. Doch sind am Bau selbst weder Diskrepanzen noch Kompromisse zu erkennen, die zwingend auf Tätigkeit zweier verschiedener Entwurfmeister deuten würden. Im ganzen darf die bestehende Kirche als Werk Fischers gelten.

Abweichend von der zweiteiligen Anlage des Kupferstichs von 1735 weist der ausgeführte Bau nach einem breitrundlichen Vorraum einen Dreiersatz sich verjüngender, jeweils zentralisierter Räume auf. In dieser Komposition hat das kirchenfürstlich-höfische Element mehr Bedeutung gewonnen. Im ersten großen Raum sind die Vorstellungen von Quadrat und Achteck, Querarm- und Diagonalenkreuzung und innerem Kuppelkreis koordiniert. Der zweite Raum wiederholt diese Figuration in kleineren Ausmaßen und reduzierter Architektonik. Der dritte Teil, der Hochaltarraum, entspricht in seinem Grundriß dem Vorraum. Wieder läßt sich feststellen, daß Gesamtanlage und Proportionen geometrisch durchgeordnet sind.

Bei aller Abgrenzung der Gehalte ergeben sich zwischen den beiden großen

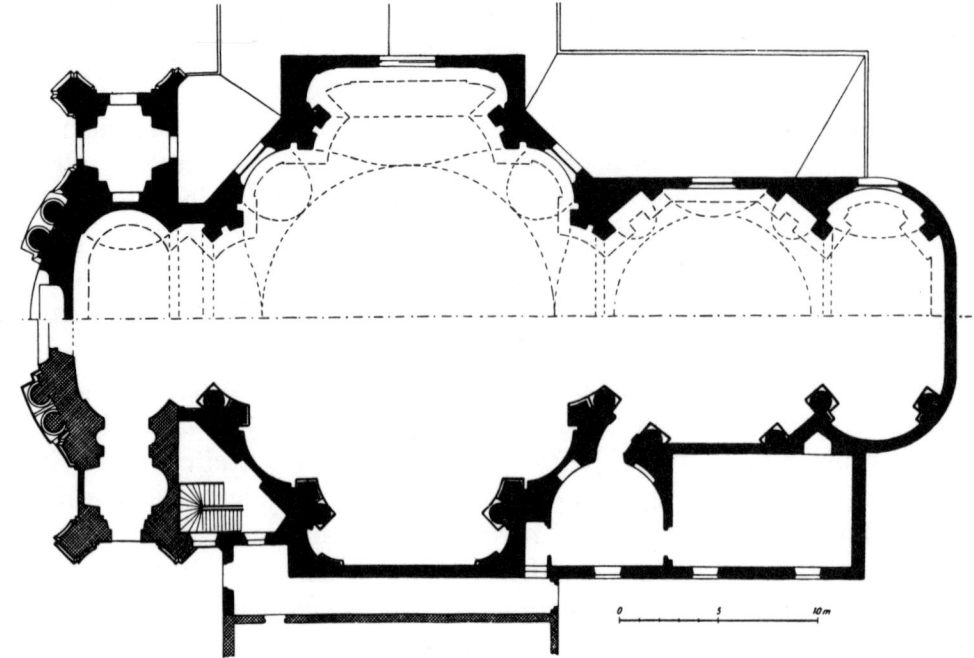

S. 69: Dießen, Stiftskirche, Fassade, etwa 1737–38; im Dreieckgiebel stuckiert das Wappen des Stifts, im Schaugiebel eine aus Kupfer getriebene Statue des hl. Augustinus; rechts Rest des Turms von 1846.
S. 70: Dießen, Stiftskirche, Fassade; Schrägansicht des oberen Teils.

St. Michael in Berg am Laim: Grundriß der Kirche
Oben: in Höhe der oberen Fenster (Gesimse und Gewölbelinien gestrichelt);
unten: in Höhe des Erdgeschosses; quadriert: Teile Phil. Jakob Köglspergers

Abb. S. 95

Teilräumen fluktuierende Wechselbeziehungen: Der dem Gemeinderaum nahe zweite Raum gehört sowohl dem Bruderschaftsvorstand wie dem Ritterorden und zugleich ist er, in seiner obersten Schicht, eine Kurfürstliche Hofkapelle mit Oratorien. Der Fürst ist dem Hochaltar am nächsten, doch kann er ebenso in den Gemeinderaum zurückschauen, auch die zwei rückwärtigen Diagonalaltäre sehen, aus dem Gemeinderaum Predigt und Musik hören und die zum Hochaltar gerichteten Blicke der Gemeinde annehmen. Außer den Oratorien sind die Säulen, welche die ganze Raumwandung und die großen Altäre konstituieren, Hoheitselemente. Welches Gewicht in dieser Kirche insgesamt das Höfische hat, kann im Vergleich mit Andechs beobachtet werden.
Die Komposition des Gemeinderaums läßt sich entwicklungsgeschichtlich in München an die Dreifaltigkeitskirche von 1711 und die Salesianerinnen (Damenstifts)-Kirche St. Anna 1732 anschließen. Dazu kommt die neue, für St. Anna am Lechl bestimmend gewordene Idee: einen zentralisierten Mittelraum mit einzelnen zentralisierten Randräumen zu umgeben. Zum Ausgleich dafür, daß in Berg am Laim die Querarme im Grundriß mit scharfer Geradlinigkeit und rechten Winkeln ausgeprägt sind, werden die vier Diagonalen flacher gehalten, doch abweichend vom Kupferstich von 1735 gleichartig und gleichwertig behandelt.
Die Wandgliederung wird durch abgestuft gruppierte Säulen und Pilaster vorgenommen. Stehen in der Dreifaltigkeitskirche die Säulen (kanneliert, wie in der Theatinerkirche) als Strukturgelenke in Vertiefungen der Wand, so in Berg am Laim glatte, marmorierte Wandsäulen gemeinsam mit den Pilastern in der

S. 71: München-Berg am Laim, St. Michael; Türme, vollendet 1749–50.
S. 72: München-Berg am Laim, St. Michael; Fassade, begonnen 1738 von Philipp Jakob Köglsperger, seit 1739 weitergeführt von Johann Michael Fischer, Nischenfigur St. Michael 1911.

Abb. S. 81, 95

kurvigen Führung eines raumbezogenen Wandreliefs, das gleicherweise flüssig wie artikuliert ist. Wo die Wandgliederung an betonte Räumlichkeit grenzt, haben körperlich betonte Säulen Platz erhalten. An den Diagonalen stehen die Altäre nicht in Wandhöhlungen, sondern vor verstärkenden Wandvorlagen. Oberhalb der Säulen- und Pilasterordnung wird ein Gebälk in gleicher Höhe um den ganzen Raum geleitet. An den Nahtstellen der Komposition ist es scharf gezackt. Im Gemeinderaum vermitteln Gewölbeschirme zwischen Wandstruktur und großer Kuppel. Der architektonische Raum besteht nicht nur in zentraler Breitung und mittelachsialer Tiefenerstreckung, es ergeben sich auch Schrägansichten, anregende horizontale Teilpanoramen, nahe Vertikalaufblicke. Das Raumgefüge wird in Verbindungen von Wandstruktur, Wandöffnungen und Altären zu höheren Einheiten von triptychonalen oder triumphbogenartigen Gruppen variiert. Ein Dreiermotiv zeigt sich auch, wenn man an den Flanken des Chorraums die je drei Oratorien einer Seite zusammenzieht. In den Ablauf der Konfigurationen sind immer wieder Fermaten gelegt.

Am merkwürdigsten, originellsten ist die Ausbildung der Diagonalseiten des Gemeinderaums. Die in der Grundlegung flachrundliche Wandschale erreicht in der Aufwärtsführung im Gebälk einen Zuwachs an Konkavität, um nach oben immer mehr zylindrische Räumlichkeit zu gewinnen. Deren Querschnitt wird schließlich in der kreisrunden flachen Deckform manifest. Vor dieser Deckform ist in der Randung des großen Gewölbes je ein hoher Bogen geöffnet, dessen Kanten sich sphärisch zum innern Gesamtzentrum neigen. Diese Raumzylinder sind bedeutsam auch als Lichtgehäuse. Die Fenster liegen, wie in St. Anna am Lechl, alle hoch. Im ersten Gesamtblick sind sie im Chor nur indirekt als Lichtquellen bemerkbar. Offen dagegen, haben im Gemeinderaum die großen Fenster eine fast brutale Direktheit; sie sollen jedoch nicht als Maueraufbrüche, sondern als gläserne Wandflächen verstanden werden.

In Fischers Schaffen kann die aristokratische Dorfkirche von Unering als kleines Modell gelten, aus dem dann Berg am Laim ins Große und Räumlich-Bewegte entwickelt worden ist. In Osterhofen war ein Langraum mit abgerundeten Ecken und zwei begleitenden Reihen von Raumzylindern gestaltet. In St. Anna am Lechl hatte Fischer die Lösung eines Tief-Rund-Raums mit offener Umschalung gefunden, in Dießen den Prospekt eines Lang-Tief-Raums zu einem zentralisierten Chor hin gesteigert. In Berg am Laim nun glückte ihm dank der besonderen Aufgabe die gegliederte Verbindung einer Folge dreier Zentralräume.

Zugleich ist eine neue Fähigkeit des Zusammensehens gewonnen. Verglichen mit St. Anna am Lechl ist die Wahrnehmung des Raumbilds mehr auf die Mittel-Längsachse und den Standort unter der großen Kuppel angewiesen. Von Raumbeginn an zeigt sich im mittelachsialen Gesamtblick, wie die Kompositionen der drei Kuppelbilder optisch zusammenhängen. Die in der Raumtrilogie erfolgende Abnahme der realen Dimensionen wird durch die perspektivisch verstärkte Illusion der Tiefe und durch die zunehmende Dichte der Ausgestaltung und Ausstattung kompensiert. Crescendo und Decrescendo greifen ineinander. Pilaster, Säulen und Schirmgewölbe sind nicht nur Träger von Dekoration, sondern auch Faktoren der Bildraum-Anlage, die vermutlich der Maler

St. Michael in Berg am Laim: Längsschnitt durch den Kirchenraum

Johann Baptist Zimmermann mitbestimmt hat. Die Verbrüderung von architektonischer Realität und optischer Bildhaftigkeit kann man auch aus Einzelheiten erschließen: Das unmittelbare stumpfwinkelige Zusammentreffen zweier Pilaster ergibt das Bild eines rechtwinkeligen Pfeilers. In den Wänden des Chorraums sind bildhaft Motive architektonischer Würde zitiert. Die Kuppel des ersten großen Raums wird der Gemeinde am meisten gegenwärtig. Hier zeigt über kultivierter Architektur die Freskomalerei irdische Naturlandschaft und eine der Erde wie dem Jenseits zugehörige Himmelssphäre. Während über dem Gemeinderaum der Kuppelansatz als klares Kreisrund geformt ist, bietet die folgende Wölbung eine eher undefinierte Gewölbebildlichkeit.
Im ganzen Raum lebt noch viel von der originären Italienbeziehung der kirchlichen Kunst. Doch mehr und Neues liegt darin, wie jetzt die Architektonik bildhafte Vorstellungen und Sinnbildlichkeiten aufnimmt. So kann über dem Gemeinderaum in der Konfiguration der großen Kuppel mit ihren Begleitungen uns die Anlage eines Rundbassins, das vier kleine Springbrunnen umgeben, in den Sinn kommen – als sublimierte Spiegelung einer Synthese architektonischer und gartenkünstlerischer Vorstellungen, vergleichbar den alten mystischen Allegorien des »Lebensbrunnens«. Vom Gemeinderaum ist der nächste Raum

74

in jenen Abstand gesetzt, der dem Hofkirchlichen gebührt, und der Hochaltarraum vollends sakral distanziert. Die Ordnung der drei Raumteile entspricht der in großen Klosterkirchen obligaten Gliederung in Gemeinderaum, Chor und Hochaltar-Presbyterium. Nicht weniger zutreffend, da der Entstehungszeit dieses Baus besonders eigen, ist die Beziehung zum Theater – vorausgesetzt, daß man wieder die übergeordnete Bedeutung des »heiligen Theaters« anerkennt. Bei aller Unterscheidung gehören die drei Haupträume in eine kirchliche Gesamteinheit. Die Gemeinde bleibt gesammelt im großen Raum, den an den Altären die apostolische »Gemeinschaft der Heiligen« umgibt. Ziel der Sammlung und Blickbewegung ist der Hochaltar.

Die innenräumliche Komposition wird schon außen in der seitlichen Profilansicht des ganzen Baus sichtbar. Die in Unering und Bergkirchen vorgebildete Dachanlage ist hier um die Anschnitte der Querarme bereichert.

Standort und Rang des Baus waren Anlaß zu einer souveränen Gestaltung der Fassade. Daß man abweichend vom üblichen Brauch hier den Bau mit der Fassade begonnen hat, ist wohl kein Zufall.

Abb. S. 214c, d Die Ausgangsvorstellung der Fassade überliefern der Plan Luzern I und eine wohl 1738/39 im Kupferstich publizierte Ansicht. Köglspergers Idee läßt sich aus dem böhmischen und schlesischen Dientzenhofer-Kreis, aus Mähren und Österreich herleiten – von Bauten, die er in seiner Gesellenzeit kennengelernt hat. Für die Ausformung einer Konvexfassade mit Säulen gab es aber auch in München ein Vorbild, die Dreifaltigkeitskirche. Ausgeführt hat Köglsperger in Berg am Laim 1738/39 die Fundamentierung und das aus Tuffstein bestehende Abb. S. 72, 94 Sockelwerk. Dadurch war dieser Bauteil soweit festgelegt, daß Fischer ihn im ganzen übernehmen mußte und wohl auch nicht ungern übernahm. Gegenüber dem Entwurf Köglspergers sind in der Ausführung sowohl einige Vereinfachungen zu beobachten, wie auch als Bereicherung die Gesimsaufkurvungen im Ansatz des obersten Turmgeschosses. Hier hat Fischer das Schlußmotiv der Türme von Deggendorf, Niederalteich und Dießen wiederholt. Verwandt dem Deggendorfer Turm ist auch die Instrumentierung mit den drei Säulen-»Ordnungen«.

Die Türme treten herrschaftlich vor und über die Flügelbauten. Der konvexe Mittelteil bekundet die Zentralräumlichkeit des Innern. Die Einmuldungen der Mitte, die an den Chor von Niederalteich erinnern (hier freilich auch von Cuvilliés kommen könnten) sind wohl eine Geste verbindlichen Empfangs. Wieder lohnt es sich, die Distanzen und die Kontakte von Motiven, von Fläche und Relief, Konvexität und Konkavitäten zu betrachten. Während in Seitenansichten die Gebälke zügige Kurven aufweisen, wird in vertikalen Aufblicken sowohl das Steigende wie das Körperhafte und Raumhaltige wirksam. In der Frontalansicht erscheint diese Fassade ruhiger, weicher, »mäßiger« als jene von Dießen – der Hochebene angepaßt, erdhaft. Die mit gewisser Bedachtsamkeit gefundene Einheit wird, um einen Vergleich zu gebrauchen, nicht durch einen Malerpinsel, sondern einen exakt geführten Zeichenstift gewonnen. Die Säulen- Abb. S. 71 paare der Mitte tragen wieder die Dignität einer Hofstaatskirche. Die »Helme« der Turmabschlüsse bedeuten vielleicht Anspielung auf den ritterlichen Erzengel St. Michael.

Ursprünglich sollte diese Fassade das Fernziel eines von der alten Münchner Isarbrücke (der späteren »Ludwigsbrücke«) her in gerader Linie geführten Straßenzugs sein. Später hat Fischers Werk den Zusammenhang mit der freien Natur verloren, schlimmer noch: Es ist heute ohne jedes Verständnis verbaut und bedrängt.

Die Wallfahrts- und Oratorianerkirche in Aufhausen

Während der ersten Planung von Berg am Laim ist Fischer mit zwei neuen Kirchen im mittleren bayerischen Donauland beschäftigt, in Aufhausen (südöstlich von Regensburg) und Ingolstadt. Beide Bauten sind im Typus und in Einzelheiten nah miteinander und auch mit den Projekten für Berg am Laim verwandt. Beide sind Marien-Wallfahrtskirchen, denen als solchen die Symbolik des Zentralraums ansteht. Der Gemeinderaum ist jeweils als Quadrat mit abgeschrägten Ecken angelegt, erschlossen mit dem Tiefenzug vom Eingang zum Hochaltar, verspannt durch eine mittlere Querachse und zentralisiert durch eine Flachkuppel. Die vier aus den Abschrägungen entstandenen Nebenräume stehen durch ein rechtwinkelig im Zentrum sich treffendes Diagonalenkreuz miteinander und mit dem Mittelraum in Verbindung. Neu aber ist, daß in die Diagonalräume Emporen eingegliedert sind, womit in Struktur und Komposition räumliche Sammlung und innere Bewegung gewonnen wird.

Aufhausen besaß seit 1667 eine Marienwallfahrt, die von Oratorianern, einer Weltpriestergemeinschaft, betreut wurde. Der Neubau der Kirche war 1734 beschlossen. Im Sommer 1735 erhielt Fischer eine Zahlung, wohl für Entwürfe. Im nächsten Jahr wurde der Grundstein gelegt. Auch für 1738 ist Fischers Tätigkeit bestätigt. Im Frühsommer 1739 konnte Aufhausen schon als eine seiner »Hauptkirchen« genannt werden. Ausbau, Ausgestaltung und Ausstattung gingen jedoch, finanzieller Schwierigkeiten wegen, nur langsam voran, so daß die Kirche erst 1751 geweiht werden konnte.

Der Bau steht auf einer mäßigen Anhöhe, am Rand eines breiten Wiesen- und Ackertals. Der Grundriß läßt, mit Rinchnach verglichen, sofort erkennen, zu

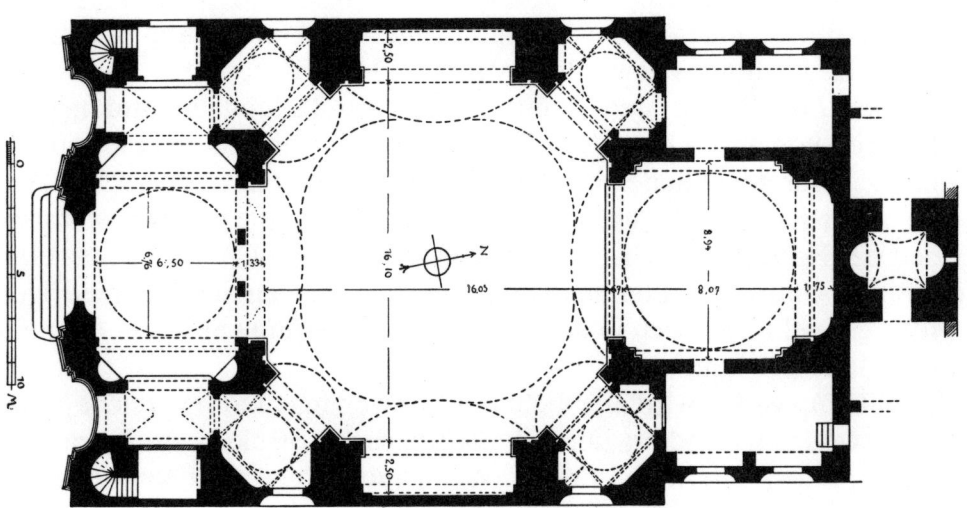

Aufhausen: Grundriß der Kirche

welcher Reife Fischer im Verlauf eines Jahrzehnts gelangt ist. Nach einer ziemlich tiefen Einleitungsschicht folgt auf der Mittelachse eine dreiteilige Komposition, in welcher Vorraum und Hochaltarraum, fast symmetrisch abgewogen, dem großen zentralisierten Mittelraum, dem Gemeinderaum, beigeordnet sind. Andrerseits gehören aber auch der erste und der mittlere Raum in einer gestreckten Einheit zusammen. Dem Mittelraum ist als Rahmen ein äußeres Quadrat zugemessen. Die durch Wandpfeiler festgesetzten zwei Querarme und die offenen Ansätze von Hochaltarraum und Vorraum ergeben als Grundfigur ein »Griechisches Kreuz«. Das in einem zweiten Akt durch die innere Abschrägung der Ecken gewonnene Achteck hat vier breitere Seiten im Hauptachsenkreuz und vier schmälere in den Diagonalen. Die diagonal liegenden Nebenräume sind nicht dreieckig-zwickelförmige Rest- oder Abfallteile, sondern sie werden zu breitsechseckigen Räumlichkeiten aufgewertet, sehr ähnlich dem Grundriß Berg am Laim/Luzern I. Dabei bleiben wie die Querarme so auch die Diagonalräume dem Rahmenquadrat eingeordnet und achsial zum Mittelraum gerichtet. Solches Komponieren wird wiederum auf geometrische Entwurffigurierungen gestützt.

Abb. S. 214c

Im Unterschied zum breit gelegten und geöffneten Vorraum ist der Hochaltarraum zellenartig gefaßt, mit gerader Schlußwand. Den Aufbau bestimmt eine einheitliche Ordnung glatter Pilaster. An den Ecken des Mittelraums begegnen sich je zwei Pilaster in stumpfem Winkel. In die zwischen den Pilastern sich öffnenden Diagonalseiten ist je ein Emporenbalkon eingezogen. Die Emporen bilden ein Gegenelement zur Vertikalstruktur. Zugleich vermitteln sie Übergänge vom inneren Zentralraum zum Achteck und von diesem in die Ecken des Quadrats. Nicht zuletzt gewähren die Emporen Möglichkeiten zur Einfühlung in Struktur und Raumkomposition. Unten vertiefen sich die Blicke aus dem Mittelraum in die Kapellen, oben leiten umgekehrt die etwas vorladenden Emporenbrüstungen aus den Randräumen Einblicke in den Mittelraum.

Abb. S. 82

Über den Gebälken folgt eine glatte Auflage, auf welcher eine aus dem Grundachteck über die Pfeiler nach oben geführte, in Breite, Scheitelhöhe und Kurvierung wechselnde Bogenarchitektur sich entwickelt. Die in Dießen die Längsachse überspannende Bogenfolge ist hier zur Umrandung und Überhöhung eines Zentralraums geworden, worin die Motivik von St. Anna am Lechl weiterwirkt. Die Bogen sind raumeinwärts von Kehlungen umfangen, die gleicherweise von unten zum Gewölbe wie vom Gewölbe zu den Pfeilern herab überleiten. Über dem Gemeinderaum liegt eine weite Flachkuppel. Ihr Ansatz ist kein reiner Kreis; er kommt den vier Diagonalseiten entgegen, während er über den vier Hauptkreuzachsen sich zurückzieht oder etwas nach oben gehoben wird. Der Hochaltarraum hat ein Hängegewölbe, dessen Scheitel niedriger als die Mittelkuppel liegt, doch in der optischen Erscheinung aus dem Gemeinderaum an Höhe gewinnt.

Die Raumkomposition wird hier nicht durch inwendige, kurvig-weiche Schalenbildung gewonnen, sondern durch baukörperliche Struktur mit geradlinigen Führungen, Stützpfeilern und Bogen. Wenn auch einige Eckigkeiten und Härten auffallen – verursacht vielleicht durch die ausführenden ländlichen Bauhandwerker, so ist das Innere im ganzen von großer Art. Eindrucksvoll ist im

Rückblick die raumgestalterische Disposition der Orgelempore. Umgekehrt tut sich gleich vom Eingang her der Raum in seiner Systematik weit auf. Die Emporen klammern das Innenachteck auf feste und fast feierliche Art. In der Längsmittelachse gesehen wiegt im Gemeinderaum der Eindruck eines Breitrechtecks vor, im Mittelquerblick dagegen jener eines Längs-Tief-Rechtecks – Beweis für das vorhandene Raumvolumen und seine innere Spannung. Im Blick auf eine Diagonalseite gewahrt man die klare Rahmung und reliefhafte Tiefengliederung einer kleineren Einheit. Das Licht wird in den Bogenkehlungen und Gewölbeüberleitungen in weichen Lagen angenommen.

Sehr hell sind die Kapellen. In den Emporenräumen dagegen sind die Fenster (nachträglich?) vermauert, so daß sich eine gewisse Trübheit einstellt, ebenso mancher scharfe Licht- und Schattenkontrast. Im besondern fehlt die sonst so ausdrucksvolle Steigerung der Helligkeit nach oben und zum Hochaltarraum.

Für die Formulierung des Gesamtraums und für die Emporenanlage kann Viscardis Wallfahrtskirche Freystadt Vorbild gewesen sein, für die Diagonalteile etwa auch die Kirche in Murnau. Im Unterschied zur Ausgestaltung der Diagonalseiten in Freystadt mit je zwei rahmenden Wandsäulenpaaren und überhaupt grundsätzlich anders als die Wandstruktur der Münchner Dreifaltigkeitskirche ist in Aufhausen ein raumhaltiges Pfeilergerüst mit ausgewogener Vertikal- und Horizontalgliederung ausgeführt. Mit Murnau verglichen, äußert sich hier die jüngere Stillage sowohl in der Ausrundung der Diagonalräume wie in der Weichheit der Wölbung. Ein Vergleich Aufhausens mit der zur donauländischen Nachbarschaft gehörigen und gleichzeitig entstandenen Asam-Ursulinenkirche in Straubing kann Fischers charakteristische baumeisterliche Grundart demonstrieren.

Das Äußere ist ein einfacher, kastenförmiger Baukörper, ohne Pilastergliederung, die Fenster in zwei Reihen verteilt, die Ansatzlinie des Daches in gleicher Höhe durchgeführt, zum Schluß hin das Dach geradflächig abgewalmt. Hinter dem Altarhaus ist ein Turm angebaut, mit gutem Gesimsen und im dritten Geschoß mit Pilastern gegliedert, die Ecken gerundet. Nicht auf Fischer zurückführen läßt sich die erst nach 1761 aufgesetzte, konventionell geformte Zwiebelkuppel samt ihrer Laterne.

Die dem Tal zugewendete und deshalb weithin sichtbare Stirnseite ist von Fischer entworfen. Über hoher Sockelung aufgeführte glatte Pilaster gliedern sie in drei Teile. Zwischen den seitlichen Feldern ist der breitere Mittelteil vorgezogen. Während zwei Außenpilaster den Rand begrenzen, wird der Mittelteil von gestaffelten Pilastern gerahmt. In das Relief der Wandung sind, ähnlich wie in Berg am Laim, Mulden eingelassen. Sie nehmen in den Flankenfeldern eine zweireihige Fensterordnung zusammen, im Mittelfeld steigt die Mulde höher zum geschwungen gerandeten Giebel. Obwohl der Fassade viel von bloßem Rohbau anhaftet, der Mittelteil etwas Stockendes hat und der Giebel vermutlich nicht ganz vollendet worden ist, läßt sich bei aller Einfachheit doch Verwandtschaft mit der Dießener Fassade erkennen. Wie dort zeigt sich besonders in Schräg-, Seiten- und Steilansichten ein Streben nach lebhafter Bewegung. Anregungen hat Fischer wahrscheinlich von der 1732/33 entstandenen Fassade des Kongregationssaals in Ingolstadt erhalten können, wo allerdings dekoratives Stukkatorenwerk vorwiegt.

Im ganzen hat Aufhausen einen Grundzug von Strenge, der sich mit Sicherheit und einem gewissen Stolz verbündet.

Die Augustiner-Kloster- und Wallfahrtskirche von Ingolstadt

Als sich 1598 die Augustiner-Eremiten in Ingolstadt niederließen, erhielten sie einen nahe der Innenseite der östlichen Stadtmauer gelegenen Platz mit einer spätgotischen Kapelle. Eine in dieser Kapelle ausgestellte alte Muttergottes-Figur wurde ein vielverehrtes Wallfahrtsziel. Von der 1732 mit dem Kongregationssaal in Ingolstadt anhebenden neuen sakralen Kunstbegeisterung wurde sofort auch das Augustinerkloster ergriffen. 1734/35 begann man den Neubau der Kirche zu betreiben. Einer der ersten Förderer war der bayerische Kurfürst. Im Frühjahr 1736 konnte der Grundstein gelegt werden, 1739 war die Inschrift über dem Hauptportal datiert, 1740 entstand die Freskomalerei und Stukkatur. Im Herbst dieses Jahres wurde die Kirche geweiht.

Sonst ist nur bekannt, daß der Ingolstädter Stadtmauermeister Michael Anton Prunthaler einen Voranschlag über Material- und Baukosten eingereicht hat. Den Entwurf aber Johann Michael Fischer zuzuweisen, berechtigt die Tatsache, daß in den Akten von Berg am Laim am 7. Juli 1739 der Bau unter den »Hauptwerken« des Meisters angeführt wird. Dazu kommen einige äußere Umstände: Seit 1726 wohnte Fischer in München in einem dem dortigen Augustinerkloster gehörigen Haus, 1731 baute er in Niederviehbach bei Dingolfing ein Nonnenkloster des Augustinerordens und 1732 ließ sich sein Bruder (Johann) Andreas in Ingolstadt als Mauermeister nieder; (hat er vielleicht am Bau mitgearbeitet?). Nachdem im 19. Jahrhundert die Kirche dem Franziskanerorden übergeben worden war, wurde sie als Franziskanerkirche bekannt.

Im Vergleich mit Aufhausen zeigt sich eine bemerkenswerte Variation des gleichen Typus. Dazu hat beigetragen, daß Ingolstadt als wichtige Stadt und als

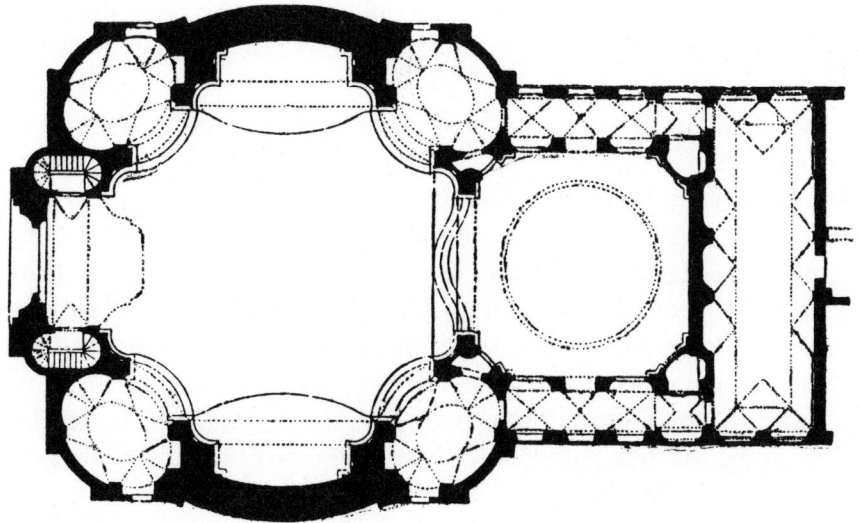

Ingolstadt: Grundriß der ehemaligen Augustinerkirche

Sitz der Landesuniversität Kurbayerns höhere Ansprüche stellen konnte. Da die Situation, im Unterschied zu Aufhausen, die Anlage eines Vorraums unmöglich machte, konnte eine näher zusammenhängende Zweiheit von Gemeinde- und Hochaltarraum angelegt werden. Während den Gemeinderaum von Aufhausen ein äußeres Rahmenquadrat umreißt, beruht in Ingolstadt der Mittelraum auf einem inneren, gewissermaßen nur angedeuteten Quadrat. Von diesem geht die Komposition ebenso aus wie sie einwärts auf das Quadrat sich zurückbezieht, am deutlichsten in der Kreuzung der Diagonalachsen. Anders als in Aufhausen kann hier der Raum sich freier ausbreiten, mit Kurvierungen, die schon im Grundriß zu erkennen sind. Die Mittelquerarme des Gemeinderaums schließen segmentbogig, mit (aus statischen Gründen?) starkem Mauerwerk. (Ob hier eine Einwirkung von Gabriel de Gabrieli, dem Fürstbischöflichen Architekten des nahen Eichstätt, zu vermuten ist?) Die bogig geführten Querarme wird man wiederum weniger als Ausladungen denn umgekehrt als spangenförmig nach innen federnde Griffe empfinden können. An der Grundkurvierung des Raums nehmen sowohl die Stufen der Bodenlage wie der Aufbau teil.

Das hofstaat-kirchliche Säulenmotiv von Berg am Laim wäre hier unzulässig. Abb. S. 215a Seine Stelle nehmen Pilaster ein. Es sind jedoch nicht glatte Pilaster wie in Aufhausen, sondern kannelierte, wie sie einer städtischen Kirche (gleich St. Anna am Lechl in München) zukommen.

Am meisten unterscheidet sich von Aufhausen die Gestaltung der vier Diagonalkapellen. Während sie dort von dreieckigen Abschnitten ausgehen, haben sie in Ingolstadt breitrundlichen Grundriß, der sich als solcher weicher dem inneren Quadrat und Achteck zugesellt. Auf diesem Grundriß sind Raumzylinder hochgeführt, in einer auf St. Anna am Lechl beziehbaren Vorstellung. Der Innengehalt wie die Zugehörigkeit zum Mittelraum werden, wie in Aufhausen, durch eingezogene Emporen vermittelt und ausgedeutet. Abweichend von Aufhausen ist hier auch der Baukörper in Kurven bewegt: Aus der inneren Eigenräumlichkeit der Diagonalteile geht die Brüstung der Empore hervor, deren Konvexität durch konkave Modellierung der Pilasterintervalle gerahmt wird. Im Gebälk dagegen begegnen sich Konkavitäten mit geradlinigen Einleitungen in die Querarme und Emporenräume und mit geraden Führungen im Gesamtlängszug.

Über der Pilasterstruktur liegen wie in Aufhausen Bogen: Vier breite und höhere Korbbogen überbrücken die Kreuzachsen, vier schmalere, gestelzte, im Scheitel aber niedrigere die vier Diagonalseiten. Schrägen über den kleinen Bogen und Hohlkehlen vor den großen Bogen ergeben Überleitungen zu und von dem großen Hängegewölbe, das über den Gemeinderaum gebreitet ist.

Das Altarhaus hat quadratischen Grundriß mit abgeschnittenen Ecken. Seine Seitenwände sind dreigeschoßig geöffnet, in Arkaden, Oratorien und Fenstern. Zuoberst liegt auf gekehltem Rand eine kreisrunde Flachkuppel. Im Übergang von den Emporen des Gemeinderaums zum Altarhaus sind kleine Beträume eingegliedert, die den Blick zum Hochaltar eröffnen – eine räumliche Feindisposition, die ähnlich in St. Anna am Lechl vorgesehen und in Berg am Laim ausgeführt ist und mit höfischer Architektur verwandt erscheint.

Mehr noch als in Aufhausen wird für Ingolstadt im Rückblick auf Viscardis

Freystadt die nun voll erreichte jüngere Entwicklungslage sichtbar. Die vier Diagonalteile sind durch die elliptische Grundfigur mehr als in Osterhofen räumlich intensiviert, ihre Vertikalität stützt die Diagonalen des Zentralraums. Während das Mauerwerk der Ellipsen im Grundriß die Eckräume gleichsam muskulös verkapselt, kommt es in Aufbau und Raumkomposition zu gleitenden Verbindungen. Der Innenraum ist allseits von Räumlichkeit umhüllt. In den diagonal liegenden Eckräumen nimmt die Hüllschicht aus- und einfließende Raumgehalte an. Zwischen ihnen stellen die Querarme eine eher feste Verbindung her.

Im Motiv der ausgekehlten Arkaden, auch der (wallfahrts-kultisch bedingten) seitlichen Öffnung des Altarraums, ist Ingolstadt mit dem Grundriß Berg am Laim/Luzern I verwandt. Obwohl die Fenster in den Emporenräumen sehr zurückgezogen sind, werden diese als Lichtgehäuse äußerst wirksam. Der ganze Raum ist heller als der von Aufhausen, er konnte so der Kunst des Freskomalers Johann Baptist Zimmermann besonders würdig werden.

Unter dem weit sich heruntersenkenden Bildbaldachin der großen Kuppel vollendet sich die sammelnde Zentralität des Gemeinderaums. Aus ihm schaut man zum Gnadenbild-Hochaltar. Erste Aufgabe und eigenticher Inhalt des Gesamtraums bestand in der Doppelbestimmung als Kloster- und Wallfahrtskirche. Im Ausdruck der Frömmigkeit verwandt der Münchner Dreifaltigkeitskirche, atmete die Ingolstädter Kirche Bewegung, Helligkeit und Freude einer neuen, verjüngten Sakralität. Das Emporenmotiv gewährte der Baustruktur und dem Raum besondere Menschlichkeit. In der nahen Verbindung von Gemeinde und Hochaltar besaß diese Kirche ihre Würde als Audienzraum der »glorreichen Königin«.

Abb. S. 215b Das Äußere war allseits durchgebildet. Die Gestalt des kurzen, steilen, hoch überdachten Baukörpers ist durch die stadtbauliche Lage bestimmt, wahrscheinlich von der spätgotischen Vorgängerkirche übernommen worden. Von ihr kann auch der Gedanke des Dachreitertürmchens über dem Altarhaus gekommen sein. Dieses wurde vom angrenzenden Klosterbau umklammert. Der ganze Außenbau der Kirche war von entschiedener Plastizität geprägt. Hohlkehlen und Verdachungen umgaben die Fenster. Dazu kam farbige Behandlung des Verputzes, auch Ornamentmalerei um die Fenster. All das bereitete auf das Innere vor und entsprach in besonderer Weise wieder der Aufgabe und Erscheinung einer städtischen Wallfahrts- und Klosterkirche.

Im April 1945 litt die Kirche durch zwei Luftangriffe schwere Schäden. Das trotzdem noch in gutem Zustand stehende Mauerwerk wurde 1950 – als man es für die erste Aufgabe des Stadtbaus ansah, freien Raum zu gewinnen – voreilig abgerissen.

Bürger und Meister – Familie und Haus

Mit den zuletzt behandelten Bauten, besonders mit Dießen und Berg am Laim, erreichte Johann Michael Fischer die Mitte seiner Lebenszeit, zugleich näherte er sich dem Gipfel seines Ruhms. Deshalb kann jetzt ein Überblick über die Biographie, die berufliche und gesellschaftliche Stellung Fischers gegeben werden.

In amtlichen Akten wird Fischer »bürgerlicher Maurermeister« genannt. Das Meisterrecht hat er 1723 in München von der Witwe eines dortigen (unbedeutenden) Maurermeisters erworben. Nicht nur daß die Zahl der Meisterstellen beschränkt war, die Zuteilung an einen bestimmten Anwärter wurde jeweils auch an die Erwerbung des Bürgerrechts und diese wieder an einen gewissen Kapitalbesitz und meist an die Heirat mit der Witwe oder Tochter eines ortsansässigen Meisters gebunden. Fischer hat all diese Bedingungen erfüllt: Abfindung des vorangehenden Rechtsinhabers, Meisterprüfung, Bezahlung der vorgeschriebenen Gebühren, Nachweis des zum Unterhalt einer Familie nötigen Vermögens. 1725 heiratete er eine Tochter seines Meisters und Arbeitgebers Johann Mayr. Darnach entwickelte sich seine Tätigkeit sofort und erfolgreich. In den ersten anderthalb Jahrzehnten der Selbständigkeit hat er bis 1739 zwanzig Kirchen gebaut, von welchen in den Akten von Berg am Laim die Hälfte als »Hauptkirchen« namentlich angeführt werden.

Innerhalb der bürgerlichen Ordnung verpflichtet »Handwerksgerechtigkeit« zur korrekten Erfüllung der Berufsaufgaben. Fischer hat sich von Anfang an immer als zuverlässiger Maurermeister bewährt. Um so energischer darf er in Berg am Laim seine Position gegenüber einen Konkurrenten, der das bürgerliche Meisterrecht nicht hat, verteidigen. Dabei geht es vor allem um die Sicherheit und Ehre der beruflichen Existenz – so sehr, daß Fischer sich bereit erklärt, den Bau von Berg am Laim »umsonst« zu besorgen und überdies einen finanziellen Beitrag zu vermitteln. Als Inhaber sozusagen eines Baugeschäfts übernimmt er 1751 die Ausführung der Klosterkirche Schäftlarn, bewirbt er sich 1753 um die durch Balthasar Neumanns Tod verwaiste Klosterkirche Neresheim. Solche Wahrnehmung unternehmerischer Interessen war sachlich durchaus begründet. Andrerseits kann ausnahmsweise, wie in Ingolstadt, die Ausführung eines Entwurfs einem andern Meister übertragen werden. Nicht grundsätzlich und immer sind Pläne als sozusagen urheberrechtlich geschützte Leistung angesehen worden. Dem Entwerfer wird es freilich am liebsten gewesen sein, wenn auch die Ausführung ihm selbst anvertraut worden ist.

Das 1738 gegen den Rivalen in Berg am Laim gerichtete Protestschreiben hat der Meister wohl selbst verfaßt: klug, auch temperamentvoll, sogar etwas polternd. Sonst dürfte Fischer im mündlichen Verkehr und im persönlichen Umgang mit Bauherrn überzeugend und gewinnend gewirkt haben. So stellen wir uns ihn auf der mit dem Dießener Propst unternommenen Sommerreise von

1731 vor, so bei den Beratungen mit den Prälaten von Fürstenzell und Rott am Inn. Die Bewerbung um Neresheim ist fast zurückhaltend vornehm formuliert, so daß man eine harmonisch verlaufene frühere Konversation zwischen dem Meister und dem Neresheimer Abt in Ottobeuren voraussetzen darf. Dieser Vorstellung entspricht auch die gewandte, schöne Art, die eigenhändige Namensunterschriften Fischers aufweisen.

An Zahl und Bedeutung überwiegen Bauaufgaben von Klöstern und unter diesen bei weitem solche des Benediktinerordens. Der am Grabmal überlieferten Werkzahl zufolge ist Fischer mit 32 Kirchen und 23 Klöstern der im 18. Jahrhundert meistbeschäftigte kirchliche Baumeister Bayerns gewesen. Sein Schaffen beginnt im niederbayerischen Donauland und im angrenzenden, damals Kurbayerischen Innviertel. Schon seit 1727 kann Fischer den aufsehenerregenden Kirchenbau von St. Anna am Lechl in München schaffen. Von der Hauptstadt aus gewinnt er immer wieder Aufträge in dem südlich der Donau gelegenen Bayern, den besten in Dießen im westlichen Oberbayern. Seit 1740 reicht Fischers Tätigkeit vom unteren Inn bis nach Oberschwaben. Von etwa 1750 an wird dann Oberbayern wieder zum hauptsächlichen Wirkungsbereich.

Bei den Einkünften aus der Berufstätigkeit hat man zwei Arten zu unterscheiden: persönliches Entwurf- und Beraterhonorar sowie Unternehmeranteil aus den Arbeitslöhnen der am Bau Beschäftigten. In Berg am Laim wird 1739 ein Guthaben Fischers (ohne Angabe der Höhe) »for Riß und ander bemuhung« vorgesehen. In Fürstenzell erhält er 1740 für den Entwurf der Kirche »eine Recompense von 8 harten Talern«, 1741 einmal 18 Gulden für die Vermittlung des Auftrags des Tabernakels (an Johann Baptist Straub in München) und 1742 nochmals eine nicht spezifizierte Zahlung von 25½ Gulden. In Polling wird Fischer beim Bau des Bierkellers 1745/46 pauschal mit 24 Dukaten entlohnt. In Altomünster empfängt er 1763 bei der Grundsteinlegung ein »Regal« von 22 Gulden, während der Bauausführung 1763/66 dann ein Werkhonorar von 100 Gulden für je ein ganzes Jahr.

In den meisten Fällen bezieht der Meister für die Bauführung das sogenannte »Gesellengeld«. Dieses wird gemäß der jährlichen Bausaison errechnet und macht pro Bauarbeiter und Arbeitstag normalerweise 2 Kreuzer aus. Soweit detaillierte Aufstellungen erhalten sind, läßt sich aus ihnen Umfang und Intensität des Baubetriebs erschließen. Fischer hat z. B. für die Errichtung von St. Anna am Lechl in München vom Frühjahr 1727 bis Herbst 1733 insgesamt 255½ Gulden Gesellengeld erhalten. In Unering macht 1732 das Gesellengeld für 1387 Tagessätze 46 Gulden aus; in Aufhausen 1736 90 Gulden und 1738 45 Gulden. Für Berg am Laim war von 1739 an eine Reihe der zur Abrechnung dienenden »Wochenzettel« erhalten. Das Kloster Fürstenzell erachtete 1739 die Entlohnung des Meisters mit dem Gesellengeld als »einen ganz raisonablen Akkord«. Dort machte das Gesellengeld für 1740/43 im ganzen rund 227 Gulden aus. In Schäftlarn belief es sich im Baujahr 1751 auf etwas über 116 Gulden, am Kirchturm von Straßlach 1755 nur auf fast 4 Gulden, beim Neubau der Kirche von Endlhausen 1755/56 auf durchschnittlich 50 Gulden im Jahr. Eine besondere Regelung wurde in Rott am Inn getroffen: Dort erhielt Fischer vertraglich außer der Verpflegung für zwei Pferde und einen »Knecht« (vermutlich Kutscher) einen Pauschalbetrag, aus welchem er die Arbeitslöhne der Maurer selbst zu bezahlen hatte. Damit der Meister in einem solchen Fall sich günstig stellte, mußte die Arbeit zügig vonstatten gehen, was in Rott am Inn tatsächlich 1759/60 geschah. Eine dementsprechende Regelung wählte 1763 auch Kloster Altomünster.

Fischer gibt 1723 sein »Vermögen an mütterlichem (d. h. von der Mutter ererbtem) und erspartem Geld« mit 330 Gulden an. Die Steuerbücher der Stadt München verzeichnen in der Folgezeit außer den alljährlichen Steuerleistungen einige für die Vermögensentwicklung aufschlußreiche Vorgänge: 1731 leiht das Ehepaar Fischer einer Münchner Bürgerswitwe 200 Gulden, die nach drei Jahren zurückbezahlt werden. 1736 kann der Meister um 6500 Gulden ein Haus für sich erwerben und 1765 gewährt er vier einzelnen Münchner Bürger Darlehen von insgesamt 2500 Gulden.

Aus der Aufstellung der Gesellengelder wird die Zahl der jeweils dem Maurermeister selbst unterstehenden Hilfskräfte ersichtlich. 1726 disponierte Fischer in Osterhofen auf vier Jahre die Beschäftigung von anfänglich 40 bis schließlich 30 Maurergesellen und ebensovielen Handlangern. In Fürstenzell waren 1740 34 Maurer, 1741 bis zu 18 solchen tätig. In Altomünster arbeiteten 1763 7 bis 15 Maurer und 22 bis 29 Handlanger, 1766 2 bis 19 Maurer, 1767 10 bis 18 und 1768 6 bis 12.

Die Arbeitstrupps wurden jeweils vom Meister zusammengestellt, wohl nach Absprache mit der Bauherrschaft, die zusätzlich über lokale Hilfskräfte verfügen konnte. Das Stammpersonal kam aus München und dessen Umgebung. Sogar nach Zwiefalten brachte Fischer »baierische Maurer« und in Fürstenzell werden 1741 und 1744 »Münchner Maurer« erwähnt.

Die örtliche Leitung und dauernde Überwachung der jeweiligen Baustelle war Aufgabe des Paliers. Da nicht selten zur gleichen Zeit mehrere Bauten auszuführen waren, an verschiedenen und manchmal weitab von München gelegenen Orten, mußte der Palier sachkundig, verantwortungsbewußt und seinem Meister treu verbunden sein. So brauchte Fischer in der ersten Bausaison 1740 selbst nur dreimal zur Nachschau in das entfernte Fürstenzell zu kommen. In Rott am Inn unterstanden ihm laut Vertrag von 1759 ein Ober- und ein Unterpalier, die vom Kloster freie Kost erhielten.

Die Paliere waren alle in München oder in Vororten Münchens ansässig, sie blieben meist lebenslang in ihrem Berufsstand. Bemerkenswert ist, daß keiner der Paliere Fischers nachweisbar bei diesem selbst in der Lehre gewesen ist. Paliere am Turm von Deggendorf waren Stephan Naberger und Johann Ceregetti. Seit 1723/24 stand fast vier Jahre lang der aus Weyarn in Oberbayern gebürtige Maurergeselle Thomas Mayr in Arbeit bei Fischer, der ihm 1727 ein empfehlendes Zeugnis gab. Durch mehr als zwei Jahrzehnte war der in der Au (»Lilienau«) vor München wohnhafte Martin Wöger Fischers Palier: 1731 in Niederviehbach, 1740 in Fürstenzell und noch 1754 in Ottobeuren. Noch länger *Abb. S. 48* blieb Melchior Streicher aus der Au als Palier bei Fischer: 1731 in Bergkirchen, 1750 in Benediktbeuern, 1751 bis 1753/54 in Schäftlarn und den zu Schäftlarn gehörenden Dorfkirchen Straßlach und Endlhausen, 1759/60 in Rott am Inn (als »Oberpalier«) und noch 1768 bei Fischers Meisterrechtsnachfolger. Simon Frey aus Pullach war seit 1739 Palier bei Fischer, 1761 arbeitete er in Benediktbeuern; in Fischers Vertretung und vielleicht nach dessen Entwürfen besorgte er noch 1765/66 Bauten von Neumarkt-St. Veit und Suben. Josef Jänisch, Maurergeselle aus Starnberg, erhielt 1759 von Fischer ein Zeugnis über sieben Jahre, meist als Palier geleistete Dienste. Daniel (Martin) Sacher aus München, Sohn eines Wiener Maurermeisters, war 1759/60 Palier am Fugger-Schloß Babenhausen in Schwaben, 1764 wurde er als Nachfolger von Fischers Bruder (Johann) Andreas (gest. 1763) bürgerlicher Stadtmaurermeister in Ingolstadt. Georg Schönauer, Maurer in der Au, bekam 1761 von Johann Michael Fischer die schriftliche Zusage »beständiger Arbeit«. In Altomünster war 1764 ein Thomas Schmidt Maurerpalier, in Söllhuben 1766 Josef Kirnberger. Gelegentlich arbeitete, in Polling, der Wessobrunner Matthäus Bader mit Fischer zusammen. Zu den in Zwiefalten beschäftigten »baierischen Maurern« könnte der Tegernseer Franz Alois Mayr gehört haben, an dessen späteren eigenen Bauten sich Motive von Zwiefalten und Rott am Inn finden lassen. Ein früher Mitarbeiter Fischers war vielleicht auch der von Tegernsee stammende Münchner Zimmermeister Josef Puechberger, der 1732 einmal Fischer als Taufpate vertrat. Bei sieben Maurern und einem Tagwerker, die fast alle in der Au wohnten, übernahmen Fischer oder seine Ehefrau von 1724 bis 1738, meist mehrmals, in München die Taufpatenschaft.

Entwurfzeichnungen Fischers sind nur in relativ kleiner Zahl erhalten und zwar überwiegend solche, die im Bau nicht ausgeführt worden sind. Wenn Josef Kirnberger Entwürfe Fischers zur Dorfkirche von Söllhuben nachzeichnet, geschieht das vermutlich in nur handwerklicher Art, zum Gebrauch und Verbrauch in der örtlichen Bauhütte. Spezialisierte Bauzeichner hat Fischer anscheinend nur für Vorlagenentwürfe zu anspruchsvollen Aufgaben herangezogen, besonders für Ottobeuren und Wiblingen. Die qualitätvolle Technik, auch

Abb. S. 213a, 218a–c

die Rahmung der Blätter zur Fassade von St. Anna am Lechl und für St. Elisabeth in München lassen annehmen, daß sie zur werbenden Präsentation an hoher Stelle bestimmt gewesen seien; in zweiter Linie könnte man auch vermuten, Fischer habe zur Zeit seines größten Ansehens an eine Veröffentlichung einer Auswahl seiner Entwürfe in Kupferstich gedacht.

Im Münchner Maurerhandwerk ist Fischer von 1731 bis 1764 mehrmals und auf längere Zeit »Vierer«, d. i. einer der gewählten jeweiligen Zunftvorsteher gewesen. Als Lehrlinge Fischers sind bezeugt: 1725/28 Bernhard Ordtmann, Sohn des verstorbenen Kurbayerischen Kürassierreiters Johann O. zu Dachau; Lernbrief ausgestellt 1730. – 1725/28 Georg Schmidthauser, Sohn des verstorbenen Tagwerkers Andreas Schm. zu Postmünster bei Pfarrkirchen; Lernbrief ausgestellt 1729. – 1728/31 Sebastian Perckhamber, Bauernsohn von Reichenberg in der Propstei St. Oswald am Wald (bei Grafenau); Lernbrief ausgestellt 1751(!). – 1728/31 Wolfgang Hollnsteiner, Sohn des Müllers Franz H. im Mühltal (Leutstetten bei München); Lernbrief ausgestellt 1738. – 1734/37 Christoph Pirmayr, Sohn des Taglöhners Peter P. zu Niederalteich; Lernbrief ausgestellt 1738. – (1734 und 1744 sind drei Lehrknaben bei Fischer freigesprochen und einer aufgedungen worden; ihre Namen werden aber nicht genannt). – 1749/52 Leonhard Spöcker, Sohn des Schuhmachers Josef Sp. von »Waidtkir-

91

chen« (Weidkirchen bei Tölz); Lernbrief ausgestellt 1757. – 1750/53 Matthäus Englbrecht, Sohn des Tagwerkers Georg E. von Landshut; Lernbrief ausgestellt 1756. – 1752/55 Sebastian Strobl, Sohn des Gabelmachers Ambros Str. von Deggendorf; Lernbrief ausgestellt 1762(!). – 1754/57 Andreas Pauli aus »Warkirchen« (Waakirchen bei Miesbach); Lernbrief ausgestellt 1759. – 1759/62 Michael Beywaldt, Sohn des Maurers Korbinian B. von Vötting (bei Freising-Weihenstephan); Lernbrief ausgestellt 1764.

An dieser, vermutlich nicht lückenlosen Aufstellung ist verschiedenes bemerkenswert: Fischers Lehrlinge waren vorwiegend Söhne kleiner Leute. Nur zwei stammen aus einer schon im Bauwesen tätigen Familie: Michael Beywaldt und Wolfgang Hollnsteiner; (Georg Holnstainer, Steinbrecher aus dem Mühltal, ist vom Hofzahlamt 1591 für »Steinwerk« zum Bau des Jesuitenkollegs in München bezahlt worden). Verhältnismäßig groß ist der Herkunftsanteil Niederbayerns. Am auffallendsten aber, daß bisher keiner der Lehrlinge Fischers durch spätere Tätigkeit bekannt geworden ist. (Die oft sehr spät erfolgte Ausstellung der Lehrbriefe hängt mit der schließlichen Seßhaftwerdung der Maurer zusammen.)

In seiner Grabmalinschrift wird Fischer an erster Stelle »Dreyer Durchlauchtigsten Fürsten Bewährter Bau-Meister« genannt. Die Bezeichnung »Baumeister« meint etwas anderes, Höheres als »Maurermeister«. 1731 wird Fischer in der Inschrift von Niederviehbach als »Maurer(-) und Baumeister« genannt, ebenso 1733 in Schleching »Bau- und Maurermeister«, dagegen 1734 in Aicha vorm Wald und 1738 in Bergkirchen als »Baumeister«.

Durch den Rang eines fürstlichen Baumeisters genoß Fischer, gleichzeitig mit der Expansion seiner Tätigkeit nach Schwaben, vor allem den Zugewinn der ehrenden und von Zunftvorschriften befreiten Hoftitulatur. Alle drei Titel waren ihm von bayerischen Wittelsbachern verliehen worden.

Im Münchner Grundbuch von 1761 werden sie einzeln ausgewiesen: Der Titel eines »Kurkölnischen Hofbaumeisters« stammt von Clemens August und zwar ergab er sich aus der Tätigkeit in Berg am Laim. Fischer hat sich dieses Titels nachweislich zuerst 1743 bedient. Anscheinend galt ihm dieses Prädikat als höchstes; denn er führte es allein 1753 für Neresheim, 1756 in Aibling und 1759 in München-Bogenhausen. Den Titel eines Fürstbischöflich Freisingschen Hofbaumeisters erhielt Fischer von Herzog Johann Theodor, dem jüngsten Bruder des Kurfürsten Clemens August. Neben möglicher Tätigkeit für den Fürstbischof in München war Fischer 1755 zu Bauangelegenheiten am Domberg in Freising zugezogen worden. Schließlich besaß Fischer auch den Titel eines Hofbaumeisters des Herzogs Clemens Franz von Bayern, eines Neffen des Kurfürsten Karl Albrecht.

Fischers Münchner Bekannten- und Freundeskreis war durch seinen Schwiegervater Johann Mayr und durch seinen Onkel, den Hofpfistermeister Johann Kaspar Fischer begründet. Später war einer der Bauherrn Fischers in München (Johann) Josef (Anton) Schönberger, ein unternehmerischer Kaufmann, einflußreicher, auch an der Stadtentwicklung interessierter Ratsherr und Bürgermeister. Johann Baptist Gunetzrhainer hat vom Hofbauamt aus die Anfänge des ihm verschwägerten Johann Michael Fischer gestützt und auch später noch die

S. 93: Dießen, Stiftskirche, Portal der Fassade, vollendet wohl 1740; in der Bekrönungsnische Büste der Maria Immaculata.
S. 94: München-Berg am Laim, St. Michael; Fassade 1738–50.

S. 95: München-Berg am Laim, St. Michael; Hochaltar von Johann Baptist Straub 1767, zwei Seitenaltäre von demselben Meister mit Gemälden von 1744–46, Kanzel 1745, Deckengemälde von Johann Baptist Zimmermann seit 1743.

S. 96: Fürstenzell, Abteikirche; Hochaltar von Johann Baptist Straub 1741–45, Stukkatur von Johann Baptist Modler 1744–45, Dekor und Kartusche über dem Chorbogen von Johann Georg Funk, Deckengemälde von Johann Jakob Zeiller 1744–45.

Abb. S. 220c

Zusammenarbeit mit ihm aufrechterhalten. Die Brüder Asam sind seit Osterhofen mit dem Baumeister in Beziehung geblieben. Im Februar 1729 hat Fischer einen Kaufvertrag Ägid Quirin Asams über ein für St. Johann Nepomuk in München erworbenes Haus bezeugt und gesiegelt. Dadurch wird es wahrscheinlich, daß Fischer im Frühjahr 1731 zu den Entwurfverfassern und Gutachtern der »Asam-Kirche« gehört hat. Außerdem standen mit Fischer in Verbindung: In Berg am Laim und vielleicht auch für Dießen der Hofbaumeister Cuvilliés, seit Ingolstadt der Freskomaler und Stukkator Johann Baptist Zimmermann, seit Fürstenzell der Maler Johann Jakob Zeiller. Die Stukkatorensippe Feichtmayr – Rauch war von Dießen bis Altomünster in Kirchen Fischers tätig. Persönlich gestimmt und lang bewährt erscheint die Schaffensgemeinschaft Fischers und des Münchner Bildhauers Johann Baptist Straub.

Der Ehe Fischers entstammten von 1725 bis 1745 achtzehn Kinder: neun Söhne, acht Töchter und ein sofort verstorbenes Zwillingskind. Ein höheres Alter haben nur drei Söhne und drei Töchter erreicht.

Die Steuerbücher der Stadt München nennen Fischer zunächst 1725 als Inwohner bei seinem Schwiegervater Johann Mayr in der Mühlgasse am Anger, in dem 1678 durch Martin Gunetzrhainer erworbenen Doppelhaus (Oberer Anger 3 – Unterer Anger 29). Seit 1726 wohnte Fischer zur Miete im sogenannten »Augustiner Neubau« an der »Engen Gasse« (Löwengrube 1–4). Dieser dem Augustinerkloster gehörige Zinsbau war 1724/27 für acht Haushaltungen erstellt worden (abgebrochen 1911 beim Bau des Polizeipräsidiums). Hier könnte bei Fischer anfänglich auch sein Bruder (Johann) Andreas Quartier bezogen haben.

Zehn Jahre später vermochte Johann Michael Fischer seinen erfolgreichen Bürger- und Berufsstand auch als Hausbesitzer in München öffentlich zu zeigen: 1736 erwarb er von Herrn Schönberger, Mitglied des »Äusseren Rats« der Stadt München und »Kurfürstlich Bayerischem Truppenlieferanten«, eine »Behausung im Frauen Gässl«. Sie lag am südlichen Frauenplatz (Frauenplatz 9). Das schmale, in die Tiefe längs der Westseite der Thiereckstraße gestreckte Anwesen war aus zwei getrennt steuerpflichtigen Häusern zusammengebaut, mit einem Innenhöfchen. Bei seinem Umfang konnte es jeweils auch noch Mieter mitaufnehmen (1738/40 den Maler und Hofvergolder Jakob Feichtmayr, 1762 eine verwitwete Freifrau von Gumppenberg und einen Hofkaplan). In Fischers Teil gab es die Räume der Familie und des Haushalts, Stuben der Kinder und Kammer der Lehrlinge, wohl auch ein Arbeits- und Besuchszimmer des Meisters.

1782 ging das Haus an Fischers Kinder über. Mit dem zwei Jahrzehnte später vorgenommenen Verkauf in fremde Hände folgten in raschem Wechsel als Besitzer und Gewerbenutzer Kaffeeschenken und (seit 1884) Gastwirte. Das im Krieg 1945 schwer beschädigte Anwesen wurde 1949 wieder hergerichtet, leider nur im Erdgeschoß und ersten Obergeschoß. Gern besucht man das »Bratwurstglöckl am Dom« – aber die Erinnerung an Johann Michael Fischer ist verloren.

97

Die Zisterzienser-Abteikirche Fürstenzell

(1739) ». . . Seine Gnaden (der Abt) auf München musste und Gelegenheit bekam, mit dem von viele Experience berühmten Herrn Michael Fischer, Maurermeister, . . . anzubinden«
(Fürstenzeller Bauchronik)

Im Jahr der Weihe von Dießen und seiner Wiedereinsetzung in Berg am Laim erhielt Fischer weitab von München den ehrenvollen Auftrag zum Bau der Kirche des südwestlich von Passau gelegenen Zisterzienserklosters Fürstenzell. Mit Fischers Berufung kam dort, ähnlich wie in Dießen, ein schwieriger Prozeß von Überlegungen und Baumaßnahmen zum guten Abschluß.

Zuerst hatte man in Fürstenzell erwogen, ob man die alte Kirche reparieren, d. h. wohl vor allem im Innern renovieren oder eine neue bauen solle. Als Berater holte man im Sommer 1738 den damals im nahen Zisterzienserkloster Aldersbach beschäftigten Stadtamhofer (bei Regensburg) Maurermeister Josef Wolf. Dieser empfahl einen Neubau und arbeitete gleich eine dahingehende Planung aus. Zu Anfang des nächsten Jahres meldete sich der in St. Nikola vor Passau ansässige Bildhauer Josef Matthias Götz, der für die Zisterzienser schon in Aldersbach, Zwettl und Wilhering tätig gewesen war. Als er Wolfs Projekt abwertend beurteilte, durfte er einen eigenen neuen Entwurf machen, der durch seine graphische und malerische Ausführung verlockend wirkte und im März 1739 tatsächlich angenommen wurde. Sofort begann man mit den Grund- und Fundamentarbeiten. Dann aber erhoben und verstärkten sich Bedenken: Wohl konnte Götz auf dem Gebiet der Altarkunst als »Architekt« oder auch »Ingenieur« gelten, doch im eigentlichen Baufach fehlte ihm Erfahrung. Deshalb mußte in Fürstenzell zusätzlich ein Maurermeister aus Passau eingesetzt werden. Abgesehen von der finanziellen Mehrbelastung konnten aus der Teilung der Verantwortlichkeit auch Komplikationen entstehen. Daher wandte sich der Abt bei Gelegenheit einer Dienstreise in München an Johann Michael Fischer, der über die Lage in Fürstenzell wohl schon Bescheid wußte und überdies seit seiner Tätigkeit in Schärding in dieser Gegend bekannt war. Eine Besprechung mit dem Abt führte dazu, daß Fischer den Auftrag erhielt. Am 7. April 1740 unterbreitete er einen neuen Entwurf. Gemäß Fischers Konzept und unter seiner Oberleitung wurden sofort die im Vorjahr angelegten Teile wieder abgerissen. Der Neubau kam noch im gleichen Sommer unter Dach, im Herbst konnte schon der Chor gewölbt werden. 1741 wurde die Einwölbung der Langhauskapellen ausgeführt und die Stukkatur des Chors begonnen. Nach einer durch den Österreichischen Erbfolgekrieg erzwungenen Unterbrechung, konnte 1743 das Werk fortgesetzt werden. In diesem Jahr entstand das große Langhausgewölbe. Bis 1744 war der Giebel der Fassade aufgerichtet und die Ausgestaltung des Innern begonnen. 1744 erhielt die Kirche die Benediktion, im Herbst 1748 die Weihe.

Von der Planung und Anfangsleistung der Vorgänger übernahm Fischer die *Abb. S. 96* Gesamtdisposition, die Absteckung des Rahmenmauerwerks und wohl auch das Wandpfeilersystem des Langhauses. Zu welcher Feierlichkeit die Sakralarchitektur durch das Wandpfeilersystem gelangen konnte, hatte Fischer schon in Osterhofen und Dießen erprobt. Daß in Fürstenzell die Wandpfeiler vergleichsweise schwer, breit und kurz konstituiert sind, dürfte auf die Vorplanung und bereits angelegte Grundmauern zurückgehen. Sonst aber hat Fischer, wie in Dießen, mit aller möglichen Freiheit und nach seiner eigenen Auffassung die »inwendige« Durchbildung bestimmen können: die Abrundung der Ecken, die fließende Verbindung von Langhaus und Chor, die Pilastergliederung, im besonderen die Struktur des Langhaus-Obergeschosses und die Wölbung.

In das Wandpfeilersystem sind als Gegengewicht Emporen eingezogen, woraus sich eine zweigeschossige Gliederung der Langhausflanken ergibt. Im Erdgeschoß liegt eine Folge einzelner Kapellen, die im Grundriß die Form breit ansetzender, aber nur flacher Nischen haben. Ihre Durchbildung, die Rundung wieder der inneren Ecken, die Wandgliederung und Wölbung ist offensichtlich von Fischer entworfen, infolge der vorgegebenen Pfeilerform freilich nur mit gewisser Schwere. Die Stirnseite jedes Wandpfeilers ist mit einem Paar kannelierter Pilaster besetzt. Über ihnen ruht eine dreiseitig ausgebildete, bis zur Wand geführte Gebälklage. Durch die Pilasterpaarung und das Gebälk werden das kubische Volumen und die tektonische Kapazität der Wandpfeiler ausgeprägt. Weiteres Überlegen hat dazu geführt, daß die Emporen in die Ansatzhöhe der Pilasterkapitelle eingeordnet sind, die Brüstungen sich an die Höhe der Kapitelle halten und die Gebälkblöcke deshalb frei bleiben. Die unteren Bogen gehören zu den Kapellen, zugleich sind die Tragebogen der Emporen. Als Einleitung der Kapellen sind sie in der Frontalansicht korbbogig geführt. Als

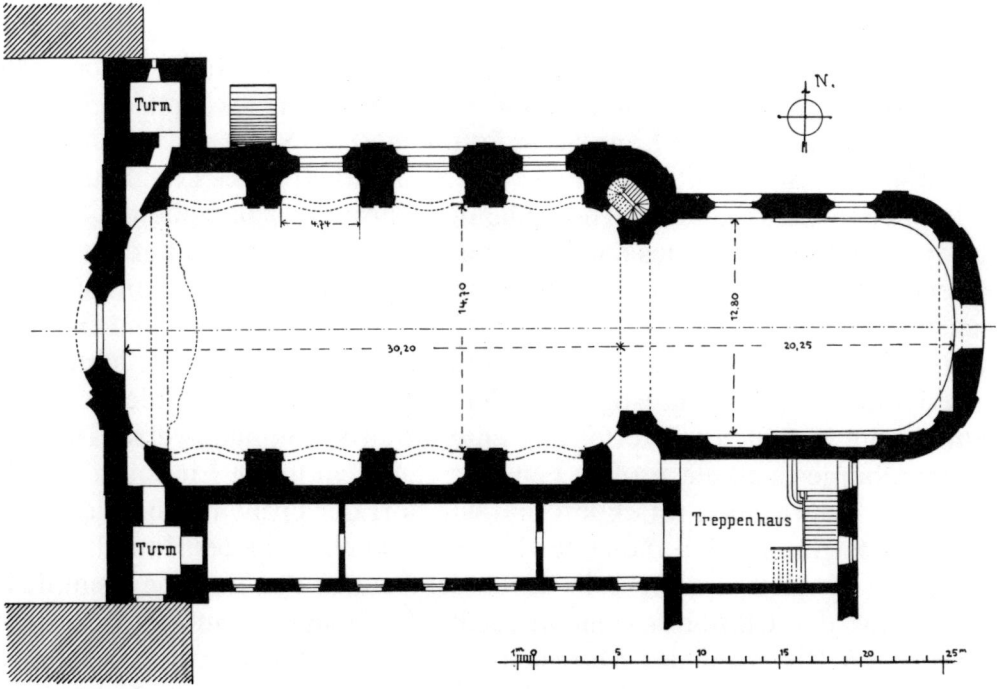

Fürstenzell: Grundriß der Kirche

Tragebogen der Emporen schwingen sie in elastischer, wenn auch etwas zäher Bewegung nach vorne. In einem nah am Rand des Langhaus-Mittelraums genommenen Längsblick rücken die Wandpfeilerfronten mit ihren Pilastern zu einer dichten, fast mauerhaft schlüssigen Folge zusammen, erscheinen in den Abständen der Pfeiler die Emporenbrüstungen sozusagen »vorgezupft«.

Über den vier Grundjochen des Langhauses zieht eine Halbkreistonne ohne Teilung. Ihre Scheitelhöhe ist mit der Gesamträumlichkeit abgestimmt. Im Querschnitt findet sich als maßgebliche geometrische Konstruktion ein gleichseitiges Dreieck und darüber ein Halbkreis. Im Emporengeschoß sind die Abseiten von Quertonnen gewölbt. Da ihnen oberhalb der Gesimsschicht ein niedriges Zwischenstück untergelegt ist, ergibt sich die Form eines gestelzten Bogens. Die im Anschnitt der Quertonnen an die Längstonne entstehenden Bogen sind leicht gekurvt, so daß sie nach oben der großen Tonne entgegenkommen. Das trägt wieder zum Breiteindruck des Gesamtraums bei. Die über den im Übergang vom Langhaus zum Chor angelegten Grundrißrundungen im Aufbau entwickelten Kehlungen bilden wechselseitige Überleitungen zwischen Langhauswänden und Chorbogen, zwischen Wand und Gewölbe. Der Chor hat einen mäßig tiefrechteckigen Grundriß, an Breite und Höhe ist er eingezogen, überdeckt mit einer halbkreisförmigen Tonne. Um die flache Schlußwand ist nochmals eine Auskehlung gelegt.

Mit dem Zusammenhang von Langhaus und Chor ergibt sich im ersten Blick ein verhältnismäßig kurz erscheinender Gesamtraum. Im Rückblick, wo die Orgelbühne auf gleicher Höhe mit den Emporen liegt, wird der Raum fast zum Tonnensaal. Ruhe entsteht nicht nur durch die Proportionen der Ausmaße, sondern auch dank der Ausgestaltung und Ausstattung, die wiederum in den Dienst der raumbildlichen Konzeption genommen ist. So wird die ganze Langhaustonne soweit nur möglich einem einzigen Freskobild überlassen. Mehr als in Dießen entsteht anstatt einer Gewölbearchitektur ein Bildgewölbe. Dazu kommt, daß sowohl im Langhaus wie im Chor die Deckenmalerei auf die Blickrichtung in der Mittel-Längsachse komponiert ist. So intensivieren auch die Deckenbilder den Gehalt des Raums, die Saalhaftigkeit des Langhauses, eine fast kuppelige Zentralität im Chor. Die den Choransatz umgebende Muldung leitet in die Erscheinung des Sanktuariums ein. Der Hochaltar hatte ursprünglich seinen Standort näher zum Langhaus hin; er war also von Raum hinterfangen und das Chorgewölbefresko deutlicher als Bildbaldachin auf den Hochaltar bezogen. Der hinter dem Hochaltar liegende Mönchschor blieb unsichtbar (wie in Niederalteich), doch akustisch mit dem Kirchenraum verbunden.

Während die Kapellen fensterlos und unter ihren Wölbungen verschattet sind, wird im Obergeschoß aus großen Fenstern viel Licht in die Emporen eingelassen, in den Quertonnen reflektiert und von dort der großen Tonne und ihrem Freskobild zugeführt. Für die erste Gesamtwahrnehmung des Raumbilds ist es gut, daß Licht auch von rückseits durch das Fenster der Fassade kommt. Die Muldung um den Choransatz nimmt gedämpfte Helligkeit auf. Der Chorraum zeigt sich im Blick auf der Mittelachse nur indirekt beleuchtet, so daß der Hochaltar und das Deckenbild ihre Wirkung ungestört entfalten können. Eindrucksvoll ist auch der Rückblick mit der Schichtung und Vergitterung von

100

Orgelbühne und Orgelprospekt, der grundierenden Wandstruktur und dem Fassadenfenster.

Durch die Pilasterpaarung erhalten die Pfeilerstirnen wandhaften Bezug zum Mittelraum, was wiederum den Eindruck der Breitung anregt und stützt. Außerdem wird man dadurch auch zu gewisser Einzelerfassung der Kapellen auf den Querachsen angeregt. Ihre Öffnungen sind von den Pilastern triumphbogenartig gerahmt. Ferner gewinnen die Kapellen dadurch, daß die Altäre an die Breitwand gestellt sind, zusätzlich optische »Tiefe«, die in jeweils stationär gehaltener Betrachtung deutlich wird. Pilasterkapitelle und Emporenbrüstungen liegen in einer gemeinsamen Zone. Die dreiseitige Gebälklage ist für alle Blickrichtungen ein fester, unentbehrlicher Bestandteil der Struktur. In bewußter Gegenpointierung gewinnen die geschnitzten Emporenbrüstungen im Aufblick besondere Effekte vor den Glasflächen und dem Gegenlicht der Fenster. Vornehmer Stuckdekor akzentuiert die Gebälkprofile.

Des Wandpfeilersystems wegen liegt es nahe, Fürstenzell 1739 mit Osterhofen 1726 und Dießen 1731 zu vergleichen. Im Längenausmaß steht Fürstenzell in der Mitte zwischen diesen beiden Bauten. Die Abrundung der inneren Ecken des Langhauses und die daraus entwickelte Muldung von Wand- und Gewölbeüberleitungen haben Fürstenzell und Osterhofen gemeinsam. Mit der Eingliederung von Emporen nimmt Fischer gleichfalls das System von Osterhofen auf. Im Unterschied zu dort sind in Fürstenzell die Kapellen flach gerundet und weiter zum Mittelraum geöffnet. Die Kurvierungen der Kapellen- und Emporenbogen sind etwas härter, die Emporenbrüstungen aber weniger deutlich vorgezogen. Während die gekurvten und vorspringenden Gebälkformationen in Osterhofen von Fürstenzell her gesehen nun eher auf die Asam weisen mögen, sind die Gebälklagen von Fürstenzell mit Dießen verwandt, erscheinen sie als durchaus charakteristisch für Fischers Stil. Andererseits zeigen gegenüber den (italienisch-barocken) Emporenbalustraden von Osterhofen die Brüstungen von Fürstenzell den Stil des Rokokos. Was Fischer in Dießen mit der Öffnung und Ausleuchtung der Abseiten an Raumweite gewonnen hat, ist in Fürstenzell bewahrt geblieben, in allerdings einfacherer Gestaltung der Ansätze und Kurvierung der Quertonnen. Nach der dramatischen Inszenierung der Asam-Seitenaltäre in Osterhofen und nach der kulissenhaften, die Tiefe rhythmisierenden Sichtstellung der Seitenaltäre in Dießen trägt in Fürstenzell die Placierung aller Seitenaltäre an den Rückwänden der Kapellen nicht wenig zur Gesamteinheit des Raumes bei. Zudem ist hier wie in Osterhofen die Bodenlage des Chorraums nur wenig über jene des Langhauses erhöht, sehr im Unterschied zur Treppenanlage des Dießener Chors. In diesen Dispositionen dürften Bauherr und Baumeister gemeinsam die Entscheidung getroffen haben. Dasselbe gilt wohl für die Auswertung der Gewölbe durch nun weit gebreitete Deckenmalerei. Schließlich ist in den Fürstenzeller Raum auch Manches eingegangen, was bei Fischer inzwischen in Aufhausen und Ingolstadt gediehen war: die Zweigeschossigkeit der Flanken; die aus dem Mittelraum in die Kapellen gehenden Blickrichtungen, darüber die Einblicke aus den Emporen in den Mittelraum und die nahen Aufblicke zur Deckenmalerei; die diesen Bewegungen dienende Vorschwingung der Emporenbalkone, die Auswertung der Emporenräume als Lichtgehäuse, die Auffassung der Gewölbe als Bildbaldachine.

Auch außen wird das Langhaus mit dem Chor durch weiche Überleitungen verbunden. In der Landschaft dominiert für die Ferne der Dachkörper, der mit durchgehend gleicher Ansatz- und Firstlinie angelegt ist, und besonders das weit gestellte Turmpaar. Dieses gehört zur Fassade, deren Empfangsarchitektur die Kirche als »Haus Gottes und Pforte des Himmels« darstellt. Abweichend vom Turmverzicht des ursprünglichen zisterziensischen Bauwesens, abweichend auch von den Mittelturm-Fassaden der Schwesterklöster Aldersbach, Zwettl und Wilhering hat man sich in Fürstenzell für eine zweitürmige Fassade entschieden. Zwischen den Türmen ist der Mittelteil segmentbogig vorgezogen, der souveräne Auftritt der Fassade von Berg am Laim moderiert, wozu auch der Verzicht auf Säulen beiträgt. Um so liebenswürdiger ist das zarte und klare Gegenspiel von Konkavität. Auch im Vergleich mit Dießen zeigt sich Mäßigung und Reife. Stilbeziehungen zu Italien und näherhin zu Böhmen und Österreich, zu Wien und Linz sind festzustellen. Fischers Hauptleistung aber ist wie in Dießen die Gesamtkomposition und ihre innere Durchgliederung, das feine Relief des Baukörpers, der Aufstieg zu den Turmkuppeln und endlich wieder der Zusammenklang der Motive in einer auch im Fernbild wirksamen Flächenprojektion.

Abb. S. 83

Die Fürstenzeller Abteikirche gehört zu einer Gruppe kultivierter Sakralbauten, in denen auch der strenge Orden der Zisterzienser sich dem Kunstleben des 17. und 18. Jahrhunderts geöffnet hat. Dieser Entwicklung, die von Waldsassen in der Oberpfalz über Fürstenfeld bis hierher zieht, kann ein Abfall von der ursprünglichen Haltung nicht vorgeworfen werden.

Wie schon Dießen zeigt und spätere Bauten immer wieder erkennen lassen, hat Fischer auch hier dem Standort gestalterisch sich anzupassen gewußt, nicht nur der Landschaft, sondern ebenso der kunstgeographischen und territorialen Zugehörigkeit des Orts. Von allen Bauten Fischers erscheint Fürstenzell am meisten österreichisch. Man möchte fragen, ob der Baumeister nach der Niederlassung in München etwa neuere Architektur des östlichen Nachbarlandes gesehen hat. Verwandt ist mit Fürstenzell im besondern die Stiftskirche des Linzer Baumeisters Johann Michael Prunner in Spital am Pyhrn in Oberösterreich, 1714/36. Die Emporenkurven gibt es ähnlich in Österreich, in Wien, in Böhmen, Mähren und Schlesien.

Auch die Entstehungszeit des Baus ist mitzuerwägen. Die damals entbrennende Auseinandersetzung Kurbayerns mit dem Haus Habsburg-Österreich um die Kaiserwürde mußte in diesem Randgebiet besonders akut werden. Die zwischen Kurbayern und Passau bestehende Spannung wirkte schon auf die Planungsgeschichte von Fürstenzell. In allen politischen und kriegerischen Wechselfällen mochte das landständisch-niederbayerische Kloster seinen neuen Kirchenbau auch als Demonstration bayerischer Kunst und Kunstpolitik auffassen. Das Werk Johann Michael Fischers, des Münchner Hofstukkators Johann Georg Funk (der die ruhmreiche Kartusche über dem Chorbogen geschaffen hat) und des Hochaltarmeisters Johann Baptist Straub könnte die bewußte Darstellung einer zum Aufstieg bereiten kurbayerischen Imperialkunst bedeutet haben.

Die Benediktiner-Abteikirche Zwiefalten

(1741) »Endlich . . . ist Herr Fischer von München . . . als Baumeister . . . angenommen worden«
(Zwiefaltener »Baubeschrieb«)

Während der Bauzeit von Fürstenzell gelang es Fischer, weit über sein bisheriges Tätigkeitsgebiet hinaus, auch in Oberschwaben Fuß zu fassen. Das kann wieder am ehesten aus dem Kaisertum des bayerischen Kurfürsten Karl Albrecht erklärt werden: 1740/41 hatte das Wittelsbachische Reichsvikariat seinen Sitz in Augsburg. Dort hielt sich, da Kurbayern und der »Schwäbische Kreis« miteinander einen Neutralitätsvertrag geschlossen hatten, Karl Albrecht von 1742 bis 1744 einige Male auf. Seine zwischen den Reichsstädten Augsburg und Frankfurt unternommenen Reisen führten durch Oberschwaben und über die Herzoglich Württembergische Residenz Ludwigsburg. Während München unmittelbar vom Krieg betroffen war, konnte Schwaben ein Ausweichgebiet Münchner Baumeister werden. Noch immer waren bei den großen Abteien Oberschwabens einzigartige Aufträge zu erwarten. Fischers erste Station war hier, zwischen den Reichsstädten Memmingen und Biberach, das Benediktinerkloster Ochsenhausen. Von dort aus kam er nach Zwiefalten.

Diese westlich von Biberach jenseits der Donau gelegene Benediktinerabtei wollte mit einem imposanten Neubau ihres Münsters auf die Gewinnung der vollen reichsstiftischen Selbständigkeit sich vorbereiten. Wie in Fürstenzell löste auch in Zwiefalten Fischer andere Baumeister ab, übernahm er Teile ihrer Vorarbeit, bildete er Begonnenes weiter und führte es zur Vollendung.

Zwei einheimische, beim Kloster angestellte Maurermeister, die Brüder Josef und Martin Schneider, begannen nach eigenen Entwürfen 1739 mit dem Neubau von Chor und Vierung und bereiteten im nächsten Jahr schon die Errichtung eines neuen Langhauses vor. Als es sich dabei zeigte, daß sie »lieber ein Gewölbe von Holz als von Stein . . . machen wollen«, holte der bedenklich gewordene Abt 1741 aus Augsburg zur Beratung einen architekturkundigen Ordensmann, Pater Bernhard Stuart vom Regensburger Schottenkloster. Darnach blieben und mehrten sich die Zweifel an den Fähigkeiten der Brüder Schneider. Der deshalb berufene Johann Michael Fischer verwarf den bisherigen Entwurf, die beiden Türme ausgenommen. Nachdem er ein neues Projekt vorgelegt hatte, wurde er vertraglich als »Baumeister« angenommen, d. h. mit der obersten Bauleitung betraut. Die Brüder Schneider blieben weiter beschäftigt, doch setzte Fischer auch »baierische Maurer« in Zwiefalten ein. Als vor Anfang des Sommers von 1744 die (zweite) Grundsteinlegung, wohl zum Langhaus, stattfand, standen die Mauern schon hoch. 1745 wurde der Dachstuhl begonnen, bis 1747 die Wölbung ausgeführt. Dann folgten die Stukkierung und Freskomalerei, 1750/54 Vorhalle und Fassade und 1751/54 die Abschlüsse der Türme.

Zwiefalten hat nicht wenige Voraussetzungen aus seinem kunstgeographischen Milieu gezogen. Die Stiftskirche ist in der Länge der größte Sakralbau Fischers

(Gesamtlänge 93 Meter; dagegen Dießen 70 Meter, Fürstenzell 55 Meter, Osterhofen 50 Meter). Reale Größe ist ein Charakteristikum schwäbisch-alemannischer Architektur. Aus dem mittelalterlichen Kirchenbau dieser Region stammt die Idee der Chorflankentürme. An den äußeren Längsseiten ähnelt die Fensteranordnung und die Querarmgestaltung den Kirchen von Ellwangen-Schönenberg und Obermarchtal. Das Wandpfeilersystem schließlich war im nahen Obermarchtal vorbildlich ausgeprägt.

In der ursprünglichen monastischen Zurückgezogenheit seiner Landschaft war Zwiefalten in besonderem Maß zu feierlicher Sakralarchitektur vorherbestimmt. Diese Wirkung prägt den Barockbau heute noch. Die Kirche bildet die Nordseite eines Klostergevierts. Über dem langen Schiff und großen Dach dominieren zwei aus grauem Kalkstein errichtete Türme mit weiten Glockenarkaden, 94 Meter hoch und damit der Gesamtlänge der Kirche entsprechend.

Die Fassade ist wie in Dießen oder Berg am Laim das baukünstlerische Titelbild Zwiefaltens: ansehnlich in Ausmaßen und Gliederung; gravitätisch im Material: grauer Haustein, Innengliederung mit zarter Farbigkeit. Die im Grundriß segmentbogige, architektonisch distinguierte Vorladung kündet den Mittelraum des Kircheninnern an, während die schmalen, etwas zurückgesetzten Flanken auf begleitende Raumfluchten weisen und der hohe Giebel dem hinter ihm liegenden großen Dach entspricht. Die Grundrißaufnahme gibt zu erkennen, daß hinter der konvexen Mitte der Fassade eine gerade Innenmauer liegt. Da sie nicht zu älterem Bestand gehört, ist sie als vorläufiger Abschluß der neuen Kirche zu erklären. Offensichtlich ist die Fassade erst nach Vollendung der Innenarchitektur aufgeführt worden, jedoch keinesfalls als eine erst nachträglich vorgeblendete Inszenierung.

Wie die Vorschwingung als Ausdruck von Raumgehalt verstanden werden kann, so deutlich werden die Gliederung und innere Einheit der Fassade selbst durch die auf hohem Sockel stehende Kolossalordnung bewirkt, durch Pilaster an den Flanken und zwei Säulenpaare an den Rändern der Mitte. Hinter solcher Komposition stehen als Vorbild wohl die römischen Kirchenfassaden des 17. Jahrhunderts, im besondern etwa jene von SS. Vincenzo ed Anastasio 1650. Bedeutsamer aber sind die neuen Motivierungen: Zwischen den Säulenpaaren wird das Hauptportal von einer hohen Muldennische umfangen. Über den Säulen liegt ein gesprengtes, in der Mitte zurückgetieftes Giebeldreieck. Basis und Giebelschrägen sind mit dem Kranzgesims der Flanken liiert. Über dem dreiteiligen, in der Mitte plastisch und lebhaft komponierten Hauptgeschoß erhebt sich ein großer Schaugiebel, mehr zu Flächigkeit beruhigt, aber bewegt in gekurvter, gleichsam graphisch gezogener Randung. In der Kolossalordnung treten zur Mitte der Fassade hin symmetrisch zwei Gruppen zusammen: auf gemeinsamer Sockellage jeweils ein Säulenpaar und ein außenseits diesem beigegebener einzelner Pilaster. Letzterer ist zugleich auch Gegenstück zu dem am Außenrand stehenden Pilaster. Die Säulen sind vollkörperlich, stehen aber nicht wie in Berg am Laim einfach vor der Wand. Vielmehr werden sie hinter die durch Sockel, Begleitpilaster und Gebälk dargestellte optische Schicht zurückgeholt. In nahen Schrägblicken zeigt sich zu Seiten des Hauptportalfelds deutlich, welche Distanz die Säulen nochmals tatsächlich zum Wandgrund der

S. 105: Zwiefalten, Abteikirche; Türme, begonnen 1741.
S. 106: Zwiefalten, Abteikirche; Struktur der Langhausflanken im Rückblick zur Hauptorgelempore.

104

Fassade wahren. Bei der Ansicht aus einem ferneren mittelachsialen Standort werden diese Abstände jedoch wieder aufgehoben: Die Säulen erscheinen trotz der Zurückziehung und bei all ihrer Eigenkörperlichkeit optisch in das Bild der Wandung einbezogen, zu flächiger Erscheinung des Ganzen. Über jedem Säulenpaar ist vom Gesims in den Fries hinunter eine vorhangartige Einlage angebracht, über welcher die seitlichen Spitzen des Giebeldreiecks liegen.

Die kostbare architektonische Reliefkunst der Dießener Fassade ist in Zwiefalten mit der Plastizität der Säulenfassade von Berg am Laim zusammengeführt. Mehr als die persönliche Entwicklung Fischers zeigt sich darin die Wirksamkeit des bauherrschaftlichen Bewußtseins. Der Anschluß an den römischen Hochbarock ist ausdrücklich gewollt, im besondern das Aufgebot der Säulen. Kraft ihrer Herkunft aus dem antik fundierten Barock Italiens, auch dank ihrer Aufnahme in die königliche Barock-Klassik Frankreichs wie in die imperialsakrale Architektur Österreichs sind die Säulen in Zwiefalten durchaus legitim. In Berg am Laim eingebracht vom Ehrgeiz des Konkurrenten und realisiert als Ausdruck kirchlich-kurfürstlicher Würde, werden sie hier zum architektonischen Hoheitszeichen eines Freien Reichsstifts, welchen Rang Zwiefalten 1750, genau im Jahr der Errichtung der Fassade, erlangt hat. Zeichen einer neuen Stilphase aber ist, daß jetzt die körperliche Realität der Säule zu einem bildlichen Phänomen und zum Zitat ihrer elementaren Bedeutung wird. So bringen die Säulenpaare in die Fassade die Vorstellung eines Triumphbogens. Indem sie in eine eingeschachtete Tiefenschicht gerückt sind, gewinnen sie durch die Verschattung der Intervalle optisch an Kraft. Aus größerem Abstand gesehen verbinden sich die Säulenpaare und ihr Begleitpilaster zur Erscheinung einer Dreiergruppe. Die an den Rändern der Fassade zusammentreffenden Pilaster ergeben das Bild eines vierkantigen Pfeilers. Nimmt man den weitest möglichen Standpunkt, so entsteht im Zusammenwirken der Fassade mit den zwei weit dahinter gestellten Türmen ein fernbildlich beruhigter, im Aufstieg aber erhabener Akkord – wieder eine Steigerung der Dießener Komposition in reichsstiftische Großartigkeit.

Der Grundriß enthält, von Westen nach Osten, folgende Teile: Vorhalle – Langhaus, mit beiderseits je vier Kapellen – Vierung mit wenig ausladenden

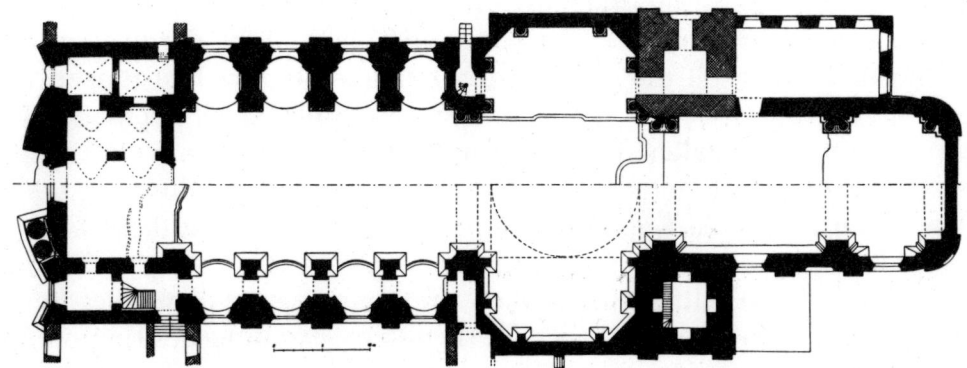

Zwiefalten: Grundriß der Kirche. Unten: in Höhe der Emporen; oben: in Höhe des Erdgeschosses; quadriert: Mauerwerk vor J. M. Fischer

109

Querarmen – eingezogener, etwas gestreckter Chor – gleich breiter querrechteckiger Hochaltarraum. Ein so aus Reihung gefügter Langraum bestand in Zwiefalten ähnlich schon in der um 1100 errichteten und bis 1738 erhaltengebliebenen Klosterkirche. Diese maß in der Länge jedoch nur 55 Meter, der beträchtliche Zuwachs des Neubaus ist wahrscheinlich sowohl im Chor wie auch im Langhaus gewonnen worden. Die auf 20 Meter zu errechnende Breite der alten Kirche mag im Neubau den Abstand der Mittelachsen der Kapellenfluchten bestimmt haben.

Während der Langraum von Dießen zum Chor hin gesteigert wird, läßt der Zwiefaltener Grundriß als Hauptfeld sofort das Langhaus erkennen. Fischer reduzierte das Projekt der Vorgänger von sechs auf vier Joche, aus den zwei westlichen Jochen machte er einen Vorraum. Der großen Dimension wird die schwere, markante Wandpfeilerstruktur des Langhauses gerecht. Die breitrundliche Grundform der Abseitenräume ist voller und gedrängter als in Osterhofen, das Mauerwerk fester und stämmiger. In den Querarmen sind die inneren Ecken abgeschrägt, wodurch sie, den Fürstenzeller Kapellen ähnlich, gewisse Breiträumigkeit annehmen. Die Vierung liegt in der Mitte der vom Beginn des Langhauses bis zum Hochaltarschluß reichenden Strecke. Ihre Breite ist in exakter Bemessung zwischen jene des Langhausmittelschiffs und des Chors eingestuft. Die Tiefe der Vierung wird etwas über das Quadrat hinaus gedehnt, so daß der Kreisansatz der Vierungskuppel auf die Längsrichtung des Gesamtraums eingeht. Andrerseits erscheint der Grundriß des gedehnten Chors, verglichen mit der Chorkomposition von Dießen, fast langweilig. Auch darin mögen alte Gewohnheiten des schwäbischen Klosterkirchenbaus sich verraten.

Wie in Osterhofen und Fürstenzell sind zwischen den Wandpfeilern Emporen eingezogen. Anders als dort erfolgt die Wandgliederung mit einer im ganzen Raum gleich durchgehenden Ordnung glatter Kolossalsäulen. Sie sind wie an der Fassade so auch im Innern der Kirche Zeichen heilig-römischer Reichshoheit geworden. Zur Steigerung sind im Langhaus die Wandpfeilerstirnen sogar mit Säulenpaaren besetzt. Nach der Vierung kennzeichnen Einzelsäulen und Gebälkverkröpfungen den Chor als Tiefrechteck und das Hochaltarhaus als Breitrechteck. Die Emporen biegen segmentbogig vor. Gegenüber dem in Osterhofen und Fürstenzell gestalteten Verband ist in Zwiefalten das Verhältnis von Wandpfeilern und Emporen im Gewicht verschoben. Die Vorbiegung der Emporen ist nicht als Folge einer Pressung durch die Wandpfeiler zu empfinden. Während in Fürstenzell die geschnitzten durchbrochenen Brüstungen Menschen, die auf der Empore sich aufhalten, vor Blicken aus dem Langhaus schirmen, sind in Zwiefalten die Emporenbrüstungen durchsichtige schmiedeeiserne Gitterkörbe. Sie entziehen sich architektonischer Bindung, lassen den Säulenpaaren und ihren Kapitellen den Vorrang. Dabei sind diese Emporen etwas profan geartet, erinnern sie an höfische Kunst, im besondern an ein Theater. Da zu den Altären herzoglich württembergische Hofmaler berufen worden waren, könnte von dort auch die singuläre Gestaltung der Emporenbrüstungen bestimmt sein. Gerade auf diese Weise hätte das Stift Zwiefalten seine Befreiung aus der württembergischen Schutzvogtei manifestiert: durch »Erbeutung« künstlerischer Gedanken.

Abb. S. 106

Abb. S. 107, 108

Überwölbt ist das Langhaus mit einer ungeteilten gemauerten Tonne von Halbkreisquerschnitt. Über den Abseiten liegen Quertonnen. Die Vierung hat ein zwischen vier Gurtbogen und über vier Zwickeln liegendes flaches Kuppelgewölbe, das ohne Fenster geblieben und nach außen vom Dach überdeckt ist. Auch hier wird die Anlage durch geometrische Ordnungen geregelt. Im Grundriß kann man die vier Langhausjoche in eine quadratische Rahmung einbeziehen, deren Seitenlänge der Tiefe des ganzen Chors gleich ist. Die Hälfte dieses Maßes ergibt die Breite der Vierung. Die Breite des Langhaus-Mittelraums ist gleich dem halben Durchmesser des Querhauses und gleich der Breite der Querarme.

Der Längsschnitt macht sichtbar, daß in Langhaus und Chor die Oberkante des Architravs in der Mitte der Gesamthöhe verläuft, desgleichen in der Vierung der Abschluß der Gesimsauflage und im Hochaltarraum die Abschlußkante des Gesimses.

Hervorragende Meister der Figural- und Dekorkunst haben in der großen Raumarchitektur ein großartiges Gemeinschaftswerk geschaffen. Im Vergleich mit Dießen wird auch darin das gesteigerte reichsstiftische Selbstbewußtsein deutlich. Diese Abteikirche ist, wie Maria-Einsiedeln in der Schweiz, auch Wallfahrtskirche. Abtei- und Wallfahrtskirche stehen gemeinsam unter dem Obertitel »magnificentia«. Wie in den gleichzeitigen Kirchenräumen von Birnau und der Wies kann aufs erste das Bildkünstlerisch-Sinnenhafte und Dekorative absolut überwiegen, doch kommt kraft Fischers Schöpfertum auch hier die Architektur als oberste Ordnungsmacht zur Geltung. Bei der Länge der Kirche bestand Gefahr, daß in der Perspektive der Raum gegen den Schluß zu »in die Flucht gejagt« würde. Da aber in einem Sakralraum die Führung und Steigerung zum Ziel wesentlich ist, war es die Hauptaufgabe, die Länge zu gliedern und bildnerisch als Tiefe zu interpretieren, im besondern das Sacrarium in Anziehung wie Entgegenstrahlung wirksam zu gestalten. Beim ersten und größten mittelachsialen Gesamtblick, gleich beim Eintritt, steht der Besucher zunächst vor dem ganzen Raum, wird zugleich aber unverzüglich in diesen aufgenommen. Es überrascht die räumliche Größe, doch stellt sie sich in beruhigter Abstim-

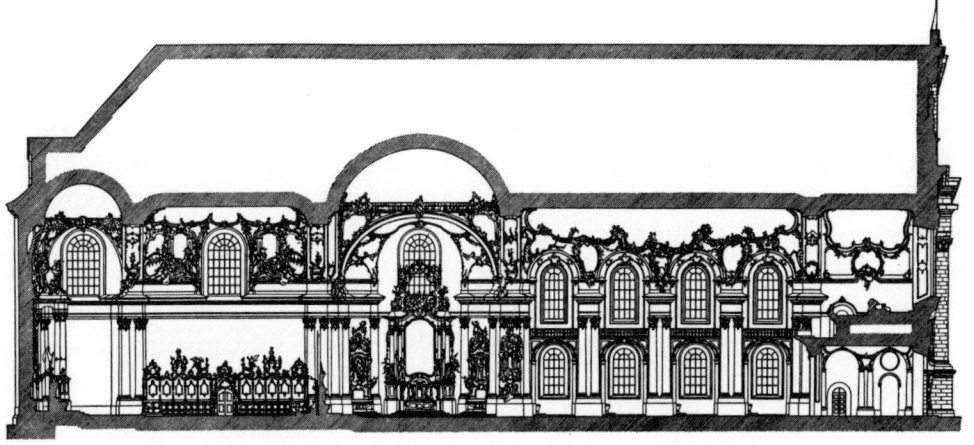

111   *Zwiefalten: Längsschnitt durch den Kirchenraum*

mung der Maße dar. Der Reichtum der Ausgestaltung wird in malerischer Breite gesammelt. Bald erkennt man die Gliederung in den Gemeinderaum und den Chor mit dem Hochaltar. Geleitet und angehoben werden die Blickbeziehungen zum Hochaltar und zu den Gewölbebildern. Auf weiter und fester Bodenfläche liegt das Langhaus, mit gleichmäßig angeordneten Säulenpaaren und Gebälksetzungen. Säulen und Gebälke sind weniger Elemente tektonischer Komposition als Mittel zur Gliederung des Raumbilds. Die Emporen erscheinen sogar vorwiegend als »Motiv«, als Angabe von Bewegung.

Wenn Fischer in Zwiefalten aus schwäbischer Tradition ein Querhaus aufnahm, so reduzierte er, vom Vorprojekt der Brüder Schneider abweichend, die Vierungskuppel auf eine Flachkugel. So gibt es hier nicht wie in Weingarten die Autokratie einer Tambourkuppel, sondern eine Bildkuppel, die dem Prospekt des Langhauses sich optisch einfügt und in der Folge ineinander gesenkter Bogen zum Finale des ganzen Raums wird.

Herrlichste Farbträger und zugleich Lichtreflektoren sind die aus poliertem Stuckmarmor geformten glatten Säulen. Das Langhaus erhält aus zwei Reihen großer, zunächst unsichtbarer Fenster viel Seitenlicht. Die Kapellen sind etwas gedämpft, die Emporen aber reich ausgeleuchtet. Auch Rücklicht wird dem Langhaus gewährt, durch ein großes, gleichsam als Tor zum Einzug des Lichts geöffnetes Fassadenfenster. Die Vierungskuppel ist eingedunkelt. Dagegen hat der Chor wieder viel Seitenlicht, leicht schwebt darin das Deckenbild.

Eine Besonderheit Zwiefaltens ist die große Zahl der Nebenaltäre. In den Langhauskapellen stehen sie an den Wandpfeilereinzügen, also ins längsachsiale Gesamtbild zugelassen, wenn auch nicht so weit und hoch wie in Dießen, sondern mehr in die Kapellen geborgen. Die Aufgabe der Tiefengliederung ist hier vor allem den Säulenpaaren übertragen.

Am merkwürdigsten sind die kubischen, reich profilierten und blendend weißen Gebälklagen. Monumentaler als in Fürstenzell gehalten, bedeuten sie »Gegenstand« des Architektonisch-Stereometrischen im Dekorativen und Ornamentalen, Opposition auch von abstraktem Weiß gegen alle Farbigkeit. Es wäre abwegig, diese Gebälke als »schon klassizistisch« zu charakterisieren; ebenso falsch aber, sie als rokokohaft-raffinierte Gegenwirkung, als Zerfleischung des Malerischen oder als Vereisung isolierter Architekturteile zu interpretieren. Das Weiß ist in der ganzen Farb- und Lichtkomposition ein künstlerisch schlechthin unentbehrliches Positivum. Die Gebälklagen bringen in ihrem gerade durch die Wiederholung betonten Zug die Erscheinung einer durchgehenden Gebälkführung ins Bild des Tonnensaals. Wie der Raum keine entschiedene Gliederung der Bodenlage aufweist, so verläuft auch die Linie der Gewölbescheitel ruhig. Gurtbogen kommen erst von der Vierung an vor, auch sie sind im besondern Mittel einer optischen Bindung zum Schluß der Tiefe. Die große Langhaustonne weist keine Stichkappen auf. An ihrer Stelle zeigen sich im Raumbild große stukkierte Kartuschen, die bis auf die Gesimsplatten herunterreichen.

Abb. S. 106

Den Oberton gibt die Deckenmalerei. Daß die Deckenbilder mehr sind als verschwenderisch gespendete Dekoration, beweist der programmatische Zusammenhang der Bildinhalte. Während in den Langhauskapellen die Altäre sich in den Gesamtprospekt des Raums einreihen, sind die Deckenbilder der Emporenräume auf querachsiale Einzelstandorte angelegt. Geht man der zeitlichen Abfolge ihrer Themen nach, wird man in eine Zick-Zack-Bewegung gewiesen. Im Langhausmittelschiff bietet oberhalb der längsten, gleichmäßigen Reihung der Raumstruktur das eine große Gewölbebild eine Einheit, begeistert überräumlich, intensiv. An beiden Schmalseiten dieses Freskos nimmt eine konkave Freitreppen- und Rampenkomposition Bezug zur Tiefenachse des Raums. In der Mitte aber wird das Tonnengewölbe in eine schräg gestellte elliptische helle Bildkuppel erhöht, die dem Langraum Längsrundlichkeit mitteilt.

So primär und dominierend der erste und größte Gesamtblick ist, so sehr fordert die Längenerstreckung auch ein wirkliches Abschreiten des Raums auf seiner Mittelachse. Sofort wird die Bewegung bestimmt durch die Folge der Säulenpaare und Gebälklagen. Daß letztere die tektonisch am meisten geformten Teile der ganzen Innenarchitektur sind, bestätigt sich im Vorwärtsschreiten immer wieder. Dabei erlebt man einen internen Wandel der Architekturauffassung. Während in Dießen nach dem ersten Gesamtblick im Weg des Besuchers sich die tatsächliche Tiefe des Raums erschließt, gegliedert in Schichten, deren jede in sich perfekt ist und doch mit dem Ganzen zusammenhält, erfährt man in Zwiefalten in Schräg- und Quersichten vorzügliche Abstimmungen. Blickt man etwa von einer Empore zur Gegenseite, so wird von der Bodenstufe bis zur Emporenbrüstung und Wand die Breiträumlichkeit der Flanken deutlich, im Aufbau nicht minder das Zusammenwirken von Bau und Bildlichkeit: architektonisch die hohe weiße Sockellage – dekorativ und farbig der Konnex der Stuckmarmorsäulen, Seitenaltäre und Kapellendeckenbilder – eher architektonisch wieder die Gebälkblöcke – darüber die Freskomalerei der Tonne.

Nicht minder wandelt sich beim Vorwärtsschreiten die Gültigkeit und Rolle der Architektur selbst. Schrägblicke im Langhaus, besonders zurückgerichtete, entdecken in den Abseiten Gegensätze: die großen Fensteröffnungen und die leeren Wandungen im Obergeschoß. Die am Anfang so voll-gültige »Ausbildung« des Raums ist durch »Umbildung«, »Verbildlichung« der traditionellen Architekturelemente und des bisherigen Architekturbegriffs überhaupt erreicht.

Abb. S. 107, 108

Sobald man der Vierung nahe gekommen ist, beginnt der Zusammenhang des ersten Raumbilds auseinander zu fallen. So sehr im Grundriß der Vierung feine Nuancen aufgedeckt werden können, so deutlich setzt von hier an die Sicherung der Architektonik als solcher aus. Die Vierung ist kein für sich dominanter Raumteil der architektonischen Komposition. Die Querarme, durch Abschrägung beschränkt, entbehren der erwarteten starken Raumrealität, sind also auch nicht Gegengewicht gegen Vierung und Langhaus. Der Vierung angehängt, ergeben sie eher nur eine Breitung, die keine räumliche Eigenkraft besitzt. Der vom Ende des Langhauses her zu gewinnende Schrägeinblick in einen Querarm entdeckt, daß hier in den Einzelsäulen das Säulenmotiv aus dem Langhaus nur mit gewisser Kleinlichkeit fortgeführt wird; daß Sockel und Gebälkverkröpfungen kantig und brüchig sind, sozusagen in den Gelenken knacken. Altäre und Balkone sind in die Wandfelder der Querarme gepreßt, unausgeglichen ist in jedem Querarm das Verhältnis des großen Mittelaltars zu den nahen kleinen

Begleitaltären, nicht eigentlich gelöst und entwickelt die Beleuchtung. Die Wölbungen der Querarme und des Chors sind aus der Tonnenform abgeleitet, gemuldet und dabei verwischt. Die an den Vierungsecken stehenden Säulengruppen entweichen der überlieferten Strukturordnung, ein funktioneller Bezug von Wandstützen und Wölbung wird nicht deutlich. Um so einprägsamer dann, als Gegenprobe: Wie vorzüglich die Säulenstellung am Chorbeginn für den ersten Gesamtblick aus der mittelachsialen Ferndistanz disponiert ist! Oder auch: Wie majestätisch im Rückblick aus der Vierung und vom Choransatz her sich das Langhaus als Tonnensaal darstellt! Hier wird nach dem Ineinanderwirken von Raumarchitektur und Bildräumlichkeit noch einmal das Prinzip der Architektur deutlich, Wandpfeilersystem und Wölbung.

Im Chor ist einziges architektonisches Gliederungselement das durchgeführte Gebälk. Dicht gesteigert aber ist die bildkünstlerische Gestaltung: An den Seiten das Chorgestühl, darüber die (seit 1956/57 restituierten) Chororgeln. Das optische Eigenphänomen dieses Raums gründet in dem am Chorbeginn eingezogenen, ornamental und perspektivisch durchgebildeten schmiedeeisernen Gitter, dessen Mittelteil zugleich als Rahmen und Baldachin eine spätgotische Muttergottes-Gnadenfigur umgibt. Zu oberst entfaltet das große Fresko einen Bild-Baldachin, zu welchem vier große, zur Gebälkauflage sich bindende bildgefüllte Stuckkartuschen gehören. Abschließend breitet und erhebt sich der reiche, das ganze Zielfeld füllende Hochaltar, über ihm, wie ein letzter Atemzug, nochmals ein Bildgewölbe. Im gleichen Maß, in dem die Architektur vom Eingang bis zum Hochaltar Realität aufgibt, wird die Wirkung des Raum-Bild-Künstlerischen gesteigert. Dabei wäre es unrichtig zu meinen, die Architektur werde durch dekorativen und malerischen Überschwang aufgelöst und verdrängt. Vielmehr ist es so, daß hier die Architektur ihre Vormacht einem neuen Raumsinn übereignet, um eines noch Höheren willen.

Abb. S. 108

Das Langhaus ist der Gemeinde angewiesen. Über Querarme und Vierung hin gehören Langhaus und Chor etwa spiegelbildlich zusammen: das Langhaus als Raum der Gemeinde, der Chor als Bereich der Mönche. Doch ist der Chor von Langhaus und Vierung her nicht betretbar, sondern nur anzuschauen, in Zuordnung zum Hochaltar. Der Hochaltarraum ist Bereich des höchsten Kultvollzugs, auf welchen Laien und Mönche, aus weiterer und näherer Distanz, gemeinsamen gesamtverbindlichen Bezug haben.

In der Beobachtung und den Interpretationsversuchen, auch in der Verflechtung von Architektur, Bild- und Zierkünsten sollte man sehen, wie die innere Gliederung, Einheit und Zielsetzung menschlicher Existenz in einer Kirche des mittleren 18. Jahrhunderts eine wesentlich sakrale Synthese gefunden hat.

Die Benediktiner-Stiftskirche Ottobeuren

Sommer 1748: »Zu desselben Anfang wurde das Gebäu übertragen dem fürtrefflichen Churfürstlich Bayerischen (!) Bau Meistern Herrn Johann Michael Fischer«
(Augustin Bayrhammer, Das Tausendjährige ... Ottobeyren, 1767)

Nachdem 1747 in Zwiefalten das Vierungsgewölbe geschlossen war, kam im nächsten Jahr aus derselben Bauherrnschicht Schwabens an Fischer ein neuer, höchst ansehnlicher Auftrag: Im gleichen Jahrzehnt wie Dominikus Zimmermanns Wies, Peter Thumbs Birnau und Balthasar Neumanns Vierzehnheiligen und Neresheim sollte auch Johann Michael Fischers Werk von Ottobeuren entstehen.

Ottobeuren war ein altes, wohlgeordnetes und in vielfacher Hinsicht leistungsfähiges Benediktinerkloster, das zugleich den Rang eines Reichsstifts hatte. Hohe Kunstgesinnung personifizierte sich in zwei Äbten, deren Folge die Entwicklung der Architektur von fundamentaler Grundtat zur gestalteten Vollendung führen konnte. Von 1711 bis 1724 war eine neue, umfängliche und regelmäßig geordnete Stiftsanlage errichtet worden. Von Anfang an wurde auch ein Neubau der Kirche geplant. Dafür legten mehrere, recht verschiedenartige Baumeister während zweier Jahrzehnte immer wieder Entwürfe vor. Im Oktober 1736 war *Abb. S. 216d* schließlich ein von Simpert Kraemer, einem schwäbischen Maurermeister, geschaffener Plan zur Ausführung angenommen und im Frühherbst 1737 der Grundstein zur neuen Kirche gelegt worden. Drei Jahre lang dauerte schon die Geländeplanierung und Fundamentierung, als das Jahr 1740 einen Abtswechsel und zugleich den Ausbruch des Österreichischen Erbfolgekriegs brachte. Der neue Abt ließ das Werk fortsetzen. Während man noch mit der Grund- und Fundamentbereitung zu tun hatte, konnte 1744 der Kurbayerische Oberhofbau- *Abb. S. 216e* meister Josef Effner während eines längeren Aufenthalts in Ottobeuren den Grundriß Simpert Kraemers überarbeiten. Möglich auch, daß Effner damals schon Fischer empfohlen hat. Dessen Berufung erfolgte freilich erst vier Jahre später.

Unter Fischers Leitung wurde seit Sommer 1748 das alte Münster abgerissen und der neue Kirchenbau begonnen. Als bis 1753 das ganze Gelände freigelegt und in Ordnung gebracht war, konnten die Maurerarbeiten rasch weitergedeihen. 1753/55 entstanden Dachstuhl, Dachdeckung und Dachtürmchen. Im Frühjahr 1755 beschäftigte sich Fischer mit dem Entwurf der Turmkapitelle, im Mai 1755 wurde die Vierungskuppel ausgemauert. 1760 waren die Türme vollendet. Da die Ausgestaltung und Einrichtung des Innern noch viel Zeit erforderte, konnte die Weihe der Kirche erst im September 1766 vollzogen werden.

Wiederum hatte Fischer in Ottobeuren einen grundsätzlich bereits präformierten Entwurf zu übernehmen. Die Gestalt der Kirche war im System der Stiftsanlage gegeben, vom Gelände bedingt und tatsächlich in den Fundamenten schon teilweise festgelegt. Doch blieb auch hier noch die Aufgabe und die

Möglichkeit künstlerischer Durchbildung, in Verfeinerungen des Grundrisses, in der Gliederung des Äußern und des Innenaufbaus, nicht zuletzt in der raumbezogenen Komposition und Gliederung der Gewölbe.

Fischers Entwurftätigkeit dokumentieren heute noch zwei großformatige Projektsätze: Sie bestehen jeweils aus Grundriß, Längsschnitt und Fassadenaufriß, wozu im größeren Satz ein Aufriß der Längsaußenseite kommt. Die Grundrisse enthalten Stufenanlagen, Altäre und Chorgestühl; die Längsschnitte Stuckdekor; die Fassaden Stukkierung, Figuralskulptur und Vasen. Die Wiedergabe dieser dekorativen Bestandteile, auch schon die ganze Darstellungsart zeigt, daß die Entwurfreihen von zwei verschiedenen Zeichnern stammen. Die Architektur ist jedoch ohne Zweifel uneingeschränkt Fischers Werk. Da die endgültige Form der baulichen Ausführung noch nicht erreicht ist, sind beide Entwurfgruppen vor Aufbringung des Dachstuhls, also zwischen 1748 und 1753 entstanden, in zeitlich getrennten Stufen. Wahrscheinlich kann man beide Serien als Präsentationsentwürfe Fischers auffassen, der, um den Bauherrn anzuregen und zu überzeugen, für die Ausgestaltung dieser Blätter zwei verschiedene (Münchner) Stukkatoren, zum großen Fassadenprojekt etwa auch den Bildhauer Johann Baptist Straub gewonnen hat.

Im Unterschied zu Zwiefalten war in Ottobeuren von Anfang an beschlossen, daß die Kirche frei vor die Mittelachse der rechtwinkeligen Stiftsanlage heraustreten sollte. Diese Disposition gestattete und verlangte eine allseitige und künstlerisch gehobene Gestaltung des Außenbaus, der im Vergleich mit Dießen an voller architektonischer Körperlichkeit und plastischer Komposition noch gesteigert ist.

Da die Ottobeurer Stiftsanlage auf dem System einer kreuzförmigen Innengliederung beruht, ist auch für die Kirche durch alle Phasen der Entwurfgeschichte die Vorstellung eines Langbaus mit einer betonten mittleren Kreuzung und Zentralisierung bewahrt geblieben.

Der Geländeverhältnisse wegen mußte freilich die ausgeführte Kirche etwas aus der Mittelachse der Stiftsanlage abgedreht werden. Doch wird dadurch ihre außenbauliche Wirkung eher noch verstärkt. Das Hochschiff begleiten zu Anfang und Ende zwei niedrigere und schmalere Seitenschiffe. Das daraus sich ergebende basilikale Gefüge ist in Fischers Schaffen singulär. In der Mitte sind zwei Querarme angeordnet, breit, hoch, gerundet. Dem Flächenhaften antwortet also Plastisch-Mächtiges. Die Auseinandersetzung von Langhaus und Querarmen muß im Vierungsdach evident werden: In dem zum größeren Plansatz gehörenden Aufriß ist das Vierungsdach aus einer Durchdringung von Pyramide und kuppelartiger Halbkugel hervorgegangen. Ausgeführt wurde eine vereinfachte Konfiguration: eine vierseitige, an den Kanten abgeschrägte Pyramide, die von oben über die Vierung niedergelassen ist, weder einsinkend noch pressend und gepreßt. Diese Dachbildung hatte Fischer gut zwei Jahrzehnte früher an der Dorfkirche von Unering erprobt. Im Weg von Unering nach Ottobeuren und hier vom Entwurf zur Ausführung erweist sich wiederum die Macht der monumentalen Aufgabe wie die persönliche Entwicklung Fischers.

Die ganze Außengestalt der Ottobeurer Kirche lebt in der hellen Freundlichkeit des bayerischen und ostschwäbischen Putzbaus, fern der älteren steinernen

Abb. S. 120

116

Herbheit des Salzburger Doms und der Stiftskirchen von Kempten und Weingarten.

Die Fassade durfte an dieser Stelle keinesfalls nur Kulisse sein. Mit Recht wurde die Idee der Konvexität und der Flankierung durch zwei Türme gewählt. Die Konvexform ist hier im besondern Ausdruck innenräumlicher Kraft, die durch Zentralisierung motiviert ist. Ein zuerst entstandenes, zum größeren Entwurfsatz gehörendes Projekt, in welchem die Türme nur zwei Geschosse haben, ist mit der 1744 vollendeten Fassade von Fürstenzell verwandt; doch sind bezeichnenderweise die Pilaster hier durch Säulen ersetzt. Da zudem die Vorrundung Halbkreisform hat, wird eine Steigerung ins Reichsstiftische erreicht.

Abb. S. 216a

Abb. S. 216b

Abb. S. 118

Das zweite Projekt, mit dreigeschossigen Türmen, kommt in den meisten Einzelheiten der Ausführung nah. Es nimmt auch näheren Bezug zur Größe der Stiftsanlage und zur landschaftlichen Umgebung. Wieder hat Fischer in der ausgeführten Fassade Breitung und Aufstieg, Ruhe und Bewegung, plastische Rundung und skulpturale Tektonik bestens abgestimmt. Die Türme sind in der Höhe ihrer Geschosse im Verhältnis 3:2:1,1 gegliedert. Mit Zwiefalten verglichen, hat die Fassade volleres Volumen gewonnen, in das auch die Türme unmittelbar einbezogen sind. Andererseits ist in Ottobeuren die Gliederung, auch die Materialwahl mehr gedämpft. Die prinzipiell mit Ottobeuren verwandte Fassade von Berg am Laim zeigt bei kleineren Ausmaßen in ihrer Gesamtkomposition eine mehr zwanglos und selbstverständlich sich gebende Souveränität. Die sakrale Wirkung des Vortritts der Fassade und ihrer Ausgestaltung mit Säulen hat Fischer an der Dreifaltigkeitskirche in München vor Augen gehabt. Die schwäbische Reichsstiftskirche mußte sich besonders im Wettstreit mit der Weingartener Fassade behaupten, die ihrerseits von jener der Salzburger Kollegienkirche bestimmt war.

Wohl erscheint der ganze Ottobeurer Kirchenbau in seiner Größe und nahezu stadtbaulichen Wirkung für die nähere Umgebung fast zu gewichtig. In weiteren Abständen aber ist er dem Ortsbild und der Landschaft durchaus zugetan. Im Blick von Süden zeigt sich eine ranggestufte Lagerung; von Osten her der Aufzug der Stiftsanlage mit der Kirche; von Norden her gesehen, erscheint die Kirche und ihr Turmpaar dem weiten Tal glücklich eingebettet.

Abb. S. 216d

Abb. S. 216e

In der 1738/39 entstandenen Schlußredaktion von Simpert Kraemers Grundriß war der später ausgeführte Bau in den Hauptzügen bereits festgelegt. Die gerundeten Querarme haben ihr Urbild im Salzburger Dom, jüngere Zwischenglieder sind St. Jakob in Innsbruck und Weingarten. Was Ottobeuren von Weingarten unterscheidet, ist die vollere Ausladung der Querarme, eine Steigerung der Baukörperlichkeit, Rhythmisierung der Komposition, Konzentration einer Vier-Konchen-Idee. 1744 hat Effner den Grundriß Kraemers reguliert auf Geradlinigkeit, Rechtwinkeligkeit und überhaupt geometrische Ruhe. Die gewisse Annäherung an den höfischen und aristokratischen Profanbau brachte einen Zwiespalt in die sakrale Monumentalität. Als Fischer den Bau übernimmt, weiß er das Strenge wieder in Bewegung zu versetzen, das Harte wieder zum Auftauen zu bringen und Sakralität zurückzuholen.

Aus der Grundplanung Simpert Kraemers ergibt sich, daß im Gegensatz zu Zwiefalten die Gesamtkomposition auch im Inneren aus je in sich zentralisierten

Kuben und Halbrunden gewonnen wird. Den in Kraemers Entwurf aus zwei verschieden tiefen Jochen bestehenden ersten Teil des Langhauses faßt Fischer in eine rechteckige, tiefere Einheit zusammen, welcher die Kapellen in je zwei gleichen Paaren zugeordnet sind. In den Grundrissen beider Plansätze Fischers haben die Querarme fast 2/3-kreisförmige, also elastisch wirkende Grundform. Die Vierung umgeben gekurvte Stufenlagen – ein für die Raumauffassung charakteristisches Motiv. Die Vierungspfeiler sind voll lebendiger Körperlichkeit. Die Altäre stehen bereits an ihren endgültigen Plätzen. Gewölbelinien aber sind in den Grundrissen (noch) nicht angegeben. *Abb. S. 216 f, g*

Während Fischer nach Effner also in den Grundriß feine, geschmeidigere Bewegung einfließen ließ, entschied er sich in der Ausführung dann wieder zu mancher Vereinfachung und Festigung: Die Querarme werden fast halbkreisförmig, die Kapellen noch mehr einander angeglichen, die Vierungsstufen begradigt, die Flankenräume des Chors vereinfacht, rechteckige Treppenhäuser neben den Türmen angeordnet. Im ganzen hat Fischer aber doch von der Rationalität des Effner-Grundrisses wieder Abstand gehalten.

Auf der Mittelachse folgen einander fünf Teilräume: Vorraum und Einleitungsjoch – Gemeinderaum mit je zwei seitlichen Kapellen – quadratische Vierung mit zwei halbrunden Querarmen – Chorraum – Hochaltarraum. Mit 89 Metern Gesamtlänge ist Ottobeuren nach Zwiefalten Fischers zweitgrößter Kirchenbau. Der Querhaus-Durchmesser hat gut 58 Meter, 10 Meter weniger als der Salzburger Dom, doch 16 Meter mehr als Weingarten. Vom Zentrum der Vierung aus lassen sich die drei Hauptteile des Langraums sowie das Querhaus von einem Kreis umschreiben.

Über der Vierung wollte Simpert Kraemer eine hohe Tambourkuppel in der Art von Weingarten haben. Fischer aber holte wie in Zwiefalten die Kuppel in den Gesamtzusammenhang ein: als geschlossene Halbkugel mit Kreisansatz. Vor und nach dieser Vierungskuppel liegt je eine niedrigere Flachkuppel mit breit- *Abb. S. 215 c, d*

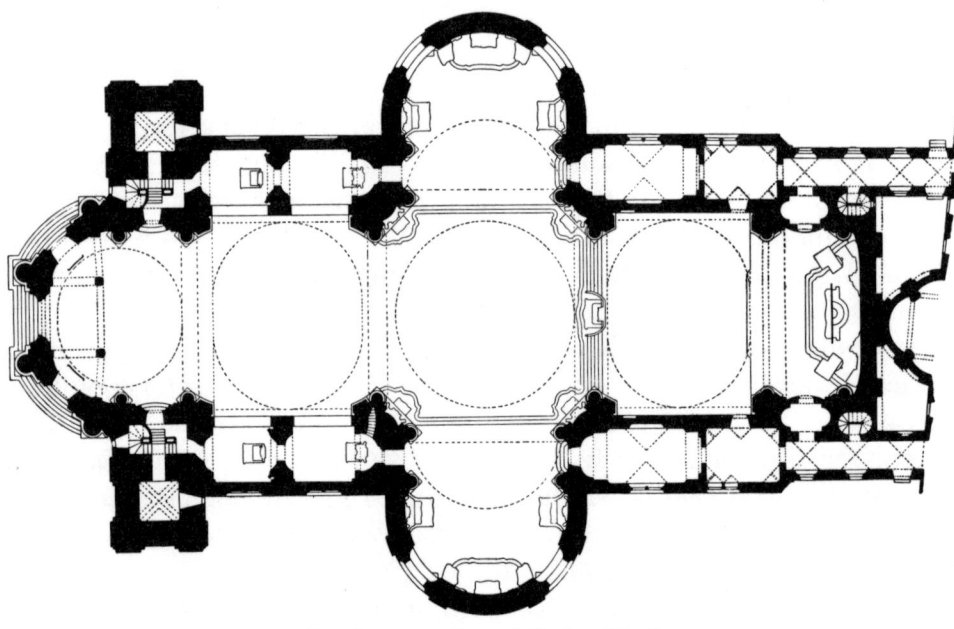

Ottobeuren: Grundriß der Kirche

rundlich gebogenem Rand. Der Längsschnitt zeigt eine Dreiergruppe von Kuppeln, in Aufschwung und Ausklang ungezwungen klar der Mitte zugeordnet, auch der Grundrißdisposition. In dieser sind die Tiefen der Teilräume folgendermaßen zu höherer Symmetrie proportioniert: 2,5 (Eingangsraum) – 5 (Vorschicht des Langhauses) – 10 (Langhaus) – 12 (Vierung) – 10 (Chor) – 5 (Hochaltarraum).

Abb. S. 119 Die großen Ausmaße verlangen eine wirksam gliedernde Kolossalordnung. Auch hier ist die Säule ein reichsstiftisch-sakrales Hoheitsmotiv. Über Zwiefalten hinaus entwickelt aber ist, darin mit Berg am Laim verwandt, die Verbindung von Säulen und Pilastern in verschiedenen Gruppen. Mit Säulen sind die Ecken von Gemeinderaum, Chor und Hochaltarraum markiert, ebenso die Anschlüsse der Begleitfluchten an die Querarme. Besonders eindrücklich sind Abb. S. 130 die Vierungsecken: Ihre dem Zentrum der Vierung zugewendete Seite ist als konvexer Mauerkörper gebildet, glatt, gerahmt von zwei Wandsäulen, denen nach innen je ein schmaler Teilstreifen eines Pilasters beigegeben ist. In Zwiefalten wird die Vierungsecke durch einen kantigen Vorsprung angegeben, welchem Gruppen einzelner Wandsäulen assistieren; ihre Sockel und Gebälke sind kubisch gestaffelt. Ähnlich wie in Ottobeuren sind in Dießen die Ecken des Chors durch Wandsäulen betont, zwischen den Säulen liegt eine platte Schrägwandung. In Weingarten (1715) entspricht die Stereometrie der Vierungs-»Ecken« etwa Zwiefalten, die schmale Abschrägung besetzen glatte Pilaster – charakteristisch für die oberschwäbische Architektur des frühen 18. Jahrhunderts. Die wenig jüngere bayerische Kirche von Rohr hat an gleicher Stelle eine schmale Abschrägung, die aber, dem Asam-Stil gemäß, von zwei glatten Wandsäulen flankiert wird. In Fürstenfeld (Giovanni Antonio Viscardi) liegt anstatt einer Vierung vor dem Chor ein Breitrechteck, an dessen leicht abgeschrägten Ecken dichte Gruppen von Wandsäulen und Pilastern angeordnet sind. In der Dreifaltigkeitskirche in München (G. A. Viscardi, 1711) erfolgt die Überleitung zwischen Kreis und Achteck in breiten Schrägwandungen, die von fast vollen, kannelierten Wandsäulen eingefaßt werden. Am Anfang dieser bayerischen Reihe steht 1663 die Theatinerkirche von München. Hier ist die Ecke des Vierungsquadrats als solche offen, eine rechtwinkelige Eintiefung im Mauerkörper, neben welcher zwei Begleitpaare kannelierter Wandsäulen die Fluchten von Mittelschiff und Querarmen aufnehmen. In dieser Vergleichsfolge wird die Originalität und Qualität der von Fischer in Ottobeuren gefundenen Gestaltung deutlich: die monumentale, auch konstruktiv-statisch wirksame Körperlichkeit, die abgewogene Beziehung von plastischer Rundung und Raumgehalt, die Festigung und rhythmische Belebung der Baumasse durch die Wandsäulen. So vermögen diese Vierungspfeiler gültig an einer entscheidenden Stelle im Raum zu bestehen, ohne eigenwillige Widerstände gegen die über sie hinziehenden Raumbewegungen.
In großen Zügen wird das Gebälk geführt: an den Flanken von Gemeinderaum und Chor als architektonische Überordnung der Arkadenpaare, in den Querarmen die Rundung fassend, an den Vierungsecken markant verkröpft. In den Flanken des Langhaus-Vorjochs und des Hochaltarraums schwingt das Gebälk etwas vor: wie eine Pufferschicht der am Beginn wie am Ende des Langhauses besonders eindringlich vorzustellenden Energie.

In die großen Ausmaße, die zentralisierte Komposition und den Zusammenhang von Sockel, Kolossalordnung, Gebälk und Gewölbe hätten sich Emporen im Ganzen nicht einordnen lassen. Doch wird auf teilweise Belebung der Randung durch Emporenmotive nicht völlig verzichtet. Die an den Flanken des Langhausanfangs angebrachten Balkone können von kleinen eigenen Treppenhäusern neben den Türmen betreten werden. An der entgegengesetzten Stelle öffnen sich von der Stiftsanlage her Oratorienfenster und Balkone in der Schlußwand neben dem Hochaltar und, zweigeschossig angelegt, an den Seiten des Hochaltarraums. Von hier aus werden weitgeöffnete Emporen an beiden Seiten des Chors fortgeführt. Im Ansatz an die Querarme bringt die Motivik ziehender Begleitraumfluchten im Obergeschoß Scheinbalkone und Scheinoratorien hervor, die einander auch über die Querarme hin ins Visier nehmen und mit stillebenhaft arrangierten Geräten die Anwesenheit imaginärer Beter suggerieren. Entwicklungsgeschichtlich instruktiv ist der Vergleich dieser Querarmanschlüsse mit dem Dom und der Kollegienkirche in Salzburg.

Während die Gesamtlänge etwas kleiner als jene von Zwiefalten ist (89 gegen 93 Meter), ist das Langhaus breiter als dort (34,60 gegen 18,50 Meter), die Scheitelhöhe der Vierungskuppel aber etwas niedriger (35,60 gegen 37,60 Meter). So ergibt sich eine breitere, durch die gerundeten Querarme verstärkte Proportionierung. In der Anlage der Wandstützen und Gewölbe wird die Raumkomposition zur Gesamtgruppe geordnet. Anders als in Zwiefalten erscheint das Innere von Ottobeuren aufs erste ruhig, gesättigt. Die großen realen Dimensionen lassen sich erst in der Bewegung während eines längeren Zeitablaufs erfahren. Dazu sind auch hier bestimmte Standorte angewiesen: in der Vorschicht des Gemeinderaums, an der Schwelle zur Vierung, in der Vierung selbst und schließlich im Rückblick aus dem Chor. Im Unterschied zu Zwiefalten kommt es nirgends zu Brüchen oder Enttäuschungen. Im Gegenteil: Es gelingen überraschend Steigerungen, wobei Baukörper und Raum stets konkrete Tatbestände bleiben.

Im ersten, stationären Gesamtblick vom Anfang des Langhauses her sind Breite und Höhe präsent, es wird aber auch die Länge sofort als Tiefe geahnt. Die gleichen Meister – Stukkator, Figuralbildhauer, Altar- und Chorgestühlkünstler –, die vorher in Zwiefalten jahrelang zusammengewirkt hatten, fanden in Ottobeuren nochmals Raum für eine höchste bild- und schmuckkünstlerische Gemeinschaftsleistung. Die Ausgestaltung ist zur Gesamtheit gestimmt, dabei auch perfekt bis ins kleinste (z. B. die Stuckmarmorierung). Die gerade Schlußwand mit dem Hochaltar ist Mitte der Breitung und Ziel der Tiefe. Unterschieden von der konstanten Erdnähe des Salzburger Doms gewinnt der Raum von Ottobeuren in der Erhebung von Stufen und Altären und im Himmelsbild der Deckenmalerei begeisterten Aufschwung. Mit der Paarung der Langhauskapellen hatte schon Simpert Kraemer das Richtige getroffen: Mehr als zwei Kapellen wären als Auftakt allzu kleinteilig, eine einzige Kapelle aber hätte ein gewisses Vakuum ergeben und die Querarme entwertet. Bei der gewählten Anlage entstand im Aufriß das feierliche Arkadenpaar mit dem Gebälkzug. Über der basilikalen Staffelung des Querschnitts liegt im Längsverlauf eine Dreikuppel-Komposition. Wieder treffen sich die Raumkomposition und die Anordnung

Abb. S. 119

der Gewölbebilder in bestem Akkord. Alles Licht kommt von den Seiten, es gibt kein Gegenlicht aus dem Chorschluß und kein Kuppeloberlicht. Dank der freien Lage des Baus hat das vor- und nachmittägliche Streiflicht ungehinderten Zugang, es dient der Raumgliederung am besten. Nicht unwesentlich ist aber auch das von rückwärts kommende Nordlicht. Der weiße, seidige Putzgrund ist Abbild himmlischer Reinheit. Mehrfache Wirksamkeit haben die Säulen. Grundsätzlich ist wie in Berg am Laim und Zwiefalten die elementar-autonome Gestalt der Säule ins Erscheinungsbild der Wandsäule transponiert, wie die des Pfeilers zum Pilaster. Wie die Säulen struktiv wichtige Stellen der Raumanlage einnehmen, sind sie, aus warmfarbigem, poliertem Stuckmarmor gebildet (nicht wie in Berg am Laim matt bemalt), auch bestimmend in der farblichen Raumgestaltung. Sie vereinigen sich anschaulich mit den Säulen der Altäre und den gemalten Säulen in den Deckenbildern. Überdies haben die Wandsäulen an sich etwas von Glaszylindern, die mit wirbelnden, farbigen Dämpfen gefüllt sind. Mit den Farbmustern wird auch das Motiv der Windung angespielt, in den vertikalen Glanzlichtstreifen gleichsam die Kannelierung.

Abb. S. 130

Geht man im Langhaus weiter nach vorn, so beginnen sich die tatsächlichen Dimensionen zu erschließen. Es kommen die Kapellen mit ihren Altären und Deckenbildern in den Blick. Im besondern setzt mit der Vierung ein neuer Akt der Raumkomposition ein: akzentuiert durch die Kanzel und die ihr gegenüber errichtete Taufsteingruppe, architektonisch durch die gesteigerte Verbindung von Säulen und Pilastern. An den Vierungsecken enthalten die konvexen weißen Mittelwände kostbarste Altäre. Auch die Bildlichkeit der Scheinbalkone und Oratorien wird sichtbar. War in Zwiefalten die Vierung Glied einer Längsreihung, so ist sie in Ottobeuren anziehende und ausstrahlende, durchwal-

Abb. S. 131

tete und beständige Mitte einer Raumkreuzung. Die Querarme sind nicht lediglich Ansätze an Vierung und Langhaus, sondern voll aufgerollt ergeben sie ein einräumig-ganzes Querhaus, welches das Langhaus durchkreuzt. Der Gesamtraum nähert sich der Gestalt eines »Griechischen Kreuzes« mit drei, ja fast vier Konchen. Im Bereich der Deckenfresken kommt über der Vierung fast eine Konfiguration von fünf Kuppeln zustande: von zwei breitrundlichen in Langhaus und Chor, zwei hochrundlichen in den Querarmen, dem reinen Kreis und der Halbkugel der Vierungskuppel in der Mitte.

Ein geradliniger Stufenaufstieg führt in ganzer Breite aus der Vierung in den Chor. Eine ähnliche Chortreppe hatte Fischer vorher nur in Dießen ausgeführt, dort dreiteilig aufgegliedert und mehr entspannt. Da die Ottobeurer Chor-Freitreppe wahrscheinlich vom Bauherrn verlangt worden ist, darf man im Freisinger Dom ihr Vorbild vermuten. Nicht trennt, wie in Zwiefalten, ein Gitter den Chor von der Vierung. Trotzdem kann kein Zweifel sein, daß dieser hoch gehobene Chor allein der Mönchsgemeinschaft reserviert ist, die im Chorgestühl und vor den darüber angeordneten Orgeln zu Gebet und Gesang den würdigsten Ort innehat. Indem aber auch dem Laienvolk wenigstens optisch freigebigst Anteil gewährt wird und besonders die Bildkunstpracht des Hochaltars allen gehören soll, bleibt der Besucher, anders als in Zwiefalten, immer und bis zum Schluß innerhalb einer Identität von gebautem Raum und Raumbildlichkeit.

Abb. S. 130

Selbst wenn wir unerlaubterweise den Chor betreten und von dort zum Eingang zurückschauen, wird uns nochmals ein architektonisch voll gültiger Eindruck zuteil. Wir überblicken, vom erhöhten Standort aus, die auf fester Bodenfläche liegende räumliche Grundkomposition der ganzen Kirche und sehen in die wie eine Gegenapsis mächtige, lichterfüllte Rundung der Fassadenwand. Da wird die unter der Vierungskuppel gewonnene Totalvorstellung nochmals gegenwärtig und ganz erfüllt.

So sehr die Ottobeurer Kirche in ihrer Planung ein Kollektivwerk ist und in ihren Dimensionen das Wesen einer überpersönlichen Schöpfung angenommen hat, so sicher verdanken wir dem Baumeister Fischer die Summierung der lokal-konkreten Entwicklung und die Verwirklichung einer einzigartigen Konstellation. Das wiegt mehr als erfolgreich ausführendes Unternehmertum: Fischer ist der Schöpfer des »überirdischen« Bauwerks und seines Raumgehalts. Wie der Bau nicht ohne ihn zu dieser seiner Gestalt gekommen wäre, so würde ohne Ottobeuren in Fischers Lebenswerk eine entscheidende Leistung fehlen. Fischer ist hier nicht nur der Vollender einer bestimmten Einzelaufgabe »großen Stils« gewesen, sondern »Erbauer« und Vollzieher des Ideals einer ganzen Architekturgattung jener Zeit: des katholischen Kirchenbaus und -raums des mittleren 18. Jahrhunderts im Sinn eines süddeutschen Reichsstifts, begriffen in der besonderen Verbindung von Lang- und Rundbau.

Alte spezifisch sakrale Vorstellungen sind zusammengekommen. In der Spätphase des europäischen Barock ist die Sakralarchitektur hier einer besonderen bildkünstlerischen Rhetorik fähig geworden. Das Titelwort steht an der Fassade: »Haus Gottes und Himmels Pforte«. Dieses Bibelzitat ist ein damals geläufiger, doch keineswegs abgenutzter Topos; (lateinisch kommt es auch in Fürstenzell vor). In Ottobeuren hat das Zitat mehr als anderswo Überzeugungskraft. Das in der Stiftsanlage als innere Ordnungsmacht geborgene Kreuz wird mit der Kirche freigelegt und hochgeführt, in einer architektonischen Kreuz-Erhöhung. Über der Kreuzung gibt außen das Vierungsdach ein Abbild von Kreuz und Zelt, ist die Pyramide Sinnbild der Ewigkeit. Beim Eintritt ins Innere zeigt sich der Raum überraschend weit, weiter sogar als die freie Landschaft – Atemraum Gottes. In der Kanzel und der Taufgruppe hat bildende Kunst emphatische Sprachfähigkeit auszuüben. Die sieben Stufen des Choranstiegs mögen eine heilige Zahl bedeuten. Im Pfingstbild der Vierungskuppel kommen himmliches Brausen, Licht und Welt über die Mitte des Raums. Die Chorgestühle sind Ort der zeitlosen Psalmenverse und des Choralgesangs. Wie in Zwiefalten erfüllt der Klang der Orgeln den Raum und er wird auch im Freien vernehmbar, wie umgekehrt das Glockengeläut von den Türmen sowohl in die Landschaft wie auch ins Kircheninnere eingeht. Das letzte Deckenbild stellt die Szene der Apokalypse dar, wie die vierundzwanzig Ältesten vor dem Thron des Lammes ihre Kronen und Harfen niederlegen und in Huldigung sich beugen. Ebensolches geschieht am Ottobeurer Hochaltar im Namen auch aller Kunst. Sollte man die Motive zusammenfassen, so wären wohl die alten Worte richtig: den Glauben vermehren, Hoffnung stärken und Liebe entzünden.

Ausführungsbewerbung und Bewerbungsentwürfe für die Benediktiner-Abteikirchen Neresheim und Wiblingen

In den 1750er Jahren bemühte sich Fischer, auf der Höhe des Ansehens und im Vollbesitz seiner Kräfte, um Bauaufträge auch noch bei zwei andern Benediktinerklöstern Schwabens.

Die nordschwäbische Abtei NERESHEIM hatte 1751 den Neubau ihrer Kirche nach Plänen Balthasar Neumanns begonnen. Schon konnte man sich »des aus dem fundament so wuchtig angefangenen kirchengebäus« freuen, als Neumann am 19. August 1753 in Würzburg starb. Johann Michael Fischer, der eben die Zwiefaltener Fassade abgeschlossen und die Ottobeurer Kirche bis zum Dachstuhl gebracht hatte, mochte sich frei und berechtigt fühlen, weitere große Aufgaben zu übernehmen. So ließ er keine zwei Wochen nach Neumanns Tod, am 1. September 1753 aus München den Neresheimer Abt wissen, daß er an der dortigen Bauführung interessiert sei. Ein derart ansehnlicher und lukrativer Auftrag konnte für die weitere Tätigkeit wichtig sein.

Wäre Fischer nach Neresheim berufen worden und hätte er dort gar noch Möglichkeiten zur inneren Ausgestaltung der begonnenen Kirche nach seiner Art gefunden, so müßte heute die baugeschichtliche Forschung und die Stilkritik die Anteile Neumanns und Fischers zu erkennen und zu trennen suchen. Dabei wäre eine nach dem Begriff künstlerischen Eigentums komplizierte Situation gegeben. Doch ist die Geschichte einfacher verlaufen: Fischers Bewerbung wurde in Neresheim nicht angenommen, ebensowenig wie kurz vorher schon jene von Neumanns jungem Sohn. Offenbar wollte das Kloster am beschlossenen Entwurf festhalten. Zur Überwachung der Bauarbeiten hatte man einen langjährigen Mitarbeiter Balthasar Neumanns, zudem stand ein Fürstlicher »Baudirector« im nahen Öttingen zur Verfügung und für die Ausführung erprobtes Personal am Ort und aus der Umgebung. Motiviert war das Werk in Neresheim dadurch, daß das Kloster sich – wie Zwiefalten – mit dem Neubau der Kirche auf die reichsstiftische Würde vorbereiten wollte, die es 1763 tatsächlich erreichte.

Das südlich vor Ulm, im Mündungswinkel zwischen Iller und Donau gelegene Benediktinerkloster WIBLINGEN hatte 1701 die »hohe Gerichtsbarkeit« gewinnen können, schon dies konnte zum Impuls gehobener Bautätigkeit werden. Zunächst begann man 1714 die Errichtung einer großen und regelmäßigen Klosteranlage. Bei ihrer Fortführung wirkte seit 1750 auch Johann Michael Fischer mit. Als die Klosterarchitektur soweit vorgeschritten war, daß zur Vollendung des Ganzen der Neubau der Kirche aktuell wurde, bewarb sich Fischer um diesen Auftrag.

Etwa 1757 legte er einen Satz großer Entwürfe vor. Offenbar wollte Wiblingen mit Ottobeuren wetteifern. Die geplante Kirche sollte eine Länge von etwa 90 Metern erhalten, was jener von Ottobeuren gleichkam. Fischer selbst mochte sich schöpferisch angeregt fühlen, das Ottobeurer Konzept nochmals aufzugreifen.

Der Grundriß »ebner Erden« (51:97,2 cm) zeigt einen Langbau mit zwei halbrunden Querarmen, ist prinzipiell also nah mit Ottobeuren verwandt. Die Kreuzform war in Wiblingen durch eine eigene Kulttradition begründet. Wie in Ottobeuren ist die innere Hauptordnung auf der Längsachse angelegt: in Vorraum, Gemeinderaum, Vierung mit Querarmen, Mönchschor und Hochaltarraum. Doch ergeben sich Abweichungen von der Ottobeurer Komposition: Das Querhaus ist aus der Mitte verschoben, mehr zum Chor hin. Die Vierung ist breitrechteckig. Die Querarme sind auf Halbkreise zurückgeführt, auch der Hochaltarraum ist zu einer halbkreisförmigen Apsis geworden. Dem Gemeinderaum sind beidseits je drei, durch Wandpfeiler voneinander geschiedene Kapellen beigegeben. Den an Breite eingezogenen Chor begleiten Nebenräume. Zwischen Chor und Apsis stehen zwei Flankentürme. In Turmstellung, Chor- und Apsisanlage wie auch in der (auf einem eigenen Teilgrundriß und Querschnitt gezeichneten) Chorkrypta verraten sich Erinnerungen an alte (west-)schwäbische Traditionen des Klosterkirchbaus.

S. 129: Gossenzugen, Kapelle, 1749; Außenansicht, rechts im Hintergrund die Abteikirche von Zwiefalten. S. 130: Ottobeuren, Abteikirche; Blick aus dem Chor über das Querhaus in den Gemeinderaum; im Eingangsrund auf der Empore Orgel von 1952–57.

Der Vergleich mit Ottobeuren ergibt Unterschiede auch in Begriff und Qualität des Gestaltens. Die monumentale Kraft der großen Kreuz- und Kuppel-Symmetrie Ottobeurens ist in Wiblingen schwächer geworden. Die Grundrißfigur ist dünner und trockener, gemindert an baukörperlicher Energie und räumlicher Kapazität. Einige Teile sind fast abgezehrt: die Randkanten der Fassade und die Vierungsecken. Nicht von Ursprung her und durchgreifend wie in Ottobeuren, eher erst in sekundären Aktionen und zögernd partiell teilt sich dem Ganzen Bewegung und Rhythmus mit: Drei Seiten der Vierung sind von gekurvten Stufen umgeben. Von den drei Langhauskapellen ist die jeweils mittlere (wo außen die Klosterflügel anstoßen) ein etwas größerer und weiter ausladender elliptischer Raum, den die Altarstellung als Breitellipse ausdeutet. Auch entsteht hier im Gemeinderaum eine Querachse, die auf die großen Querarme vorbereitet. Eine derartige Disposition kommt im schwäbischen und alemannischen Kirchenbau des 18. Jahrhunderts manchmal vor. In der elliptischen Grundform der Kapellen erinnerte sich Fischer vielleicht seines Osterhofen. Vom Gemeinderaum sind die Kapellen durch gerade Balustraden abgegrenzt. Die Eintragung des Mönchs- und Volksgestühls sollte den Bauherrn schon früh über diese praktisch wichtigen Teile der Einrichtung informieren, für die graphische Erscheinung des Grundrisses waren diese Zutaten freilich von einigem Nachteil.

Abb. S. 217e

In dieser Hinsicht gewinnt der zweite, »bey Anfang deren Kuppeln und Plavon« genommene Grundriß mehr durchsichtige Leichtigkeit. Vor allem zeigt er die Ansätze der Wölbung: ein volles Tiefrund über dem Gemeinderaum, über der Vierung, von doppelten Gurtbogen umrahmt, ein gleich breites Breitrund, über dem Chor ein ebensolches kleineres.

Abb. S. 217f

Der Gesamtlängsschnitt ist unverkennbar als eigentlicher Bewerbungsentwurf gemeint. Darauf deuten der Stuckdekor (ähnlich wie im zweiten Ottobeurer Entwurfsatz) und das Chorgestühl. Diese in etwas dürren Rocaillen gezeichneten, nicht zum Leistungsangebot des Architekten gehörenden Partien sollen die

Abb. S. 217d

Aufmerksamkeit des Bauherrn wecken, seine Freude und Phantasie anregen. Nicht ins Fachgebiet des Maurer-Baumeisters ist auch der Dachstuhl zu rechnen. In den Ottobeurer Entwürfen hatte Fischer auf die Wiedergabe der Dachstuhlwerke verzichtet und dadurch die Kuppelkomposition besser zum »Klingen« bringen können. Im Wiblinger Längsschnitt dagegen liegt die Dachkonstruktion als umfängliches, aber kleinteiliges Gitter über der dekorativ ausgestalteten Raumarchitektur: Technik und Bildkunst pointieren einander gegenseitig. Unterhalb des Dachstuhls verdeutlicht der Längsschnitt die Gewölbe. Offensichtlich sind nicht, wie in Zwiefalten und Ottobeuren, gemauerte Wölbungen geplant, sondern im Dachstuhl aufgehängte Schalen aus Holz mit Verputz. Der Eingangs- und Vorraum hat ein breitkuppeliges Gewölbe. Über dem Gemeinderaum liegt eine einzige Decke mit einem großen flachen Mittelspiegel (»Plafond«), um den die Ränder nach unten ohne Begrenzung herummodelliert sind – eine sachliche, fast profane Form.

Unmittelbar darnach wird aber eine sakrale Steigerung aufgeboten: Über der Vierung auf klarem Gesims eine breitrundliche, höhere, tambourlose Kuppel, die im Längsschnitt als Halbkugel, im Querschnitt als Breitkuppel mit geradem Scheitel sich darstellt. Über dem Chor folgt eine kleinere, etwas niedrigere Kuppel von entsprechender Art. Darnach wird die Gewölbefolge abgebunden durch ein niedrigeres flaches Zwischenjoch mit einer Tonne. Über der Hochaltarapsis kommt es nochmals zum Aufschwung einer Flachkuppel, deren Scheitel die gleiche Höhe wie die Spiegeldecke des Gemeinderaums gewinnt, zum Schluß aber sphärisch heruntergezogen wird.

Eine Kolossalordnung von Säulen und Pilastern und darüber liegende Gebälkverkröpfungen haben die Verbindung zwischen Boden und Gewölben herzustellen, zugleich die Wände und die Raumkomposition zu gliedern. Großzügige Maße erhält auch die zweireihige Anordnung der Fenster. An den Flanken des Gemeinderaums ist eine Empore eingeführt, die nur über zwei kleine, von den westlichen Vierungspfeilern umschlossene Treppen zugänglich und rückwärts mit der Musikbühne über dem Eingang verbunden ist. Diese Empore säumt den Raum, ihre Brüstungen sind segmentbogig-konvex. Auch die Flanken des Chors enthalten ein entsprechendes Emporengeschoß, das in verschiedenen Verbindungen von den Klostertrakten her zu erreichen ist, oberhalb des Chorgestühls vorschwingende Brüstungen hat und wie in Ottobeuren mit Oratorien die Querarme erreicht.

Auch sonst werden Spannung und Rhythmus gesucht: Am Gemeinderaum ist die Arkade der mittleren Kapelle etwas breiter und höher als jene der beiden Nachbarjoche. Mit der Gruppierung von Säulen und Pilastern entsteht hier eine triumphbogenartige Dreiergruppe. Gurtbogen nehmen die entscheidenden Stellen der Gewölbe- und Raumstruktur ein, am Anfang des Gemeinderaums gepaart, um die Vierung gestaffelt zu einer rahmenden Kehlung (ähnlich wie in Fürstenzell) und dadurch einen Lichtrahmen bildend. Das vor dem Hochaltarraum eingeschaltete, mit einem Balkonoratorium ausgestattete Tonnenjoch sollte wohl auch als Schattenzone fungieren. Durch von links her kommende Verschattung wird im Längsschnitt der Raumgehalt der Querarme und vor allem der Gewölbe verstärkt.

133

Bei näherer Betrachtung ist manche Ungelöstheit, ja Zwiespältigkeit zu entdek-
ken. Die Kapellenarkaden des Gemeinderaums können als Versatzstück erscheinen. In den Querarmen stehen die kolossalen Wandstützen in ihrer Verein-
zelung fast wie gelangweilt herum. Die Vierungsecken dagegen sind geradezu
mit Säulen überhäuft. Doch werden sie nicht wie in Ottobeuren dem Baukörper
eingebunden, sondern eher aus ihm herauspräpariert. Kolossalordnung und
Gewölbe bleiben nebeneinander in gewisser Unverbindlichkeit. Die Gewölbe
folgen einem anderen Gesetz als dem vom Grundriß vorgegebenen. Im Längsschnitt findet man eine durchgehende Höhenlinie allein vom Scheitel der
Langhausdecke zum Ansatzgesims der Vierungskuppel. Sonst zeigen sich nach
der Vierung nur etwas unentschiedene, stockende Linienversetzungen. Die
Formen der Vierungs- und der Chorkuppel variieren doppeldeutig nach Längs-
oder Querschnitt. Im Längsschnitt verrät die Decke des Gemeinderaums ein
gewisses Erlahmen, ein oberflächliches Atmen. Zur Vierung dagegen geht die
Wölbungskurve in einer etwas gewaltsamen, ruckhaften Hebung. Freilich muß
man, eines gerechten Gesamturteils wegen, aus den Entwurfzeichnungen die
gedachte Raumerscheinung und das Verhältnis von architektonischer Realität
und von Raumbildlichkeit zu gewinnen suchen. Im besondern muß man die
erhebliche Mitwirkung von Decken- und Kuppelmalerei erwägen.
Noch immer bedeutet die längsachsiale Disposition eine gegliederte Ordnung
kirchlicher Raumwerte: Der bis zur Vierung reichende Teil des Langhauses
steht der Gemeinde zu, er ist zum Aufenthalt und für die gemeinsame Schau zu
Chor und Hochaltar bestimmt. Der Deckenspiegel bewirkt Sammlung. Das
Volksgestühl ist sogar ein Stück in die Vierung vorgeschoben. Diese ist kein
Quadrat wie in Ottobeuren, keine von Raumtatsächlichkeit bestimmte Mitte
der Gesamtkomposition, sondern ein Breitrechteck – Feld also nicht des Aufenthalts, sondern Gebiet des Übergangs und Durchblicks, eingestellt auf eine
Gruppe von Altären. Die letzte und tiefste Beziehung geht zum Chor und zur
Hochaltarapsis. Dorthin senkt sich, wie in Berg am Laim, eine Kuppelfolge. Das
Decrescendo der Architektur wird überwogen von verdichteter Ausstattung. So
unverkennbar in diesem Konzept immer noch die bisherige Auffassung des
kirchlichen Raumbilds wirksam ist, so läßt doch die hohe Spannung der Einheit
nach, wird der Enthusiasmus gedämpft. Die Vierung setzt eine Distanz, über
welche die Sakralität des Zielraums und eine gewisse ernüchterte Profanität des
Gemeinderaums nicht mehr ganz zur Einheit gelangen können.
Anders als in Ottobeuren ist die Wiblinger Kirche in die Stiftsanlage inkorpo-
riert. Im Gegensatz zum freistehenden, basilikal gestaffelten Ottobeurer Außenbau gestaltet Fischer im Entwurf der Wiblinger Kirche eine Einheit der
Masse, die der Außenerscheinung spätgotischer Hallenkirchen ähnelt. Zur
Einheit tragen bei: die glatten toskanischen Pilaster, eine zweigeschoßige Fen-
sterreihe und das in gleicher Höhe um den ganzen Bau gezogene Kranzgesims. Die Mittelkapelle des Langhauses ist kuppelig, der Querarm mit einem
etwas höheren halben Zeltdach gedeckt. Kapelle, Querarm und Turm sind
durch kleine Schaugiebel betont, die dem Gesims verbunden bleiben. Eine
Kreuzung wie in Ottobeuren wird nicht ausgeprägt, sie würde ohnedies in der
Klosteranlage versteckt bleiben. Im Hochaltarhaus wird die Einziehung der

Abb. S. 217c

Breite durch ein Attikageschoß ausgeglichen. Hauptgewicht ist der einheitliche Dachkörper, dessen Ansatz- und Firstlinie in jeweils gleicher Flucht durchgeführt sind und dessen Höhe jener des Mauerwerks gleichkommt. Schatten modellieren die Dächer der Ausbauten. Sehr merkwürdig ist der vom Turm auf das Dach treffende Schlagschatten – ein Schattenschlag, mit dem die graphische Schönheit des Entwurfs fast sich selbst zerstört.

Abb. S. 217b In unmittelbarem Zusammenhang mit dem Gesamtkörper der Kirche steht die Fassade: mit breiter segmentbogiger Vorbiegung, konkaven Flanken und weit ausgezogenen Eckkanten. Die Komposition von Zwiefalten wird in der Gliederung – nicht Säulen, sondern nur Pilaster – moderiert und im Giebel reguliert. Die Vollkraft der Ottobeurer Fassade fehlt. Da die Entwurfzeichnung die beiden Chorflankentürme optisch in fast gleiche Ebene mit der Fassade zieht, entsteht eine hohe Gesamtfiguration, die unten mit den Randausprüngen eine unentbehrliche Stütze hat.

Fischers Entwürfe wurden offenbar von Wiblingen bezahlt, sodaß sie zur Verfügung der Abtei blieben. 1760 begann man Baumaterialien bereitzustellen. Doch dauerte es nochmals ein Jahrzehnt, bis 1771 der Neubau der Kirche beschlossen und dann tatsächlich angefangen wurde, nach Entwürfen eines anderen Meisters, der sich in einigen Zügen aber an Fischers Projekte anschloß.

Daß die Betrachtung der Wiblinger Entwürfe Fischers in manchem zu etwas negativen Ergebnissen gelangt, hat verschiedene Gründe: Die graphische Qualität der Zeichnungen ist relativ gering. Der naheliegende und gebotene Vergleich mit Ottobeuren setzt Maßstäbe, die nicht zu überbieten sind. Es zeigen sich Diskrepanzen zwischen den real großen Ausmaßen der Aufgabe einerseits und den Entwurfdarstellungen andererseits. In den Entwürfen spiegelt sich überdies die allgemeine Krise, die zu dieser Zeit die Architektur zu erfassen beginnt und von der auch Fischer berührt worden ist.

Klosterbauten

»23 Clöster« meldet die Inschrift von Fischers Grabmal summarisch als Werk des Meisters. Das überrascht. Denn seit etwa 1725 ist die große Zeit des Klosterbaus im allgemeinen vorbei. Selbst wenn man den Begriff »Kloster« weit faßt und vermutungsweise Zuschreibungen mit aufnimmt, so läßt sich heute kaum die Hälfte jener Zahl mit Bauten belegen. Die Gründe mögen mehrfacher Art sein: ein Versagen der Quellen, die Unscheinbarkeit mancher Bauten und der meist schematische Habitus des klösterlichen Bauwesens.

An den Anfang kann man das oberbayerische Augustiner-Chorherrn-Stift SCHLEHDORF stellen, wo im frühen 18. Jahrhundert eine planmäßige Anlage von Kloster und Kirche vorgenommen worden ist. Laut einer zeitgenössischen Chronik wurde die Kirche 1727 von Fischer »angefangen«, »der schon das Kloster gebaut hatte«. Für den Klosterbau sind die Hauptdaten bekannt: im Januar 1717 lag der Entwurf vor, 1718 erfolgte die Grundsteinlegung, 1724 konnte der Neubau bezogen werden. In diese Zeitspanne fallen Fischers Münchner Palierjahre.

Dem alten Schema getreu, ist das Kloster an die Kirche angefügt. Drei Flügel umfassen einen rechteckigen Binnenhof. Der rechts an die Kirchenfassade anstoßende Trakt ist dreigeschossig, der übrige Bau nur zweigeschossig. Doch beherrscht und genießt die Anlage von der Höhe aus die Landschaft. Die südwärts zum Kochelsee gewendete Hauptseite hat 21 Fensterachsen. Die Gliederung erfolgt durch maßvolle Putzrustika. Die außenbauliche Formation steht dem Münchner Oberhofbaumeister Enrico Zuccali nah, die Fensterrahmungen sind dem Stil des Giovanni Antonio Viscardi verwandt. Vielleicht lagen hier die für Fischers Frühzeit bekannten Werkverhältnisse vor: Der Entwurf kann aus dem Münchner Hofbauamt gekommen sein, Johann Mayr hat vielleicht den Auftrag der Ausführung übernommen und Fischer als seinen Palier eingesetzt. Die gute Erfüllung der Aufgabe brachte dem inzwischen selbständig gewordenen Johann Michael Fischer dann den Auftrag zum Kirchenbau ein. Der neben der Kirchenfassade gelegene Teil des Klosters enthält noch ein Stiegenhaus mit einer vierteiligen Treppenführung.

1723 wurde nach Johann Mayrs Plänen beim Birgitten-Doppelkloster in ALTO-MÜNSTER ein neuer »Herrenkonvent« begonnen. Sein östlicher Teil war im Frühjahr 1724 beendet, 1729 der ganze Bau. Er liegt südlich parallel zur Kirche, langgestreckt. Infolge des abfallenden Geländes ist der Westteil ungewöhnlich hoch. Wahrscheinlich entstand der Bau im Blick auf das 1730 zu feiernde Jahrtausendjubiläum der Klostergründung. Im Unterschied zum Landschaftsbezug Schlehdorfs soll sich der Konventbau von Altomünster ansehnlich über dem ihm benachbarten Klostermarkt darstellen, bei aller Einfachheit der Gesamtgestalt und Askese der Einzelformen doch als »Herren«-Architektur der

Spätzeit des Kurfürsten Max Emanuel. Im Ostteil liegt, an den Mönchschor der Kirche angrenzend, ein größeres Treppenhaus, das um hohe Vierkantpfeiler geführt ist. Fischer könnte als junger Meister an diesem Bau mitgewirkt und daher noch 1763 in Altomünster den Auftrag zur Klosterkirche empfangen haben.

Bei Fischers großen Kirchen sind die zugehörigen Klosterbauten jeweils schon vorhanden gewesen. Bekannt ist nur eine einzige Ausnahme aus der Frühzeit: Bei St. ANNA AM LECHL in München konnte Fischer nach eigenem Plan eine Gesamtanlage von Kirche und Kloster schaffen. Die vom Frühjahr 1727 bis zum Herbst 1733 reichende Abrechnung verbucht auch »wegen . . . teils Klosterbaus« an Fischer zu entrichtendes Gesellengeld.

Das Kloster war für den strengen Orden der Hieronymiten bestimmt, doch verlangte und gestattete die Neugründung in einem Vorgelände der Hauptstadt eine gewisse Ansehnlichkeit. Es galt, Kloster und Kirche in guter innerer Verbindung zu halten und in der Außenansicht eine würdige Komposition der Kirchenfassade mit dem links an sie angrenzenden Klostertrakt zu gestalten.

Abb. S. 213c Auf einem noch erhaltenen Grundriß hat Fischer eine überzeugende Lösung ausgearbeitet. Hauptraum des Klosters ist im Erdgeschoß das Refektorium. Die Vorderseite des Klosters zählt im Grundriß neun Achsen. Eine aus dem 19. Jahrhundert stammende Ansicht zeigt, wohl irrig, nur acht Achsen, von welchen die drei linken einem ganz flachen Vorsprung eingeordnet sind. In der Höhe hat der Bau drei Geschosse. Wie in Schlehdorf ist schlichte Putzgliederung das angemessene Gestaltungsmittel. Hier wird allein über dem Erdgeschoß ein einfacher Streifen gezogen. Der vordere Klostertrakt und die Kirchenfassade liegen in gemeinsamer Fluchtlinie. Die Kirchenfassade wahrt in maßgebenden Horizontalen Verbindung mit dem Kloster, um dann aber aus der architektonischen Komposition und Gliederung den Vorrang in gebührendem Maß zu gewinnen.

Abb. S. 48 Das in Niederbayern, zwischen Landshut und Dingolfing nahe der Isar gelegene Augustiner-Eremitinnen-Kloster NIEDERVIEHBACH bat 1731 die vorgesetzte Kurfürstliche Zentralbehörde um ein Darlehen von 15 bis 16 000 Gulden, offenbar für den Klosterbau, der damals schon in der Hauptsache vollendet wurde. Denn drei an die Hauptwand des nordwestlichen Hofs gemalte Inschriften von 1731 besagen, daß Johann Michael Fischer »diesen Klosterbau geführt« und Martin Wöger aus der Au vor München dabei als Palier gedient habe. Zwei andere Inschriften sind 1733 datiert. Ganz vollendet war der Bau erst 1750.

Das Kloster hat samt der älteren Kirche seinen Platz auf einer baumumwachsenen Anhöhe am südlichen Rand des Isartals. Der Neubau zeigt eine für einen strengen Orden auffallende Größe und anspruchsvolle Gestaltung. Möglicherweise ging die Absicht sogar auf eine noch umfänglichere, planmäßig mit der Kirche zusammengeschlossene Anlage. Der ausgeführte Haupttrakt sucht nämlich mit zwei kurzen Querflügeln Verbindung zur Kirche. Während seit dem 19. Jahrhundert die Anlage durch Umbauten und Zubauten verändert wurde, blieb gut erhalten der große Nordtrakt, der ursprünglich auf stattliche Fernwirkung bedacht gewesen ist, aber nicht minder auch eine wohltuende Aussicht über die weite Isarebene bietet. An der äußeren Schauseite verstärkt das durch den Geländeabfall erforderliche Sockelgeschoß den »Auftritt« des Bauwerks. Die ganze dreigeschoßige Schauseite ist im System der Schloßarchitektur und des gehobenen Klosterbaus gegliedert: durch zwei höhere Eckblöcke mit vierseitigen Walmdächern und einen etwas vortretenden breitkubischen Mittelbau. In der Schauseite haben die Eckblöcke je drei, die Zwischentrakte je sechs Fensterachsen. Am Dachansatz der Zwischentrakte ist ein kräftiges Putzgesims angelegt, das in gleicher Höhe und Art auch um den Mittelbau und die Eckblöcke zieht. Auch der Mittelbau hat nur drei Fensterachsen und ist ohne ein größeres Portal geblieben. Doch wird ihm angemessene Auszeichnung zuteil: durch ein kurvig geschnittenes Mansarddach, auf dessen First ein etwas bizarres Türmchen gesetzt ist. Die Gliederung ist in Putz ausgeführt, in Rustikaart, mit farbiger Tönung. Die Ecken des Mittelbaus sind gekehlt, mit spitzbogigem Schluß.

Die Dachbildung und das Dachreitertürmchen sind mit Osterhofen verwandt. Abgesehen von der etwas handwerklich-provinziell gearteten Einzelausführung läßt sich die scharfe Komposition und Wandbehandlung stilistisch nicht ganz leicht mit Fischers Stil verbinden. Man mag eher Wirkungen der Architektur Giovanni Antonio Viscardis annehmen, sich an den Bau der Englischen Fräulein an der Weinstraße in München erinnert fühlen. Andrerseits ist, verglichen mit der nördlichen Schauseite von Viscardis Kloster Fürstenfeld, die Niederviehbacher Anlage, ihrer jüngeren Entstehungszeit entsprechend, durch die Dehnung der Zwischentrakte entspannt und beruhigt.

In der Mitte des Hauptbaus öffnet sich innen aus dem Gang ein Bogen zu einem nordseits anliegenden Treppenhaus. Es ist maßvoll geräumig und wohltuend hell. Die Stiege beginnt mit einem Mittellauf, nach einem Podest teilt sie sich in zwei gleiche Seitenläufe, die umgekehrt gerichtet das Obergeschoß erreichen.

Zum Oratorianer-Kolleg in AUFHAUSEN, 1736, ist ein Grundriß erhalten. Er zeigt eine umfängliche Rechteckanlage, in welcher die Kirche fast die ganze Nordseite einnimmt. Der Osttrakt ist mit zwei kräftigen Eckrisaliten als Hauptschauseite entwickelt. Zwischen dem Kolleg und dem Altarhaus der Kirche sind wohlüberlegte Verbindungen hergestellt. Auch an der Nordseite und am Westende des Südtrakts finden sich Eckrisalite. Die Inneneinteilung ist bestens reguliert. Die beiden Eckbauten der Ostseite enthalten je einen größeren Raum. An drei Seiten des weiten, gärtnerisch ausgestalteten Innenhofs sind Gänge geführt. Außerdem werden drei in den Hof tretende Ausbauten als Treppenhäuser ausgewertet. Im ganzen besteht deutliche Verwandtschaft mit Niederviehbach.

Das Kloster der Augustiner-Eremiten in INGOLSTADT, 1736, begleitet das Altarhaus der Kirche mit drei, diesem unmittelbar angeschlossenen Trakten. Damit war ein sehr enger Kontakt zwischen Kloster, Mönchschor und Altarhaus geschaffen. In der Außenerscheinung ergab diese klausurierte, vermutlich alte Bestände bewahrende Anlage eine sichere Architekturordnung.

138

Den Klosterbauten darf auch BERG AM LAIM eingereiht werden. Die neue Kirche nimmt dort die Mitte des vormaligen Kurfürstlichen Landschlosses »Josephsburg« ein, das 1690 nach Entwurf Enrico Zuccalis begonnen und später als Sitz der Erzbruderschaft adaptiert worden ist. Grundriß und Aufbau der ursprünglichen Anlage überliefert der Kupferstich von 1735: Symmetrisch flankieren die Kirche zwei doppelgeschossige, je drei Fensterachsen breite Flügel, denen je ein dreigeschossiger, in der Schauseite fünf Fensterachsen zählender Eckblock folgt. Das ist das von den Schlössern Nymphenburg und Schleißheim bekannte Schema. In einem zweiten, 1740 herausgegebenen Kupferstich werden Änderungen vorgeschlagen: Die Eckblöcke (»vorige Pavillon«) sind um ein Stockwerk niedriger; die Zwischentrakte, jetzt je vier Achsen breit, werden als »neu erbautes Bußhaus« bezeichnet. Davon abweichend sind die Flügelbauten nur in ganz einfacher, dreigeschoßiger Form ausgeführt worden. Auch in dieser Beschränkung bleibt die sonst sowohl dem Schloßbau als auch den großen, eine Kirchenfassade in die Mitte nehmenden Klosteranlagen eigene Symmetrie mit dominanter Mitte beibehalten. Daraus wird im besondern eine respektable Fernwirkung erreicht.

Seit den 1740er Jahren wurde Fischer auch in Schwaben, dem Land der großen barocken Stiftsarchitektur, als Klosterbaumeister tätig.
So hat er für den Ausbau des Benediktiner-Reichsstifts OCHSENHAUSEN einige Pläne entworfen. Da sie verschollen und unpubliziert sind, lassen sich die in Frage kommenden Teile nur vermutungsweise benennen: der Südtrakt (auch Gästebau?) mit dem 1740 vollendeten Refektorium und das ungefähr in der Mitte des langen ostseitigen Konventbaus liegende dreiflügelige Treppenhaus, dessen Deckenbild 1743 datiert ist.

Während es hier um Ausbau und Ergänzung älterer Teile ging, verfolgte die Benediktiner-Abtei WIBLINGEN von Anfang an den Gedanken einer planmäßig-einheitlichen Neuanlage mit Einschluß einer neuen Kirche. Wenn man ein derartiges prinzipielles Grundkonzept festhielt, konnte die Ausführung auch in Abschnitten vorgenommen werden. Tatsächlich begann man mit dem Nordtrakt, der, in der Richtung zur nahen Reichsstadt Ulm, für betonte Repräsentation bestimmt war. Mit diesem ersten Teil war das System des geplanten Ganzen modellhaft vorgebildet: ein großes Rechteck mit erhöhten Eckblöcken und einem hohen Mittelbau an jeder Seite.
Als 1740 dieser Nordtrakt vollendet war, folgte eine Pause. Dann wurde 1750 Johann Michael Fischer berufen. Seine Aufgabe war Entwurf und Ausführung des großen Osttrakts und des diesem sich anschließenden Südtrakts. Am 1. September 1753 schreibt Fischer aus München an den Abt von Neresheim, er werde demnächst »nach Wiblingen wegen des alldort habenden Gotteshausbau (d. h. Stiftsgebäude, nicht Kirche) verreisen«. 1759 waren die genannten Teile fertig.

Abb. S. 132 Der Ostbau bildet nach außen den eindrucksvollsten Teil der ganzen Anlage. Er unterscheidet sich von der Disziplin des Nordtrakts durch sein weltmännisches Wesen. Die Gesamtlänge hat 35 Fensterachsen, die symmetrisch folgendermaßen verteilt sind: 3 (Eckblock) – 11 (Rücklage) – 2 (Flanke des Mittelbaus) – 3

(Stirnseite des Mittelbaus) – 2 – 11 – 3. Oberhalb des Erdgeschosses läuft ein Gesims gleichmäßig über den ganzen Trakt. Jeder Eckblock ist viergeschossig, seine drei Obergeschosse werden durch glatte Pilaster zusammengefaßt, das Dach ist in Mansardform gestaltet. Die langen Rücklagen sind nur drei Geschosse hoch und in ihrem Wandaufbau einfach gegliedert. Der Mittelbau aber rückt zwischen zwei schmalen Flanken stark, in fünf Seiten eines Achtecks vor und in die Höhe. Er ist durchgebildet mit reichen Fensterverdachungen, hochrunden Oberfenstern, gebogenen Gebälkzügen, gekurvtem Giebel und kunstvoll geschnittenem Dach mit angesetzten Dachfenstern. Der Schliff und die straffe Schlankheit des Baukörpers sind Ausdruck eines herrenhaften Architekturbewußtseins. Das Fehlen des zu erwartenden Portals bewirkt freilich, wie in Niederviehbach, eine gewisse klösterliche Verschlossenheit. Andrerseits sind die Proportionen, die baulichen Schmuckformen und der obere Abschluß von lebhafter Noblesse. Die schloßartige Erscheinung war ursprünglich auch vom Vorgelände mit Planierungen und Terrassierungen, mit Garten- und Brunnenwerk begleitet.

Die Dachform des Mittelbaus kann an den Chorschluß von Osterhofen und an Kloster Niederviehbach erinnern, die Gesamtgestaltung an den Stil des Cuvilliés in München. Am nächsten aber ist der Mittelteil mit Österreich verwandt (Wien, Palais Rofrano-Auersperg, auch Hofbibliothek). Vor allem scheint der Eindruck des Ahnensaalbaus von Schloß Frain in Mähren (Fischer von Erlach), den Johann Michael Fischer auf seiner Gesellenwanderschaft gesehen haben könnte, nachgewirkt zu haben. Die Verbindung mit Österreich läßt sich aus der Zugehörigkeit Wiblingens zum Vorderösterreichischen Donauland verstehen. Im allgemeinen bedeutet die Herrschaftlichkeit der Architektur auch hier Aspiration auf den reichsstiftischen Rang.

Der Osttrakt enthält die Räume des Konvents, denen in besonderem Maß Beziehung zur freien Landschaft gewährt wird. Im Mittelbau liegt der Kapitelsaal: in sicherer Architektonik als Oval gestaltet, ursprünglich zwei Geschosse hoch und so aus zweimal fünf Fenstern belichtet – »Salone« eines selbstbewußten, auf seine frühe Gründung dankbar-stolzen Stifts; Raum klarer Beratung und Entscheidung, Thronsaal des Morgenlichts und zugleich ein monumentaler Aussichtserker – all dies wieder verwandt den Kaiserstiften Österreichs.

Der Plan des Osttrakts ist schon der Chorschlußrundung der künftigen Kirche angepaßt. Man denke sich diese nach Fischers Entwürfen ausgeführt, wie die Dächer sich hintereinander und übereinander gestaffelt und wie die zwei, etwa 90 Meter hohen Türme mit dem östlichen Mittelbau des Klosters zu einem einzigen Fernbild zusammengewirkt hätten! Man muß bedauern, daß diese Vorstellung nicht hat Wirklichkeit werden können.

Ein weiter Abstand liegt zwischen der Stiftsarchitektur Schwabens und den folgenden zwei, der Aufgabengattung Klosterbau anzugliedernden Werken. Vor dem Sendlinger Tor in München entstand seit 1752 nach Entwürfen Fischers das Krankenhaus der Barmherzigen Brüder (am Platz des späteren »Allgemeinen Krankenhauses«) und nördlich davon, an der jetzigen Mathildenstraße, das Spital-Kloster der Elisabethinerinnen.

S. 143: Bichl, Dorfkirche;
Deckenmalerei von Johann
Jakob Zeiller 1753; Hauptaltar von Johann Baptist
Straub, gefaßt 1753.
S. 144: Schäftlarn, Abteikirche, Fassade, 1751 bis etwa
1760; Turm von 1712 mit Abschluß um 1760.

Abb. S. 218d

Abb. S. 218e

Das SPITAL DER BARMHERZIGEN BRÜDER bildete ein Rechteck. Vier einen Binnenhof umgebende Flügel waren außen 53,65:64,38 m lang. Die zum Sendlinger Tor gewendete Hauptseite besaß drei Risalite. Sie waren durch gepaarte Pilaster gegliedert, über welche an den Eckrisaliten je ein unten offener Dreieckgiebel gelegt war, über den betonten Mittelrisalit aber ein gekurvter Schaugiebel. Jeder Risalit hatte einen gewalmten Dachkörper, mit einem kubischen belvedereartigen Aufbau. Im Nordwesttrakt lag ein großer Krankensaal, im Nordosttrakt die Apotheke. Im Südwesttrakt befanden sich die Küche und das Refektorium der Barmherzigen Brüder. 1809 mußte das Spital dem großen neuen Krankenhaus weichen, die Hauptmauern wurden für den Neubau mitverwertet.

Zum SPITAL-KLOSTER DER ELISABETHINERINNEN legte Kurfürst Maximilian III. Josef am 23. April 1757 den Grundstein. 1760 konnte es bezogen werden. Die Schauseite der noch »in Bau begriffenen« Gesamtanlage zeigt ein – vielleicht zur Werbung herausgegebener – Kupferstich von Franz Xaver Jungwierth: Zwei symmetrische Flügelbauten flankieren die um ein Geringes vortretende Kirchenfassade. Der rechte Trakt ist als Kloster, der linke als »Wohnung für die Kranken« bestimmt. Jeder Trakt umfaßt an der Vorderseite acht Fensterachsen. Die jeweils äußeren drei Achsen gehören in einen flach vorspringenden, mit einem pyramidenförmigen Dach gedeckten Eckteil. Der Aufbau der Trakte ist dreigeschossig, das Erdgeschoß horizontal gefugt und mit einem Gesims geschlossen; die Fenster haben verkröpfte Rahmungen in Putz; die Eckteile werden in den zwei Obergeschossen mit durchgehenden Pilastern ausgegliedert. Zur Symmetrie der Gesamtanlage paßt die ruhige Führung der verbindenden Horizontalen. Das System der Anlage ist jenem von Kloster Schlehdorf ähnlich. Von dieser Planung ist nur der links (südlich) der Kirchenfassade liegende Teil ausgeführt worden; aber auch er ist im 19. Jahrhundert verlorengegangen. Immerhin bietet ein Gemälde von 1838 eine wohl zuverlässige Übereckansicht. Sie entspricht ziemlich getreu dem Kupferstich. Nur die Ausgestaltung des Eckblocks ist unterblieben. Die nach Süden frei liegende Breitseite der Anlage beginnt rechts mit fünf Fensterachsen. Dann tritt ein etwa neun Fensterachsen umfassender Teil nach außen vor, an den Ecken mit je einem durchgehenden Pilaster begrenzt. Das Dach trägt Gauben und Kamine. Die Klosterräume befanden sich wohl an der Rückseite, mit Verbindung zum Altarhaus der Kirche. Wie die Gesamterscheinung des Jungwierth-Kupferstichs dem Projekt von Berg am Laim nahe steht, so ist die ausgeführte Teilanlage mit dem Kloster von St. Anna am Lechl verwandt.

Dem Normalschema einer Klosteranlage folgt auch ROTT AM INN. Dort war schon 1718 nördlich der alten Kirche der Konventbau errichtet worden. Mit der neuen Kirche von 1759 wurde als Gegenstück die rechts an die Kirchenfassade anschließende Abtei begonnen, vielleicht nach Entwürfen Fischers. 1770 stand der »Abteistock« unter Dach, der Innenausbau ist jedoch nicht mehr zustande gekommen.

145

Profanbauten

»Sehr viele . . . Paläste« – diese in der Grabmalinschrift enthaltene Formulierung ist wohl allgemein auf Profanbauten zu beziehen. Die vage Angabe kann aber nur mit einer kleinen Zahl gesicherter oder auch nur wahrscheinlicher Bauten belegt werden. Das erklärt sich aus der für diese Aufgaben ganz spärlichen baugeschichtlichen Überlieferung, aus den großen Verlusten an Werken dieser Gruppe besonders in München und aus dem Fehlen anschaulicher Dokumentation.

Zunächst soll man wohl Umschau im Kreis jener Wittelsbacher halten, deren Hoftitel Fischer geführt hat.

Während der Regierung des Freisinger Fürstbischofs Kardinal Johann Theodor, Herzogs von Bayern, wurde Fischer im Sommer 1755 nach FREISING berufen. Dort sollte er ein Gutachten über den am Domberg, zwischen dem alten und neuen Teil der Residenz stehenden »Kühturm« erstatten. Die als nötig erachtete Instandsetzung besorgte darnach der Freisinger Stadtmaurermeister und Hofpalier Ignatius Reiser. Der Turm ist im 19. Jahrhundert abgebrochen worden. Eine Tätigkeit Fischers an dem Fürstbischöflich Freisingschen Sommerschloß in ISMANING ist möglich, bisher jedoch nicht festgestellt.

Im Besitz des Kardinals befand sich in MÜNCHEN ein Gartengut, das dann an Herzog Clemens Franz von Bayern überging. Das Grundstück lag vor dem Neuhauser Tor (Karlstor), längs dem Zug der jetzigen Elisenstraße zum Karlsplatz. Das zugehörige Gartenschloß wurde laut Überlieferung 1740/41 gebaut, vielleicht im Zusammenhang mit der 1742 gefeierten Vermählung des Herzogs. 1890 wurde der ganze Komplex vom neuen Justizpalast verdrängt. Stadtpläne überliefern die mehrteilige Baufolge, Ansichten die außenbauliche Erscheinung. Im Innern des Gartenschlosses gab es 1760 einen Speisesaal, ein Speisesalett und drei Kabinette. Da der Entwurf vermutlich am ehesten aus dem Hofbauamt stammte, ließe sich für die Ausführung eine Zusammenarbeit Gunetzrhainers und Fischers annehmen. Die Gestaltung des Außenbaus ist mit Fischers Klosterarchitektur verwandt.

Abb. S. 219b

Seit längerer Zeit schon und durchaus glaubhaft gilt als Werk Fischers das Schloß NEUHAUS AM INN. Dort ist der Meister in die Nähe von Schärding, dem Ort seiner frühen Tätigkeit, zurückgekehrt. Als Bauzeit wird 1750–52 genannt, die Jahreszahl 1752 steht an der Außenseite des Nordtrakts. Der Bauherr, Ferdinand Maria Reichsgraf von der Wahl, war in München Kurfürstlicher Hofkammerpräsident; seit der Zeit des Wittelsbachischen Kaisertums führte er den Titel eines Geheimen Rats. Möglicherweise erhielt Fischer den Auftrag für Neuhaus aus dem Münchner Hofbauamt, vermittelt durch Johann Baptist Gunetzrhainer.

Das Schloß liegt beim Westufer des Inns, auf einer von einem Seitenarm des

Abb. S. 153

Flusses gebildeten kleinen Insel. Seine Grundform ist die eines Breitblocks auf einem annähernd regelmäßigen Rechteckgrundriß, der vermutlich aus älterer Zeit gegeben ist. Die Schauseite wendet sich zur Stadt Schärding. Über einem gegen Hochwassergefahr schützenden festen Sockel ruht das mit horizontaler Putzfugung gegliederte Erdgeschoß. Das über einem Gesims folgende erste Obergeschoß, der herrschaftliche Wohnbereich, hat größere, rund schließende Fenster, die mit bogenförmigen Verdachungen ausgezeichnet sind. Zu Seiten des sieben Fensterachsen umfassenden Mittelteils werden durch vertikale Streifen aus Putzrustika zwei Eckteile abgegrenzt, die in der Breite je vier Fensterachsen enthalten. Damit ist die Formation des Dachkörpers vorbereitet: Über beiden Flankenteilen liegen zwei höhere Querdächer mit geschweiften Giebeln. Diese Anordnung ist vermutlich wieder vom Vorgängerbau angeregt, sie bildet das markante Kennzeichen des ganzen Baus. Die südliche Schmalseite hat sechs Fensterachsen, von denen zwei auf die Mitte treffen, die flach vorgerückt und mit einem niedrigeren Ziergiebel am Dachansatz betont ist. Im Innern des Blocks liegt ein kleiner rechteckiger Hof, mit »höfisch«-maßvoll gegliederten Wänden. (Die nach Norden liegende Kapelle wurde erst nach 1904 hinzugebaut).

Aus einer älteren festen Wasserburg ist ein Inselpalast geworden. Selbstbewußt stellt er sich dem über den Inn von Schärding her kommenden Blick. Lebhaft wirkt auch die Erscheinung des Schlosses in der Vorbeifahrt auf dem Fluß. Die Quergiebeldächer nehmen ein Motiv der deutschen Renaissance auf. Ein nahes Vorbild war für Neuhaus das seit 1691 für einen Ahnen des Bauherrn errichtete Schloß Aurolzmünster im benachbarten Innviertel. Während dort sich volle barocke Macht darstellt, ist Schloß Neuhaus liebenswürdig entspannt. Was Fischer für das Verhältnis der Architektur zur Landschaft in Ottobeuren erfahren und im Nordtrakt des Klosters Wiblingen ausgewertet hatte, konnte in Neuhaus eine Variante finden: in der vornehmen Freundlichkeit bayerischer Hocharistokratie und der ersten Jahre des Kurfürsten Maximilian III. Josef, als der Inn noch innere Lebensader einer ganzen Kulturlandschaft gewesen ist.

Der letzte Auftrag, den Fischer in Schwaben erhielt, galt dem Fuggerschen Herrschaftssitz BABENHAUSEN. Nach dem Tod des Grafen Johann Jakob Fugger wurde für dessen Witwe, eine geborene Gräfin von Törring, das alte Schloß, das sogenannte Rechberg-Schloß als Wohnsitz umgestaltet. »Riss« und »Austeilung« entwarf Johann Michael Fischer, die Ausführung leitete sein Palier Daniel Sacher. Die Arbeiten dauerten vom Mai 1759 bis Februar 1760, die Kosten machten insgesamt etwas über 8 000 Gulden aus.

Verlangt war, das alte Schloß »zu commoder Wohnung (à la moderne) herzustellen«. Demgemäß wurden innerhalb des schweren Mauerwerks im ersten und zweiten Obergeschoß durch Einziehung dünner Wände neue Zimmer geschaffen, im besondern je ein komfortabler Raum in der Mitte der Südseite, außerdem einige kleine Nebengelasse, auch Ofennischen. Vermerkt sei, daß oberhalb der neuen flachen Putzplafonds die gegen Mitte des 16. Jahrhunderts entstandenen Kunstschreinerdecken der Hochrenaissance großenteils erhalten geblieben sind. Dabei mögen Überlegungen bautechnischer Rationalität (Wärmeschutz)

147

und ein gewisser denkmalpflegerischer Sinn miteinander übereingekommen sein.

Gleichzeitig nahm Daniel Sacher die Reparatur der Dächer auf dem neuen Schloß und dem Reitstall vor.

Wie karg und zufällig die Quellen zur Baugeschichte Münchner Bürgerhäuser sind, zeigt sich darin, daß wir für diese Gruppe bisher nur einen einzigen archivalischen Beleg kennen und er betrifft eine Überschreitung der Bauordnung, die 1733 bei einem von Fischer für den Münchner Stadt(eisen)hammerschmied Johann Jakob Stögmiller besorgten Hausbau vorgekommen ist. Das Anwesen, das Stögmiller 1726 erworben hatte, lag gegenüber der Innenseite des Schwabinger Tors, zwischen Theatiner- und Residenzstraße. Umfang und Art von Fischers Tätigkeit ist nicht überliefert. Doch wirkte sie sich wohl darin aus, daß das Haus 1755 beim Verkauf den doppelten Preis erreichte. 1840 wurde es wegen des Baus der Feldherrnhalle abgebrochen.

Als ein Werk Fischers wird das einstige Haus Residenzstraße 6 vermutet, das dem Bauherrn des Schlosses Neuhaus gehört hat.

Seinem EIGENEN WOHNHAUS, Frauenplatz 9, gab Fischer wohl bald nach der 1736 erfolgten Erwerbung vor allem im Außenbau ein neues Gesicht. Die der Frauenkirche zugewendete Fassade war vier Geschoße hoch und vier Fensterachsen breit. Ausgestaltet wurde sie durch Stukkatur, die vielleicht von Johann Baptist Zimmermann stammte. Im ersten Obergeschoß hatten die Fenster besonders zierliche Rahmungen und Verdachungen, dazu kam in der Mitte ein von Stuckzier umgebenes heiliges Hausbild. Im zweiten Obergeschoß waren die Fensterrahmungen einfacher, doch an den Sohlbänken suchten graziöse Konsolen Fühlung nach unten. Die in einem etwas größeren Abstand folgenden Fenster des dritten Obergeschosses besaßen nur schlichte Profilrahmen mit anhängenden Tropfen. Unmittelbar über die Abschlußleiste zog sich ein einfaches Profil. Die ganze Fassade konnte in ihrer Gliederung und der sowohl dekorativen wie architektonisch akzentuierenden Stukkierung als musterhaft gelten, in Ordnung und gemessener Freundlichkeit bürgerlicher Art. (Zur Zeit der Gewerbenutzung des Hauses ist im 19. Jahrhundert ein Dachgeschoß aufgesetzt worden, was die ursprüngliche Schönheit der Schauseite sehr gestört hat).

Die Inneneinteilung blieb wohl in der Münchner Tradition. Was wir nicht mehr kennen, ist das Verhältnis von Wohn- und Werkräumen. Gab es etwa ein eigenes Empfangs- und Besprechungszimmer, eine Werkstatt für das Architekturzeichnen (der Belichtung wegen wohl in einem oberen Geschoß), eine Art von Plankammer und Studierzimmer? Seitdem im Februar 1945 das Haus durch Sprengbomben schwer beschädigt worden ist, steht von der ursprünglichen Schauseite nur noch der untere Teil.

Mit großer Wahrscheinlichkeit stammt von Fischer in München auch das HAUS DES BILDHAUERS JOHANN BAPTIST STRAUB (Hackenstraße 10). Straub hat es im Mai 1741, zur Zeit der Vollendung des Fürstenzeller Hochaltars, erworben. Schon Mitte September desselben Jahres ist amtlich von der »neuerbauten Behausung« die Rede. Die fünf Fensterachsen breite und vier Stockwerke hohe Straßenseite ist ausschließlich durch Putz gegliedert: horizontal gefugt das

Abb. S. 220c

Abb. S. 220b

Erdgeschoß, die Fenster des ersten Obergeschosses bogenförmig mit gequaderter Putzrustika überfangen, einfacher eingefaßt die Fenster des zweiten, kleiner und nur schlicht jene des obersten Geschosses. Über dem Mittelfenster des ersten Obergeschosses war eine (erst 1759) von Straub geschnitzte Halbfigur der Muttergottes eingefügt mit der Inschrift »Causa nostrae laetitiae«. Die jetzige Verwahrlosung des Hauses ist bedauernswert.

Letzter Vorbesitzer des Fischer-Hauses am Frauenplatz war 1735/36 (Johann) Josef (Anton) Schönberg, Mitglied des »Äußeren Rats« der Stadt München. Lebhaft und energisch um die Verbesserung des städtischen und bürgerlichen Bauwesens Münchens bemüht, pflegte er auf diesem Gebiet Kontakt wohl mit dem Stadtbaumeister Ignaz Anton Gunetzrhainer und vermutlich auch mit Johann Michael Fischer.

Seit 1736 besaß Schönberg das Haus Dienerstraße 21. Das in der Kernform schon im späten 16. Jahrhundert bestehende, ansehnlich gelegene Anwesen verkaufte Schönberg 1739 an Fürstbischof Johann Theodor von Freising, dem es als Stadtsitz dienen sollte. 1746 aber erwarb Schönberg das Haus wieder für sich. Wohl bald darnach ließ er die Fassade neu gestalten, nach einem Fischer zugeschriebenen Entwurf. Die Straßenseite war neun Fensterachsen breit und vier Geschoße hoch. Wieder gab Stukkatur die dekorative Durchbildung, hier in gesteigerter Fülle. So hatte das erste Obergeschoß plastisch betonte segmentbogige Fensterverdachungen, deren Stil an Fischer denken läßt. Vom zweiten Obergeschoß an wurde die Dekoration stufenweise gedämpft. Vermutlich als Mietwohnhaus anspruchsvoller Art verwendet, blieb der Bau bis 1796 im Besitz der Familie Schönberg. Nach 1888 wurde das Erdgeschoß für Geschäftszwecke umgebaut, später auch noch ein Geschoß aufgesetzt. Das 1944/45 durch Luftangriffe getroffene Haus bewahrte seine Fassade noch mehrere Jahre lang, erst 1959/60 wurde es mit einer nüchternen Straßenseite neu erstellt.

Josef Anton Schönberg selbst bewohnte 1740/49 das Haus Kaufinger Straße 15, dessen Fassade vielleicht während dieser Jahre umgestaltet worden ist.

Abb. S. 219c Nach dem Österreichischen Erbfolgekrieg schuf sich Schönberg auf der erhöhten Spitze eines Sternwerks der südlichen Stadtbefestigung vor dem Sendlinger Tor einen von einem Garten umgebenen Sommersitz, das später sogenannte »LEOPOLDISCHLÖßL« (Müllerstraße/Pestalozzistraße 1). Als Baujahr ist 1747 überliefert, als Baumeister wird Johann Michael Fischer angenommen, zunächst wohl in Folgerung aus der Zuschreibung von Dienerstraße 21. Noch vor Schönbergs Tod ließ Kurfürst Maximilian III. Josef 1756 das Anwesen ankaufen, um es als »Adlige Kadettenbehausung« zu verwenden. 1760 hatte Johann Baptist Gunetzrhainer eine Besichtigung im »Kadettengarten« vor dem Sendlinger Tor vorzunehmen. Seit 1784 befand sich das Anwesen dann in wechselndem Privatbesitz. 1900 ist das Schlößchen abgebrochen worden.

Die außenbauliche Gestalt dokumentieren mehrere Ansichten. An einen runden Mittelteil, der einen Saal enthielt, stießen in stumpfen Winkeln zwei Flügel, mit Mansarddächern gedeckt. Diese Anlage suchte Beziehung zum umliegenden Gartengelände, zugleich wohl Ausblicke von der Höhe des Walls. In München gab es einige solche Gartenhäuser an und vor dem Stadtrand. (Dem

149

Schönberg-Bau besonders ähnlich war das erst nach 1945 beseitigte Bastions-schlößl an der Kanalstraße). Die Zuweisung des Schönbergschen Gartenhauses an Fischer kann durch die Verwandtschaft mit dem Nordflügel von Wiblingen gestützt werden. Wie dort so zeigen sich auch hier auffallende Verbindungen mit Österreich (Wien: Althansches »Lustgebäu« in der Rossau, Fischer von Erlach um 1690. Auch das »Neue Lustgebäude« im Augarten). Die bis zuletzt erhaltene Außengestaltung des Mittelbaus mit ionischen Pilastern, Dreieckgiebel und Zahnschnitt gehört aber erst in die Zeit nach 1784.

Ein gesicherter technischer Zweckbau Fischers ist der 1745/46 entstandene Märzenbierkeller des Stifts POLLING. Seine Gesamtkosten beliefen sich, ohne Material, auf 3156 Gulden. Der Keller liegt isoliert südlich der Stiftsgebäu-de, am Knick der nach Weilheim führenden Straße: ein gedrungener zweige-schossiger Längsblock. Auf den weißen Verputz sind in Gelb gemalte gequader-te Pilaster und Fensterrahmungen aufgetragen. Die Stirnseite hat abgeschrägte Ecken. Der Dachkörper ist entsprechend zugeschnitten in der sonst von Kirchen Fischers her bekannten Art. In Mauerwerk und Dachkonstruktion wird der Bau seiner Bestimmung als Kühlbehältnis gerecht. (Vergleichbar in der Form: die Hofpfisterei an der Pfisterstraße in München).

Abb. S. 220a

Daß der Pollinger Propst Fischer auch »ansonst für seinen Baumeister gebrauch-te«, wird 1747 beim neuen Pfarrhaus in APFELDORF, einer zum Stift Polling gehörenden Ortschaft, bezeugt. Der Bau ist ein auf etwa quadratischem Grund-riß zweigeschossig aufgeführter, mit einem hohen Walmdach gedeckter Block. An der Hauptseite tritt ein rundlicher Mittelteil mit geschwungenem Giebel vor. Das Innere besitzt eine »anständige und commode Einteilung«. Das Wohnideal eines ländlichen Stifts-Pfarrhauses ähnelt also etwa dem des Fugger-Schlosses von Babenhausen und ist auch dem gleichzeitigen Schönberg-Gartenhaus in München verwandt.
Verschiedene Bau- und Instandsetzungsarbeiten gewiß einfacher Art besorgte Fischer zwischen 1730 und 1759 an Pfarrgebäuden einiger Vororte Münchens.

Abb. S. 117

Belegt ist als Werk Fischers auch ein 1756 im Nordteil des Jesuitenkollegiums bei St. Michael in München auf der Dachung neben dem Glockenturm erstelltes »Salett-Gebäu«, das als »MUSEUM PHYSICUM« und »für mathematische Instru-mente« bestimmt war. Die Initiative zu dieser Einrichtung und auch die Finan-zierung des Baus kam von dem Kurfürstlichen Münz- und Bergrat Georg Dominikus von Linprun. Der Saal maß 60:40 Schuh, also etwa 20:13 Meter. Die Kosten für Bau und Einrichtung betrugen 1 483 Gulden, wovon 1 011 Gulden an Johann Michael Fischer gingen. Der Bau ist im 19. Jahrhundert abgetragen worden.

Umgestaltungen alter Kirchen

Während der Schaffenszeit Fischers ist in Süddeutschland eine besondere Kunstaufgabe zu höchst lebendiger Wirkung gelangt: die Umgestaltung alter Kirchen zu neuer Innenräumlichkeit.

Die Benediktiner-Klosterkirche NIEDERALTEICH, eine dreischiffige Halle aus dem frühen 14. Jahrhundert, war von 1718 an durch den Baumeister Jakob Pawagner unter Bewahrung der alten Umfassungsmauern im Stil des Passauer Spätbarock neu gestaltet worden, wozu Deckenmalerei, Stukkatur und Altarkunst das Entscheidende beitrugen. Der im Herbst 1724 von Fischer begonnene Chor – als erstes selbständiges Werk des jungen Meisters hier schon behandelt – prägt, wie auch das später errichtete Turmpaar, besonders die außenbauliche Gestalt und Fernwirkung der Kirche. Im Innern ist der Chor in seiner Anlage bewußt aus der räumlichen Gesamterscheinung der Abteikirche zurückgezogen. Doch ließ man sofort nach Vollendung des Chores (1726) noch eine weitere Ausgestaltung der Kirche vornehmen: Fischer hatte in der Mitte der Langhaus-Seitenschiffe zwei Kapellen anzubauen. Da sie 1815 abgetragen worden sind, läßt sich nicht mehr klären, ob und wieweit sie im Entwurf etwa noch auf Pawagner zurückgehen. Laut Überlieferung waren sie verhältnismäßig klein, »in forma rotunda« gehalten, von den Seitenschiffen aus durch »kleine niedrige Portale« zugänglich und jeweils gesonderter Andacht gewidmet. Daraus ist zu schließen, daß die Kapellen für die Erscheinung des Hauptraums ohne besondere Wirkung gewesen sind.

Als wenige Jahre später, 1729, für ST. PETER in München die Brüder Asam das »Modell« eines neuen Hochaltars geschaffen hatten, wurde die Frage einer entsprechenden neuen Innenarchitektur des ganzen Chorraums aktuell. Dazu sollte Fischer um ein Gutachten sowie um Entwurf und Kostenvoranschlag angegangen werden, gegebenenfalls wurde ihm auch der Auftrag zur Ausführung versprochen. Ob Fischer diese Aufforderung tatsächlich erhalten hat, ob und wie er ihr nachgekommen ist, kann nicht festgestellt werden. Die Umgestaltung des Chors – Einziehung einer Flachkuppel, Einbau von zwei Emporen, Änderung an den runden Oberfenstern – geschah 1730/31 unter Leitung und wohl auch nach Vorschlägen Ignaz Anton Gunetzrhainers durch den Stadtmauermeister Johann Mayr. Daß in diesem Kollektiv Fischer in irgendwelcher Form mitgewirkt habe, ist denkbar.

Auch das Benediktinerkloster WEIHENSTEPHAN trug sich, angeregt wohl vom nahen Beispiel des Freisinger Doms, mit Gedanken einer Renovierung seiner Abteikirche, einer im hohen Mittelalter erbauten dreischiffigen Basilika. 1753 erhielt die Kirche anstatt der Holzdecke eine Wölbung, die Fenster wurden vergrößert und im Raum Stukkaturen angebracht, Künstlernamen sind nicht überliefert. Die Möglichkeit, daß Fischer die baulichen Arbeiten geleitet oder mindestens beraten habe, ist nicht auszuschließen, da er schon 1730 den Entwurf eines Neubaus der Kirche geliefert hatte. Überdies gehörte seit 1746 sein erstgeborener Sohn dem Weihenstephaner Konvent an und etwa 1758/59 gewann der Meister auf Grund einer über Weihenstephan gehenden Empfehlung den Auftrag von Rott am Inn. Doch fehlen konkrete Belege und die Weihenstephaner Kirche selbst ist 1810 ganz abgebrochen worden.

In Schwaben war Fischer um 1740 mit Entwürfen zur Kirche des Benediktiner-Reichsstifts OCHSENHAUSEN beschäftigt. Die große spätgotische Basilika hatte, mit Niederalteich vergleichbar, 1725/32 durch den Maurermeister Christian Wiedenmann eine neue Innengestaltung erfahren. Seitdem war vor allem noch die Außengestaltung zu lösen. Da Wiedenmann 1739 starb, könnte Fischer für diese Aufgabe berufen worden sein. Laut Tradition schuf er zwei Pläne für eine doppeltürmige Fassade und eine »regelmäßige Form« (des Äußern) der Kirche. Die Konvexfassade der Kirche, die als Werk Wiedenmanns angesprochen wird, aber stilistisch jünger ist, dürfte nach 1740 entstanden sein. Mit Fischers Art läßt sie sich jedoch nicht verbinden. Einer Lösung dieser entwurfgeschichtlichen Fragen steht der Umstand entgegen, daß die im 19. Jahrhundert in Stuttgart noch erhaltenen Fassadenzeichnungen Fischers heute verschollen sind.
In der Ochsenhausen benachbarten Reichsstadt Biberach ist die Pfarrkirche, ein basilikaler Bau des späten Mittelalters, 1746/48 umgestaltet worden. Die Umriß-form und die außen gekehlte Rahmung der Mittelschiffenster können vermuten lassen, daß Fischer als Berater in bautechnischen Fragen und Einzelheiten beteiligt gewesen sei. Zudem hat Fischer wie der in der Biberacher Kirche tätige Freskomaler Johann Zick den Fürstbischöflich Freisingschen Hofkünstlertitel geführt.
Der Überblick ergibt, daß Umgestaltungen alter Kirchenräume in Fischers Schaffen keine besondere Bedeutung gehabt haben. Dem entspricht auch, daß die dem Bewahren alter Architektur so entschieden zugetanen Zisterzienser durch Fischer in Fürstenzell einen Neubau ihrer Kirche haben schaffen lassen und daß die Benediktiner in Rott am Inn den anfänglichen Gedanken einer dekorativen Innengestaltung ihrer mittelalterlichen Kirche bald aufgegeben haben.

S. 153: Schloß Neuhaus am Inn, 1750; (Kapelle erst nach 1904 hinzugefügt).
S. 154: Benediktbeuern, Anastasia-Kapelle, 1750; angeschlossen an die Klosterkirche von 1672–86.
S. 155: Rott am Inn, Abteikirche, 1759–63; mittlerer Kuppelraum mit südöstlicher Emporen-schräge, links Anschluß des Presbyteriums.
S. 156: Rott am Inn, Abteikirche; Altäre von Ignaz Günther um 1760, Stukkatur von Jakob Rauch 1760–63, Deckengemälde von Matthäus Günther 1761–63.

Oberbayerische Dorfkirchen der Reifezeit

In den 1750er Jahren, zur Zeit der großen Bauführungen von Ottobeuren und Wiblingen, konnte Fischer seine Meisterschaft auch nochmals an einer Gruppe oberbayerischer Landkirchen bewähren.

Ein Auftrag des Klosters Benediktbeuern war die Kirche im nahen Dorf BICHL. Sie wurde im Frühjahr 1751 begonnen, zwei Jahre später konnte sie benediziert und am 20. Juni 1758 schließlich geweiht werden. Mit den Baurechnungen sind drei Entwurfzeichnungen erhalten geblieben: zwei zusammengehörende, mit der Ausführung übereinstimmende Grundrisse und ein etwas abweichender Querschnitt.

Der nicht große Bau ist im Grundriß dreiteilig: Einem breitliegenden Eingangsteil (lichte Maße 4,20:6,95 Meter) folgt ein ausladender quadratischer Mittelteil (lichtes Seitenmaß 10,20 Meter, um eine Kleinigkeit in die Tiefe gestreckt). Den dritten Teil bildet der Altarraum, von gleicher Breite wie der Eingangsteil, aber quadratisch, geradwandig schließend. Da der Eingangsteil durch eine Orgelempore unterteilt und ausgefüllt ist, wird wie in Unering und in Bergkirchen nur die Folge von Gemeinde- und Altarraum wirksam.

Abb. S. 143 Die inneren Ecken sind im Altarraum abgeschrägt, im Eingangsteil gerundet, im Gemeinderaum nischenförmig getieft. Feste toskanische Pilaster rahmen diese Nischen, ebenso die Anschlüsse von Altar- und Orgelraum; auch stabilisieren sie die Ecken des Altarraums. Die beiden vorderen Ecknischen des Gemeinderaums sind mit Seitenaltären besetzt, in deren Mitte sich nochmals das Nischenmotiv findet. Die beiden rückseitigen Nischen sind leer. Oberhalb der Nischen verlaufen zwischen den Häuptern der Pilaster konkave profilierte Gebälklagen.

Zwischen Querschnitt-Entwurf und Ausführung läßt sich ein Wandel beobachten: Zuerst waren oberhalb der Gebälklagen Apsisgewölbe vorgesehen, deren etwa halbkreisförmige Einleitungsbogen schirmartig als Überleitung nach und von oben ausgebildet sein sollten. Der in den Orgelraum sich öffnende und der in das Altarhaus einleitende Bogen sowie die gleich großen Bogen der Flankenwände haben ebenfalls Halbkreisform. In der Ausführung sind diese vier, das Quadrat des Gemeinderaums umgebenden Bogen korbbogig gedrückt. Vor allem aber setzt das große Gewölbe unmittelbar auf den vier Gebälklagen der Ecken des Gemeinderaums an. Über Gemeinderaum und Altarhaus ist je ein Hängegewölbe eingezogen. Diese, ohne Einschnitt von Stichkappen als Einheit aufgefaßten Gewölbeschalen sind völlig der Freskomalerei überlassen. Die Mitte nimmt jeweils ein rundes kuppelartiges Feld mit Figuralkomposition ein. Der Malerei obliegt auch die Umrandung, die auf Rocaillen verzichtet und dafür eine schwere Marmorarchitektur österreichischer Art setzt. In den vier Ecken des Gemeinderaums beginnt über der konkaven Gebälklage die Randung der Bildkuppel mit einer gekurvten Bogenführung. Diese variiert das architektoni-

157

sche Gebälkstück, ebenso ist sie mit dem Nebenaltar abgestimmt, die Nische und die Altarbekrönung wiederum mit dem illusionären Raum der im Gewölberand gemalten Evangelistenfiguren. Konsonanz und ineinandergleitender Wechsel baulicher und bildlicher Vorstellungen und Kategorien sind in einer kleinen Dorfkirche besonderer Aufmerksamkeit wert.

Die gemauerten Bogen der Gewölbearchitektur – als erster Teil der Wölbung ausgeführt – haben etwas Federndes. Gemalte Dekoration schleift über den Einleitungsbogen des Altarraums hin, unter diesem Bogen werden die beiden Hauptgewölbe ineinandergeführt. Auch hier greift die Struktur von den Rändern nach innen, mit gebogenen Klammern wird an den Ecken des Gemeinderaums Rundung an das Kubische getragen, von oben senken die Bildgewölbe sich über und in den Raum. Das von Fischer disponierte und gefaßte Innere hat der Freskomaler Johann Jakob Zeiller optisch geeint und verlebendigt. Er, der kurz zuvor das Kuppelbild von Ettal geschaffen hatte, konnte auch der kleinen Landkirche einen wohlgeratenen Anteil an der Kunst barocker Prälaturen geben.

Der Außenbau ist mehr als in Unering gelagert, mehr als dort und in Bergkirchen ist auch das Gefüge der Kuben betont. In jeweils gleicher Höhe werden Ansatz- und Firstlinien der Dachung durchgehalten. Etwas höher steigt die Spitze des vierseitigen Pyramidendaches über dem Gemeinderaum. Nur wenig abgeschrägt ist die Dachung an den Ecken des Altarhausschlußes. Der flachen *Abb. S. 142* Fassade gewährt Fischer durch die einfachen Mauerwerkmotive rahmender Lisenen und eines Dreieckgiebels mit offener Basis jenes Maß an Würde, das der Filialkirche eines mächtigen Landklosters zukommen darf. Das Eingehen des Baumeisters auf die verschiedene Graduierung der Bauherrschaft läßt sich im Vergleich mit der Fassadenzeichnung von St. Anna am Lechl beobachten. Mit dem beibehaltenen älteren Kuppelturm und vor dem Hintergrund der Alpen vollendet sich ein Bild alt-bayerischer Kraft.

Zeitlich folgt auf Bichl die Kirche des nördlich von Dachau gelegenen Dorfs SIGMERTSHAUSEN. Dieser Ort gehörte dem Kurfürstlich Bayerischen Hofrat Franz Xaver von Ruffini. Die bauherrschaftliche Stellung entspricht also jener von Unering. Der Bau selbst hatte den Funktionen einer Pfarr- und Wallfahrtskirche gerecht zu werden. Als Werk Fischers wird Sigmertshausen schon in der Literatur des ausgehenden 18. Jahrhunderts erwähnt. Die augenscheinlich ganz neu errichtete Kirche wurde wohl 1754 begonnen. Denn ein Jahr später malte Franz Josef Degle das große Fresko.

Wiederum ist die Kirche sachgerecht in Gemeinderaum und Altarhaus gegliedert, besonders nah mit Unering verwandt. Während dort ein Vorraum fehlt, *Abb. S. 167* kommt hier noch weniger als in Bichl ein Zusammenhang von Vorraum und Gemeinderaum zustande. Der in der Breite eingezogene Altarraum hat quadratischen Grundriß, also geraden Schluß. Abweichend vom Altarhaus ist das Mauerwerk des Gemeinderaums stark, als echter Baukörper behandelt.

Der Gemeinderaum hat quadratischen Grundriß, mit etwa 10,50 Metern Seitenlänge, also Bichl gleich. Die vier Ecken sind nach innen breit-flachbogig gerundet. In diese Rundung ist je eine flach-hochrechteckig geschnittene Nische

158

eingetieft, mit segmentbogig geführter Rückwand. Wie in Bichl steht in den zwei vorderen Nischen je ein Seitenaltar. Der waagrechte Abschluß der Nischen wirkt an den die Raumbildung bestimmenden Eckteilen als Gebälk. Gerahmt werden die Nischen von je einem glatten Pilaster, über dem das Gesims verkröpft ist. Gepaart tragen entsprechende Pilaster den Altarhausbogen, als Vierergruppe betonen sie die Ecken des Altarraums. In solcher Ordnung erweist sich eine durchdachte Verbindlichkeit.

Überdeckt wird der Raum von weichen Hängegewölben. Jenes des Gemeinderaums setzt in breiter Modellierung über dem Gesims an. Vier abgerundete Stichkappen bezeichnen das Hauptachsenkreuz. Das Gewölbe des Altarraums liegt über vier, etwas gestelzt-halbkreisförmigen Gurtbogen. Der gleichartige Einleitungsbogen des Altarraums ist verdoppelt. Auf großen Flächen darf sich wieder Freskomalerei in den Mitten der Gewölbe ausbreiten, in ihren Bildfeldern vollendet sich die Rundung der Raumanlage. Unentbehrlich ist auch, besonders in den Ecken der Gewölbe, die Mitwirkung gemalten Rocailledekors. Die vorzügliche Proportionierung und Anlage des Raums manifestiert sich besonders im Zusammenwirken der Gewölbe von Gemeinderaum und Altarhaus, in der Konsonanz von Seitenaltären und Diagonalteilen des Gewölberands, im Zusammenhang von Hauptaltar und Bildbaldachin.

Dem stehen andere Erscheinungen gegenüber: Reduktionen der Pilastergestaltung und der Rocaille, die Betonung des horizontalen Abschlusses der Nischen. Letzteres Motiv gehört zum Sondervokabular des Münchner Hofbauamts; man findet es 1735 in Sandizell, später in Bettbrunn 1774 und Schwindkirchen 1782. Für Sigmertshausen ist es vermutlich vom Bauherrn gewünscht worden. Aristokratischer Auffassung entspricht vielleicht auch die – im Unterschied zu Bichl deutliche – Anhebung des Gewölbes, die Abstimmung zwischen waagrechter Gliederung, Wandstützen und hoher Proportion des Raums.

Abb. S. 166

Die für das Mauerwerk des Gemeinderaums charakteristische Kompaktheit prägt auch den Außenbau. Da hier die im Innern nicht wirksame Vorraumschicht mit dem Mittelbau zusammengefaßt wird, entsteht ein einheitlicher Gesamtblock, fast ein Kubus von mäßiger Länge, aber beträchtlicher Höhe. Die Ecken sind abgeschrägt, ebenso das Walmdach des Gemeindebaus. Das schmalere und niedrigere Dach des Altarhauses ist in einer dem Dach des Gemeindebaus parallel geführten Schräge abgewalmt. Ein profiliertes Gesims wahrt am Ansatz des Daches um den ganzen Bau die gleiche Höhe. Pilaster und flach getiefte Felder gliedern die Wandflächen. Der gerade Abschluß des Altarhauses enthält ein gut gesetztes Rundfenster, das nach außen wie ein Auge, einwärts als Lichtgloriole in der Hochaltarbekrönung wirkt. An der Stirnseite steigt aus der Schräge des Daches ein Turm: der Gesamtmasse verbunden, in starkem Mauerwerk und mit einer die Körperlichkeit des Ganzen nochmals bestätigenden Kuppel.

Bei aller, einer Dorfkirche gebotenen Zurückhaltung ist die Profil-Fernansicht deutlich jener von Berg am Laim verwandt. Wie im Vergleich von Bichl mit Unering, so wird hier im Vergleich mit dem nahen Bergkirchen Fischers Entwicklung deutlich. Bau und Raum sind gesammelt und vertikal aufgerichtet, formal veredelt, doch ohne Einbuße an Lebendigkeit und Wärme, das Werk

159

einer reifen Baumeisterbegabung, die gebändigt ist, den Rahmen des Möglichen nicht sprengt, vielmehr ihn richtig ausfüllt.

Die Kirche des südöstlich von Schäftlarn gelegenen und diesem Kloster unterstehenden Dorfes ENDLHAUSEN wurde 1755/57 gebaut. Den Auftrag übernahm Fischer, die Ausführung leitete als Palier Melchior Streicher. Die Baukosten beliefen sich auf rund 2 230 Gulden.

Vermutlich beruht der Bau auf alten Grundmauerzügen. Das rechteckige Langhaus, dessen Stirnseite nach außen ganz ungestaltet ist, hat in der Länge drei Fensterachsen. Das an Breite und Höhe eingezogene Altarhaus schließt in dreiseitiger Brechung. An seinem Beginn ist links der Turm, rechts ein Sakristeibau angefügt. Die Fenster sind außen mit einfachen Putzstreifen umrandet, im Scheitel des runden Fensterschlusses ist je ein schwebender Keilstein in Putz aufgetragen. Der Turm wird im zweiten und dritten Geschoß mit großen eingetieften Blendfeldern gegliedert. Das zum Achteck abgeschrägte dritte Geschoß trug ursprünglich wohl eine Kuppel, die (etwa 1867) durch einen stilfremden Spitzhelm ersetzt wurde. Nachteilig ist am Außenbau auch der 1913 angebrachte rauhe Verputz.

Innen nimmt das erste Joch eine vorschwingende Orgelempore auf. Die Wände des Langhauses werden von Pilasterpaaren gegliedert, deren jedes eine gemeinsame Gebälklage hat. Die vier Ecken des Gemeinderaums sind abgerundet, mit je einer durchgehenden konkaven Gebälkführung – das am meisten für Fischer sprechende Motiv. Über dem Gemeinderaum ruht eine gedrückte Tonne, die durch Gurtbogenpaare und Stichkappen gegliedert ist. Den Übergang zum Altarraum begleiten zwei gut in die Wandung komponierte Seitenaltäre. Der Altarhausbogen hat die Form einer breiten Spange. Der Schluß des Altarraums ist innen gerundet, mit durchziehendem Gebälk. Die überraschend gute Ausgestaltung ist Johann Baptist Zimmermann zu danken: die kleinen, in gekurvte Breitfelder gemalten Deckenfresken, wohl auch die Stukkatur mit der phantasievollen Perspektive des Altarhausbogens und dem Muschelmotiv über dem Hochaltar. Da Zimmermann seine Tätigkeit in Schäftlarn 1756 beendete, könnte er hier ein Abschiedswerk hinterlassen haben.

Die Proportionierung des Raums verrät einen erfahrenen Baumeister. Die Paare von Pilastern und Gurtbogen geben, wie mit großem Pinselstrich geführt, zügige Breitung, während die Gebälklagen Raum und Bewegung ruhig, mit einem Mindestmaß an Aufwand zu halten vermögen.

Unentschieden ist die Baumeisterfrage bei der Kirche in Münchens nordöstlichem Vorort BOGENHAUSEN. Als dort 1760 der Kurfürstliche Hofratspräsident August Josef Graf von Törring-Jettenbach den Sitz »Neuberghausen« erwarb und das Schloß sofort durch Ignaz Anton Gunetzrhainer nach Plänen von Cuvilliés ausbauen ließ, wurde das Dorf in seinem suburbanen Rang aufgewertet. Kurz vor der Neugestaltung des Schloßes war auch schon die Instandsetzung der benachbarten mittelalterlichen Pfarrkirche dringend geworden. Im Mai 1759 unterbreitete der Ortspfarrer dem zuständigen Rat der Stadt München zwei Kostenvoranschläge: Eine am 25. April 1759 von Johann Michael Fischer eigenhändig niedergeschriebene und unterzeichnete Kalkulation sah die Erstellung eines neuen »Gewölbs« in Lattenwerk mit Gipsbewurf vor. 526 Gulden sollten für die Materialien anfallen, 768 Gulden für die Taglöhne der Maurer und Handlanger. Ein Architektenhonorar ist nicht eingesetzt. Vom 1. Mai 1759 datiert der Voranschlag des Münchner bürgerlichen Zimmermeisters Josef Mahl für die Zimmermannsarbeiten: Für einen völlig neuen Dachstuhl und für Reparatur des Turmglockenstuhls werden fast 520 Gulden in Anschlag gebracht. Auffallenderweise geht der Zimmermeister, was Umgestaltung betrifft, weiter als Johann Michael Fischer: Da der bisherige Dachstuhl ohnehin abgetragen werden muß, solle »die Kirchenmauer etwas höher erhebt und statt des hölzernen Tafelwerks ein mit Latten gemachtes Gewölb hergestellt werden«. Da zu beiden Vorschlägen zugehörige Entwurfzeichnungen nicht erwähnt werden, handelte es sich offenbar aufs erste um die Finanzierung. Ihrer Schwierigkeiten wegen mußte die Instandsetzung noch mehrere Jahre lang aufgeschoben werden. Erst 1766 begann man, die Kirche »fast von Grund neu zu erbauen und zu restaurieren«. Die dazu nötigen Unterlagen, »der Überschlag und die neuen (!) Risse«, waren im Februar 1766 beim Rat der Stadt. Sie sind verschollen, auch Meisternamen werden in den erhaltenen Archivalien nicht erwähnt. Hauptinhalt der noch vorliegenden Akten ist nach wie vor die Finanzierung. Den Umfang des unternommenen Baus mag man daran abschätzen, daß die tatsächlichen Kosten bis 1768 ohne Turm fast 6 500 Gulden betragen haben, während die beiden Instandsetzungsvorschläge von 1759 insgesamt nur 1 813 Gulden ausgemacht hatten. Im Sommer 1768 wollte man »mit dem Kirchenbau in der Hauptsache zu Ende gelangen« und wirklich war zu dieser Zeit der Rohbau fertig. 1770 wurde dann die Freskomalerei ausgeführt. Für die noch fehlende Turmkuppel lagen im März 1770 »dreierlei Modelle« und der auf rund 350 Gulden sich belaufende Überschlag eines Zimmermeisters vor. 1770/71 wurde die neue Turmkuppel aufgebracht.

Die Tatsache, daß Fischer 1759 eine Vorausberechnung der Instandsetzungskosten gemacht hat, kann die Zuteilung des sieben Jahre später unternommenen, fast gänzlichen Neubaus an ihn nicht sichern. Ein einzelnes Fischer-Motiv ist am ehesten die gekehlte Randung der Fenster. Ein Hauptargument für Fischer könnte die Turmkuppel sein. Doch unterscheidet sie sich von jener in Altomünster durch eine gewisse Unausgewogenheit in Modellierung und Umriß. Das auf der Bogenhauser Höhe so wirksame Fernbild der Turmkuppel ergibt sich heute besonders mit Farbe und Glanz ihrer Kupferbekleidung, die aber erst 1925 anstatt der ursprünglichen Schindelbedachung ausgeführt worden ist. Die kastenförmige Raumbildung, die ungegliederten inneren Seitenwände, die Art der Decke: All das paßt nicht zu Fischers Stil. Die nicht modellierte, eher geschnittene Decke wird ganz von Freskomalerei und einer Fülle gemalten Dekors eingenommen. Eine bisher bestehende Einheit löst sich auf. Die Überleitung vom Gemeinderaum zum Altarraum erfolgt nicht durch Architektur, sondern mittels kulissenhafter Stellung der Seitenaltäre. Im ganzen kann der Bau von 1766/71 nicht Fischer selbst zugeteilt werden.

161

Kirchliche Zentralbauten

Diesem Typus gehören in Fischers Schaffen drei Kapellen an, die – vielleicht nicht zufällig – mit der Bautätigkeit von Klöstern zusammenhängen.

In der Kapelle von GOSSENZUGEN bei Zwiefalten trägt das Deckenbild die Jahrzahl 1749, die Stiftungsurkunde ist am 6. September des gleichen Jahres ausgefertigt. Offensichtlich ist der Bau von Fischer entworfen worden. *Abb. S. 129*

Nördlich von Zwiefalten bietet der Vorsprung am Rand eines Wiesen- und Waldtals einen idyllischen Platz, die kleine Kapelle konnte kaum einen besseren finden. Am Außenbau sind einziges Gliederungsmittel toskanische Pilaster, welche die Ränder der Wandung bezeichnen. Dazu kommt je ein größeres, kurvig schließendes Fenster in beiden Flanken. Im Mittelteil begegnen sich Vorstellungen von Längsrund und Längsachteck. Davor liegt ein halbovaler Eingangsbau, sein Gegenstück ist ein kleines Altarhaus von korbbogig-breit-rundlichem Grundriß. Die dem ganzen Außenbau eigene Vereinigung von Schnitt und Modellierung zeigt sich besonders in der Dachform. Die Mitte trägt ein höheres, doch nur kurzfirstiges Walmdach, aus welchem zu Anfang und Schluß je eine rundliche Ausladung hervorgeht.

Das Innere ist als gedrungenes Längsachteck-Längsrund ausgebildet. Die Flanken des Mittelraums sind flach. Die Wände werden durch die Fenster vorwiegend als Helligkeitsfelder empfunden. Die ins Achteck überleitenden vier schmalen Diagonalseiten wiederholen in der Gliederung das System von Bichl und Sigmertshausen, aber unter Verzicht auf Nischen: Acht glatte korinthische Pilaster gliedern hier die Wandung, schon der Sockel setzt zur längsrundlichen Grundkurvierung an, die von den Gebälklagen aufgenommen wird. Darüber umgibt den ganzen Raum die Randkehle einer Flachkuppel. Mit dieser und ihrem Freskogemälde empfängt die Mitte nach oben hin und von oben her die Zentralität eines Kreisrunds. So sehr der Raum von bildnerischer Phantasie erfüllt ist, so deutlich läßt die Entwicklung der Zentralität von außen nach innen wie von innen nach außen eine in den gegebenen kleinen Ausmaßen doppelt bemerkenswerte baumeisterliche Leistung erkennen.

Die Gossenzugener Kapelle ist Denkmal und Dankesgabe jener Künstlergemeinschaft, die den Bau und die Ausgestaltung der Klosterkirche von Zwiefalten geschaffen hat. Drei Jahre vorher ist in München St. Johann Nepomuk geweiht worden, das Devotionswerk der Brüder Asam. Neben dieser Schöpfung residenzstädtischer Geniekunst kann die ländlich-volkstümliche oberschwäbische Kapelle in geziemendem Abstand bestehen und unsere Sympathie gewinnen.

Von anderer Art ist die Anastasiakapelle des oberbayerischen Klosters BENE-DIKTBEUERN. Ihr Grundstein wurde im Frühjahr 1750 gelegt. Im Februar 1751

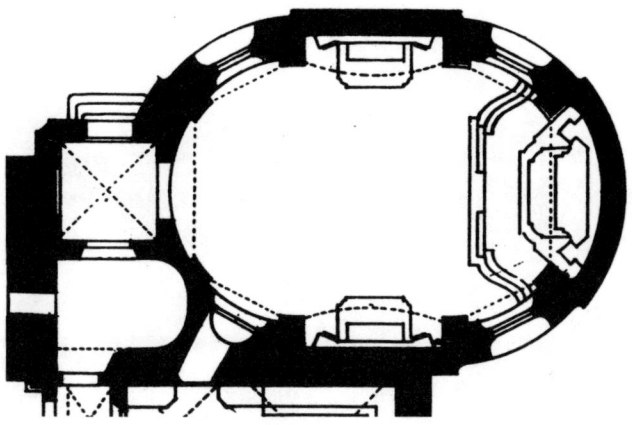

Benediktbeuern: Grundriß der Anastasiakapelle

konnte vom abgebrochenen Altbau übriggebliebenes Tuffsteinmaterial an die Kirche in Bichl abgegeben werden. 1752 entstand das Gewölbefresko.

Die Kapelle ist die jüngste Nachfahrin mehrerer, an gleicher Stelle stehender und der gleichen Bestimmung gewidmeter Bauten. Wenn dadurch der Platz beschränkt, im besondern auch die Belichtung erschwert war, so wurden der Architekt und die Ausstattungskünstler eben durch diese Schwierigkeiten vielleicht zu bester Leistung beflügelt, hat der Neubau aus der Tradition seines Standorts Kraft und Bewegung gewonnen.

Abb. S. 141 Im Unterschied zur Mischkomposition von Gossenzugen präsentiert die Benediktbeurer Kapelle einen reinen, innen und außen in sich übereinstimmenden Zentraltypus: ein Tiefoval, dessen lichte Innenmaße etwa 7,50:5 Meter betragen. Die beiden Schmalseiten des Ovals sind aus Kreisbogen gebildet. Die frei liegende Ausbogung nimmt den Hauptaltar auf. Die ihm gegenüber liegende Schmalseite ist, offenbar unter Nutzung älterer Teile, als Vorraum mit getrennten Eingängen (von außen und aus dem Kloster) und mit einer eingezogenen Empore ausgestaltet. In der Mitte der Flanken des Ovals liegen zwei »Querarme«. Ihre nur geringe Ausladung hat keine innenarchitektonische Raumwirkung auszuüben, sondern vor allem zwei Seitenaltären Platz zu gewähren.

Freier als der Grundriß kann der Aufbau entwickelt werden: Die Wände sind gegliedert durch glatte korinthische Pilaster, welche sicher an den wichtigen Stellen eingesetzt sind. Sie rahmen die vier schmalen Diagonalteile. An den Rändern der zwei »Querarm«-Felder treffen sie in rechtwinkeliger Begegnung mit je einem gleichen Pilaster zusammen, sodaß die Konfiguration eines Pfeilers entsteht, hier nicht in illusionistischer Bildlichkeit, sondern mehr in kubischer Realität. Über den Pilastern der Diagonalteile liegt ein Gesims, dessen (nur niedriger) Architrav auch an den »Querarm«-Wänden durchgeführt ist. Die von Pilastern und Altären frei bleibenden Teile der Wandung sind ausgewertet für große Fenster in zwei Reihen. Die oberen Fenster nehmen durch stichbogigen Schnitt Bezug zum Gewölbe. Über das ganze Längsrund hin ist eine flache

163

Benediktbeuern: Längsschnitt der Anastasiakapelle

S. 165: Schäftlarn, Abteikirche, 1751–60; Altäre und Kanzel von Johann Baptist Straub 1755–64, Stukkatur und Deckengemälde von Johann Baptist Zimmermann 1754–56.
S. 166: Sigmertshausen, Dorfkirche, 1754–56.

Kuppel (Scheitelhöhe etwa 14,50 Meter) gelegt. An sie schließt sich über dem Hauptaltar ein apsidiales Nischengewölbe. Zwischen Wand und Wölbung vermittelt eine periphere, von außen nach innen tendierende Folge differenziert geschnittener Bogen: kleinere Halbkreise über den vier Diagonalseiten, größere über Hauptaltar und Eingangsempore, größte über den zwei »Querarmen«. Variiert sind auch die Ansätze der Bogen an die Gewölbeschale: vorkurvend über den »Querarmen«, geradlinig dagegen an den anderen Stellen – also ein Wechsel von Bogen und Geraden und überdies Gegenspiel von Wandung und Innenbogen. Ratio zeigt sich darin, daß der Gewölbefuß die Gesamthöhe nach dem »Goldenen Schnitt« teilt.

Dem Raum eignet zugleich Breite und Schlankheit. Jener Gemeinschaft der Architektur mit den Bild- und Dekorkünsten zuliebe, die erstmals in Dießen souverän geworden und dann in Fürstenzell und Zwiefalten ausgereift ist, hat Fischer den Raum bereitet, das Weiß der Wände, den Einzug von Licht. Das Gewölbe wird als wahre Schale eines Ovals der Freskomalerei dargereicht. Miteinander abgestimmt sind die Bogen des Gewölberands und die Kurven des Deckenbildrahmens. Daß die Pilaster unten leicht konkav, oben dagegen eben sind, fördert den Übergang vom Sockel zum Gebälk. Die leicht konkave Anlage des Hauptaltars ist auf die Entwicklung des Ovalraums abgestimmt.

Im Unterschied zu St. Anna am Lechl bezieht der Mittelraum Leben nicht aus der Begleitung mit Randräumlichkeiten und raumhaltigen Randstrukturen. Eher ist hier der Raum selbst an sich und ganz da, nach aller Möglichkeit frei gelassen. Die Wand umrandet in zarter Reliefierung den Raum. Zugleich übernimmt sie ein Bild von Architektur, oder eher vielleicht: sie spielt Bilder

164

von Architekturmotiven vor. Am deutlichsten ist das Anführen eines dreiteiligen Triumphbogens im Ziel beim Hauptaltar. Die Fenster sind nicht bloße Lichteinlässe, sondern mitwirkende Teile der Rand- und Raumerscheinung: In die weißen Mauern werden sie eingelassen wie Bilder – Wandbilder von Licht, in zwei Reihen, so wie man damals Gemälde gehängt hat. Gleich Bildern auch sind sie von Hohlkehlen gerahmt, in denen Licht und Schatten sich selbst abwandeln – mit dieser Sensibilität vergleiche man die schweren Fensterschnitte des Salzburger Doms! Durch die Auffassung der Fenster erscheint der Raum von Licht weniger erfüllt als umhüllt. Daß Südlicht vermieden, dagegen Ost- und Nordlicht bevorzugt ist, trägt zur spezifischen Kunsterscheinung des Raums nicht wenig bei.

Abb. S. 154 Außen läßt sich, bei genauer Betrachtung, eine dreiteilige Komposition erkennen: Vor und nach einem breitrechteckig-kubischen, seitwärts nur ganz wenig ausspringenden Mittelteil liegt je eine halbkreisförmige Rundung. Das ähnelt dem im Gewölbe des Entwurfs für St. Anna am Lechl feststellbaren Prinzip, während die Mittelaussprünge mit Dominikus Zimmermanns Steinhausen verwandt sind. Doch kann solches Analysieren dem Wesen der Gesamtgestalt, ihrer sowohl stabilisierten wie atmenden baukörperlichen Einheit nicht voll gerecht werden. Die Wand ist durch weiße Vertikalstreifen und waagrechte Bänderung gegliedert, dem innen angewandten System entsprechend. Die Fenster stehen mit dunklem, kühlem Glaswerk in den hellgelben Mauerflächen. Die Einheitlichkeit des Ganzen entscheidet sich wieder im Dachkörper. Wie Fischer seit Unering und Bergkirchen bis Ottobeuren den Dachungen besondere Aufmerksamkeit widmet, sie gern in fast edelsteinhaftem Schnitt behandelt, so auch hier. Dabei wird in Benediktbeuern die Dachgestalt mit leichten Konkavitäten und Konvexitäten belebt.

Mauermantel und Dachhaube wecken zusammen die spezifische Vorstellung der »capella«. Wenn die Dachform an den gotischen Ostchor des Augsburger Doms erinnert, so mag das als Aufnahme sakraler Wirkung zu verstehen sein. Die Kapelle ist geschickt zwischen Chorschluß und Dach der Klosterkirche und neben dem vierkantigen Unterbau des nördlichen Kirchturms eindisponiert. Obwohl der Ovalbau grundsätzlich zu solitärer Eigenwilligkeit neigt, geht er hier in eine Gruppengemeinschaft mit Münster und Klosteranlage ein, mit dem alten Sinn einer sakralen Baufamilie, in welcher Mutter-Kirche und Tochter-Kapelle zusammengehören.

Das Oval ist in Italien seit dem 16. Jahrhundert zu einer international anerkannten, auch mancher Abwandlung fähigen Bedeutung ausgebildet worden. Im Norden kommt es 1603/04 erstmals bei Elias Holls Kapelle auf dem Katholischen Friedhof in Augsburg vor. Später führte Enrico Zuccali diesen Typus in den Münchner Barock ein. Fischer entwickelte aus dem Längsoval sein erstes Meisterwerk von St. Anna am Lechl. Im Ottobeurer Entwurfmaterial konnte er eine Ovalformulierung Dominikus Zimmermanns von 1732 finden. Auch die nach Plänen desselben Meisters ausgeführte Johanneskapelle in Landsberg am Lech hat Fischer wahrscheinlich gekannt. Der Vergleich des Benediktbeurer Baus mit der Asam-Kirche in Weltenburg kann die von 1720 bis 1750 reichende Entwicklungsspanne exemplifizieren.

169

Wie das Oval an sich von preziöser Formkultur zeugt, ebensosehr hat das Tiefoval durch die Synthese von Sammlung und Zielbeziehung eine Idealform des kleinen Kult- und Sepulchralraums werden können.

Die Benediktbeurer Kapelle ist der heiligen Anastasia, einer frühchristlichen Glaubenszeugin, geweiht. Ihr Name und ihr Gedächtnis waren durch den Kanon der Messe und die Allerheiligen-Litanei allgemein verbreitet. Reliquien dieser Heiligen sind 1053 aus Verona nach Benediktbeuern übertragen worden. Die neue Kapelle ist also zum 700-Jahres-Jubiläum dieses Ereignisses entstanden, ihr Raum bedeutet Feier. Wie Festdekor wirken die Girlandenmotive am Rand des Deckenbilds und am Gewölbeansatz, das Kranzgesims, die Pracht von Marmor und Vergoldung, die Farbigkeit und Lichtfülle. Die Kapelle ist Schatzraum einer von allen Ständen viel verehrten Heiligen. Die bedeutsamste Reliquie, das in eine Silberbüste gefaßte Haupt der Martyrin, hat in dem sich selbst be»haupt«enden Ovalbau ihren würdigen architektonischen Raum. Die Farbe des Marmors nimmt vielleicht Bezug auf die »Blut«zeugenschaft der Heiligen.

Zur Festlichkeit werden auch höfische Elemente herangeholt: Konsolengesims, Marmor, die zweireihige Fensterordnung. Im Unterschied zur nahen Dorfkirche von Bichl zeigt die Anastasiakapelle eine Sonderrichtung altbayerischer Prälaturkunst, die dem kurfürstlichen Rokoko Bayerns sich annähert, gleichzeitig mit dem Münchner Residenztheater. Durch die Anwendung zeitgenössischer höfischer Vorstellungen hat die Kapelle zusätzlichen Sinn gewonnen: als Audienzraum einer heiligen Frau.

Dazu kann eine historische Beziehung kommen: Das Konsolengesims, der Marmor und besonders das Triumphbogenmotiv am Hochaltar weisen mit ihrer antikischen Herkunft wohl auf die geschichtliche Zeit der »römischen« Heiligen hin. Das große Deckenbild aber enthüllt, ohne irdische Historie und ohne irdische Randzonen, allein den Himmel der Heiligen.

Ein dritter Zentralbau ist die Kapelle in ROMENTHAL, nördlich von Dießen gelegen und zu einem ehemaligen Gutshof dieses Stifts gehörend. Als Baujahr wird 1756 überliefert, 1757 ist das Hauptfresko datiert.

Anders als in Gossenzugen ist hier die Komposition stereometrisch präzisiert. Einem Achteck wird ein im Grundriß breitrechteckiger Eingangsteil vorausgeschickt. Ihm entspricht das Altarhaus. Im dominierenden achteckigen Mittelteil wird die Kapelle zum Zentralbau. Schon außen besteht in der Zusammenordnung von Achteck, achtseitiger Dachpyramide und Vorbau – dieser mit Turm – eine fast modellartig wirkende Ordnung. Übereckgestellte Pilaster und das Gebälk mit seinen Verkröpfungen bilden eine gelenkige Gliederung und Verbindung.

Den an Gesamtlänge 12,50 Meter messenden Innenraum beherrscht wie erwartet das Achteck. Seine vier Schrägseiten sind zu flachen, rundbogig schließenden Nischen gestaltet, die mit Pilastern gerahmt und mit einer Gebälklage überdeckt sind. Darüber leiten Stichkappen von unterschiedlicher Breite und Höhe zu einer Flachkuppel, die ihrerseits mit Hängezwickeln Verbindung zu den Gebälkverkröpfungen oberhalb der Pilaster nimmt. Die Spitzen der Stichkappen tangieren den Rahmen eines großen kreisrunden Freskofelds. Im einzelnen ist die Stereometrie der Komposition doch elastisch gehandhabt: So sind im Achteck die lichten Ausmaße innen um eine Kleinigkeit breiter als tief (8:7,70 Meter), im Außenbau ist das Verhältnis jedoch umgekehrt. Wandung und Gebälk sind im Achteck streng geführt, dagegen in Vorraum und Altarraum gemuldet. Demgemäß werden auch Pilaster und Gebälk gewandelt.

Der Bau wird Fischer zugeschrieben. Der Auftrag mag noch aus dem Werk der Stiftskirche in Dießen zu verstehen sein. Manches im Stil der Kapelle spricht für die Zuteilung an Fischer: die Gesamtkomposition, die Innengliederung (Schrägseiten und Flankenwände des Achtecks), die Außenseite der Altarhaus-Schlußwand, die Dachgestaltung, die Hohlkehlenrahmen der Fenster. Da die Kapelle von Aufgaben einer Pfarrkirche nicht belastet war, konnte ihr dank der Bauherrschaft des Stifts Dießen um so eher ein gewisses Maß fast abstrakter architektonischer Kultur zuteil werden. Auch durfte dieser kleine Bau Motive kommender Großbauten Fischers vorbereiten, Rott am Inn und Altomünster.

In der Ausführung sind freilich Einzelheiten abgeschwächt oder auch vergröbert worden. Überdies hat der Bau im 19. Jahrhundert Schäden und Veränderungen erlitten.

171

Stadtkirchen

Seit langem wird Johann Michael Fischer mit der Wallfahrtskirche St. Anna in Haigerloch in Verbindung gebracht. Anlaß hierzu soll eine (bis jetzt nicht wieder aufgefundene) Stelle in der umfangreichen Korrespondenz des Fürsten Josef Friedrich von Hohenzollern-Sigmaringen sein. Da der Kirchenbau der Initiative dieses Fürsten zu verdanken und ausschließlich durch ihn finanziert worden ist, mag die Planung sorgfältig und ehrgeizig vorgenommen worden sein. Eine Beteiligung Fischers würde sich zeitlich an die Tätigkeit in Zwiefalten anschließen. Sucht man an dem seit 1754 errichteten Bau nach Elementen, die von Fischer herrühren könnten, so ließen sich die Fenster (ihre Form, die außenseitigen Rahmungen und Verdachungen), etwa auch die Dachgestaltung anführen. Der Raum selbst aber – ein Saal mit anschließenden kurzen Querarmen, zurückgehaltenen Wandpfeilern und korbbogiger Tonne – ist durchaus (west-)schwäbisch, im besondern vorarlbergisch. Nachgewiesenermaßen hat ein Vorarlberger, der in Obermarchtal ansässig gewordene Maurer- und Steinhauermeister Tiberius Moosbrugger, die Ausführungsentwürfe geliefert und den Bau überwacht. Aus der Werkliste Fischers kann die bestehende Wallfahrtskirche gestrichen werden.

Gesichert ist hingegen ein anderer Bau, der zwar im genauen Sinn keine Stadtkirche ist: die Pfarrkirche des Kurfürstlichen Marktes AIBLING in Oberbayern. Hier trat Fischer nochmals in Beziehung zur Stammheimat und Sippe seines Schwiegervaters Johann Mayr.
An der schadhaften und beengten mittelalterlichen Kirche waren die nötigen Arbeiten 1755 begonnen worden, am 8. Oktober 1755 wurde schon ein Vertrag geschlossen. Am 3. Januar 1756 schrieben Bürgermeister und Räte der Ortsgemeinde sowie der Pfarrer von Aibling an Fischer, daß bei dem nach dessen Plan zu errichtenden Bau als Palier der Maurermeister Abraham Millauer von »der Hausstatt« (bei Au-Aibling) ausersehen sei. Da Fischer damit offenbar einverstanden war, richteten die Aiblinger am 13. Januar 1756 ein Gesuch um Baugenehmigung an den Kurfürsten. Das Werk selbst schritt dann rasch voran, im gleichen Jahr schon konnten die Deckenfresken gemalt werden. Allerdings verlief die Zusammenarbeit des zur »Führung des Gebäus« bestellten Johann Michael Fischer und des Maurermeisters Millauer nicht ohne Reibungen. Während der Arbeiten verlangte Fischer einige Änderungen und Verbesserungen, wodurch sich die Kosten erhöhten.
Das Unternehmen kam fast einem Neubau gleich. Nur der dreiseitig gebrochene Altarhausschluß und der hohe Vierkant-Turm sind von der gotischen Kirche übernommen worden.
Der neue Gemeinderaum ist ein Längsrechteck von fünf Jochen, gegliedert durch flache Wandpfeiler, die von einfachen glatten Pilastern mit stukkierten

Kompositkapitellen besetzt sind. Darüber wölbt sich eine Flachtonne mit Stichkappen. Der Altarraum ist schmäler, auch etwas niedriger als der Gemeinderaum. Die Abgrenzung des Langhauses zum Altarraum geschieht durch zwei
rechtwinkelige Wandeinzüge, vor denen schräggestellte Seitenaltäre eine optische Überleitung bilden.

Das traditionelle Schema bewährt sich hier besonders, wo ein größerer Gesamtraum verlangt gewesen ist. Zumal im Rückblick zeigt sich der Gemeinderaum
ruhig und klar. Es sind die Deckenbildfelder, welche ihn rhythmisieren und zur
Mitte hin konzentrieren.

Fischers Art zeigt sich am Außenbau in der Hohlkehlenrahmung der Fenster,
der Kehle am Dachansatz, im Durchführen der Firstlinie und nicht zuletzt in der
Modellierung der Turmkuppel. Auf Millauer weisen die innere Wandstruktur,
die Muldung der Pilaster in die Ecken des Altarraums und besonders am Äußern
die in Verputz ausgeführten Rahmungen der Fenster und die Gliederung der
Wandfelder.

Nachdem Fischer in MÜNCHEN schon die beiden suburban und peripher gelegenen Kirchen von St. Anna am Lechl und Berg am Laim geschaffen hatte, erhielt
er noch die Aufträge zu zwei kleineren Sakralbauten, die als Spital-Ordenskir-
chen besonderen Zwecken zu dienen hatten und zugleich die bauliche Erschließung des südlichen, außerhalb des Sendlinger Tors liegenden Geländes der
Stadt einleiteten.

Davon besteht heute noch, an der Mathildenstraße, ST. ELISABETH, die Kirche
des Spital-Klosters der Elisabethinerinnen. Den Grundstein legte 1758 ein
Vertreter des Kurfürsten Clemens August von Köln. Im Herbst 1760 wurde die
Kirche benediziert. 1765 malte Matthäus Günther die Deckenfresken. Nachdem
der Hochaltar ausgeführt war, konnte die Weihe am 27. August 1777 begangen
werden. Im Herbst 1943 traf ein schwerer Luftangriff die Kirche, die rechte
Längsseite wurde weggerissen, das Gewölbe stürzte ein. Erst zwei Jahrzehnte
später wurde es möglich, die Wiederherstellung zu beginnen, im Herbst 1965
wurde die Kirche wieder geweiht.

Abb. S. 218 Der Bau oblag der Stadt München. Entscheidende Förderung aber leistete die
Kurfürstin- und Kaiserin-Witwe Maria Amalia. Für die Kirche ist eine kleine
zusammengehörige Gruppe von Entwurfzeichnungen erhalten, ein Längsschnitt
und zwei Varianten der Fassade. Sie stammen dem Stil zufolge zweifellos von
Fischer. Ausgefertigt sind sie wohl von einem spezialisierten Architekturzeich-
ner, als Reinzeichnungen (mit grauer Schattenlavierung, im Längsschnitt Mauerwerk und Dachstuhl farbig aquarelliert). Die Blätter sind Vorentwürfe, mit
deren gepfleger Ausführung wahrscheinlich die Aufmerksamkeit und Geneigt-
heit des Rates der Stadt München gewonnen werden sollte. Da die Zeichnungen
geradezu bildmäßig-selbständige Graphiken sind (worauf auch die Rahmungen
deuten), könnten sie, ähnlich der Fassaden-Zeichnung für St. Anna am Lechl,
vielleicht auch als Vorlagen zur Kupferstichreproduktion gedacht gewesen
sein.

Die Gesamtanlage ist als Dreierfolge von Vorraum, zentralisiertem Gemeinderaum und Altarraum konstituiert, nah mit Bichl verwandt. Gliederung gibt auf

173

hohem Sockel eine Ordnung glatter Pilaster. Der Vorraum wird durch den Anschluß der Fassade und durch die Einziehung einer Empore im räumlichen Volumen beschränkt. Der durch Mittellage und Ausmaße vorherrschende Gemeinderaum ist ein durch Abschrägung aus dem Quadrat gewonnenes Achteck. Noch immer scheint die Münchner Dreifaltigkeitskirche Vorbild gewesen zu sein.

In der Längsschnitt-Darstellung entwickeln sich die vier Diagonalseiten zu *Abb. S. 218c* hohen Kapellenausbuchtungen – denkbar als Rückbeziehung auf St. Anna am Lechl. In der Ausführung aber wird das System von Bichl und Sigmertshausen gewählt: Zwischen den rahmenden Pilastern ist je eine schlanke, flach gemuldete Nische mit segmentbogigem Schluß eingetieft. In den zwei vorderen Nischen stehen Seitenaltäre. Über den Nischen liegt eine Gebälkschicht. Pilaster und Gebälk festigen sowohl die Wandstruktur wie sie den Mittelraum gelassen gebreitet umgreifen. Im Entwurf leiten acht Bogen nach oben zum Gewölbe über: vier breitere und höhere in den Hauptkreuzachsen, vier schmälere und niedrigere in den Schrägseiten. Die auf dem Hauptachsenkreuz liegenden Gurtbogen sind im Entwurf nach oben raumeinwärts gekurvt, um sich der halbkugelförmigen mittleren Gewölbeschale zu nähern.

Die ausgeführte Struktur ist einfacher: Wand, Gebälk, Bogen und Wölbung treffen unmittelbar zusammen, sachlich abgegrenzt, doch nicht kontaktlos. Vorraum und Altarraum enthalten je ein flaches Hängegewölbe, das in Vorbereitung und Ausklang mit der Mittelkuppel verbunden ist. Der auf quadratischem Grundriß angelegte Altarraum wird durch die Pilasterstellung, die Gebälklagen und Bogen umfaßt. Sein Gewölbescheitel erreicht mehr Höhe als der Vorraum. Infolge der angrenzenden Bauten ist die Lichtführung (heute) ungleichmäßig, doch lebendig verschränkt.

In der Längsschnittzeichnung machen die kurvierten Gurtbogen und die Art der Gewölbe deutlich, daß Fischer sich hier in weitem Rückblick an Kilian Ignaz Dientzenhofer, besonders an dessen Entwurf zu St. Johann Nepomuk am Felsen in Prag (um 1730) orientiert. Verwandt ist auch im ersten Ottobeurer Längsschnitt die Kurvierung der Gurtbogen um die große Kuppel. Diese Beziehungen erklären sich vielleicht daraus, daß Fischer bei der Bauaufgabe der Stadt München sich zu gesteigerter »Kunst«-Leistung verpflichtet gefühlt hat. (In der Längsschnittzeichnung ist auch die Lavierung der Gewölbe dem ersten Ottobeurer Längsschnitt ähnlich. Daß das Dachstuhlwerk miteingetragen ist, hat eine Parallele im Längsschnitt-Entwurf zur Abteikirche Wiblingen).

Bei der Ausführung von St. Elisabeth entschloß sich Fischer dann aber zur Grundart seiner späten oberbayerischen Landkirchen (besonders Sigmertshausen).

Wenn auch die ursprünglich wesentliche raumbildnerische Mitwirkung von *Abb. S. 219a* Altären und Freskomalerei heute verloren ist, so läßt gerade die sachliche Wiederherstellung die Tektonik und Raumkomposition, auch das Maurerwerk der großen Kuppel zur Geltung kommen.

Wie sehr die Bauträgerschaft der Landeshauptstadt und auch die Mitwirkung der Kurfürstin den Anspruch der Architektur gesteigert hat, demonstrieren besonders die zwei Frontalansichten der geplanten Fassade. Möglicherweise sind sie vornehmlich der Habsburgerin Maria Amalia zugedacht gewesen, da deren Wappen in beide Darstellungen einbezogen ist. Die zwei Projektvarianten zeigen den bei Fischer vergleichsweise seltenen Typus der Ein-Turm-Fassade (Schäftlarn, Sigmertshausen, Romenthal). In der Stilistik zeigen sich auch hier besondere Beziehungen zu Österreich. Die Architektur des Mittelteils greift in beiden Varianten auch System und Motive der Fischerschen Fassaden von Fürstenzell und Ottobeuren auf. Von Schäftlarn und Rott am Inn unterscheiden sich die Entwürfe durch ihre Plastizität.

Abb. S. 218a Die erste Darstellung zeigt einen Breitbau, der als Stirnseite eines Achtecks besonders in der Dachbildung ausgeprägt ist. Vor die zwei Flankenschrägen tritt der Mittelteil, um dann aber in sich eine konkave Muldung aufzunehmen. Das sollte auf dem ursprünglich frei liegenden Standort der Kirche die Einleitung in den Innenraum vermitteln, mit Stolz und Verbindlichkeit. Der Vergleich mit dem Kupferstich-Projekt von Berg am Laim 1735 erweist, wie sehr Fischer inzwischen sich entwickelt hatte.

Abb. S. 218b Die zweite Fassadenzeichnung kommt der tatsächlichen Ausführung ein Stück näher: Die Fassade ist schmaler, mit knapp gehaltenen Flanken, in der Durchbildung des Turms aber wird elegante Schlankheit gewonnen.

Abb. S. 218d Eine nochmals jüngere Stufe der Projektierung überliefert der Aufriß der ideal geplanten Gesamtanlage von Kirche und Spital-Kloster im Kupferstich des Franz Xaver Jungwierth von etwa 1770. Hier hat Fischers zweites Fassadenkonzept eine Vereinfachung erfahren. Der untere Hauptteil ist verwandt mit der ersten Fassadenzeichnung von St. Anna am Lechl. Sein Schema kann etwa bis zu S. Francesca Romana in Rom, 1615 (mit geschlossenem Dreieckgiebel) zurückgeführt werden. Wie in St. Anna am Lechl ist dem Hauptteil der Fassade ein Attikageschoß aufgelegt, niedriger aber als dort. Im Giebel zeigt der Kupferstich den Kaiserlichen Doppeladler. Aus den Vorentwürfen ist die Turmidee erhalten geblieben.

Abb. S. 168 Die dann, wie meist erst in einer letzten Phase, vermutlich nach 1769, ausgeführte Fassade ist nochmals reduziert. Man verzichtete auf den Turm, auf das Wappen im Giebeldreieck und die Statuen der Attika. Geblieben ist der im Kupferstich wiedergegebene Hauptteil: eigentlich eine einzige große, von zwei Pilasterpaaren eingefaßte und mit einem unten offenen Dreieckgiebel gedeckte Portal- und Fensterrahmung.

In der heute noch so bestehenden Fassade kann man Fischersche Elemente aufspüren, wenn auch beschränkt in der Fläche, auch in den Kapitellen. (Die ursprüngliche Gestalt des Portals ist vielleicht erst im 19. Jahrhundert beseitigt worden).

St. Elisabeth ist ein wertvolles Werk der Spätzeit Fischers. Noch heute hat der Bau in einer völlig veränderten Umgebung viel Vornehmheit gerettet. Der Raum überrascht auch ohne die ursprüngliche Ausgestaltung. Bei jedem Besuch wirkt seine Architektonik sogar großartiger als man sie in der Erinnerung gehabt hat.

Höchstwahrscheinlich entstand nach Fischers Entwürfen auch die in der Nähe von St. Elisabeth gelegene Kirche St. Maximilian, die zum Spital der Barmher-

175

zigen Brüder gehörte. 1764 wurde ihr Grundstein gelegt, 1772 erhielt sie die Weihe. Das Innere war mit Hochaltar und vier Nebenaltären ausgestattet. 1809 ist die Kirche bei der Anlage des großen neuen Krankenhauses abgebrochen worden. Entwurfmaterial und gute Ansichten sind bisher nicht bekannt geworden.

S. 177: Rott am Inn, Abteikirche, 1759–63; Blick aus dem Mittelraum zum Eingang; Stukkatur von Jakob Rauch 1760–63.
S. 178: Rott am Inn, Abteikirche; Fassade.
S. 179: Rott am Inn, Abteikirche; Schrägblick durch den Mittelraum; Altäre von Ignaz Günther, Kanzel von Josef Götsch, Deckengemälde von Matthäus Günther 1761–63.
S. 180: Rott am Inn, Abteikirche; Blick auf das Emporengeschoß am Mittelraum, Stukkatur von Jakob Rauch 1760–63.

Fischers Anteil an der Abteikirche Schäftlarn

Das südlich von München im Isartal gelegene Prämonstratenserkloster Schäftlarn war im 18. Jahrhundert – aus seiner geographischen Situation verständlich – dem Kunstkreis der Landeshauptstadt, im besonderen dem Hofbauamt eng verbunden. So errichtete 1702/07 Giovanni Antonio Viscardi ein neues Kloster, in dessen regelmäßiges Rechteck als innere Mittelachse eine neue Abteikirche eingegliedert werden sollte. Zu ihr konnte aus Mangel an Mitteln erst im Frühsommer 1733 der Grundstein gelegt werden. Den Plan hatte der Hofbaumeister Cuvilliés entworfen. Die Ausführung begann an der Hochaltarapsis und dem Chor, wo 1734/35 das Fundament ausgemauert wurde und bis 1740 auch schon das aufgehende Mauerwerk stand. In dem für 1740/41 erhaltenen Bauausgabenregister ist noch der Name des Baumeisters Cuvilliés vorgetragen, doch ohne Buchung einer an ihn ergangenen Zahlung. Beim Langhaus war man vermutlich noch nicht über die Sockelzone hinausgekommen, als der Österreichische Erbfolgekrieg zur Einstellung des Baus zwang. Er kam erst wieder in Gang, als Kurfürst Maximilian III. Josef im Sommer 1749 eine größere Geldsumme bewilligte. Nun schuf der Oberhofbaumeister Johann Baptist Gunetzrhainer einen neuen Langhaus-Entwurf. Dabei wurde die bisher vorgesehene Ausladung der Querarme und die Erstreckung nach Westen, wo der schon 1712 aufgeführte Turm stand, aufgegeben. Der verringerten Grunddimension entsprechend, konnte jetzt das Langhaus auch niedriger werden. In der nächsten noch vorhandenen Baurechnung, jener von 1751, ist Gunetzrhainers Name (noch) eingesetzt, aber ohne daß eine Zahlung an ihn eingetragen ist. Dafür erscheint in dieser Saison »H(err) Fischer als Maurermeister«. Diese Lage ist praktisch so zu verstehen: Johann Baptist Gunetzrhainer konnte wohl Entwürfe liefern, doch nicht einen aus dem Personal des Hofbauamts gebildeten Bautrupp nach Schäftlarn abstellen, ebensowenig etwa sein Bruder Ignaz Anton einen solchen aus dem Münchner Stadtbauamt. Andrerseits durfte und mußte das Kloster einen voll verantwortlich die Ausführung mit eigenen Leuten besorgenden Maurermeister verlangen. Was lag näher, als daß Johann Baptist Gunetzrhainer wie einst in Deggendorf und Schärding so auch hier Johann Michael Fischer einschaltete? Dieser trat also in Schäftlarn, wie bei der Neresheimer Bewerbung von 1753, als Bauunternehmer auf, wobei die Lage viel weniger kompliziert, eher fast selbstverständlich sich darstellt.

Schon 1752 wurde in Schäftlarn das Langhaus überdacht und der Chor gewölbt. 1753 folgte die Einwölbung des Langhauses. 1757 konnte zu Ostern erstmals Gottesdienst in der neuen Kirche gehalten werden. Im Herbst 1760 wurde sie geweiht.

Fischers Palier war, von 1751 bis 1754/55 nachgewiesen, Melchior Streicher. Meister und Palier wurden 1755/56 auch noch an den Schäftlarn unterstehenden Kirchen von Straßlach und Endlhausen tätig. Fischer machte überdies 1756

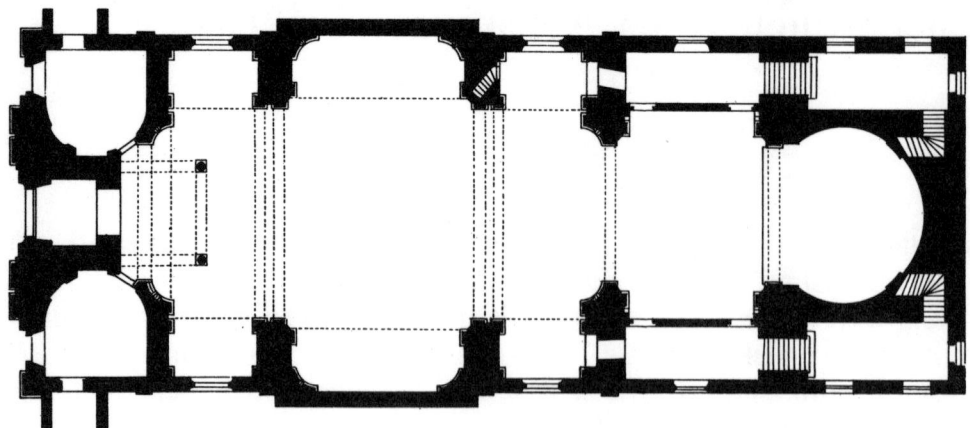

Schäftlarn: Grundriß der Kirche

einen Überschlag zur Wiederherstellung der Wirtschaftsbauten des zu Schäftlarn gehörenden Pfarrhofs in München-Sendling.

Daß Fischer etwa den Entwurf der Schäftlarner Klosterkirche noch geändert habe, ist weder überliefert noch anzunehmen. Die Raumkomposition läßt sich im ganzen stilistisch durchaus Johann Baptist Gunetzrhainer zuordnen. (Die von Cuvilliés stammende Grundanlage der Hauptaltarapsis und des Chors ist den entsprechenden Teilen der Stiftskirche Dießen sehr ähnlich, im Gemäuer freilich viel härter und schwerer).

Die Figur des Langhaus-Grundrisses kommt vom System des Griechischen Kreuzes. In Aufbau und Raumanlage lassen sich Beziehungen zu den besonders in Oberitalien gepflegten Aggregat-Kompositionen sehen. Im ganzen ist der Raum entspannt, ohne Dynamik. Von Fischer könnten höchstens Einzelmotive stammen: die Abrundung der inneren Querarmecken (Zwiefalten), die Überleitungen vom Langhaus zum Chor und zum Eingangsteil (Fürstenzell, auch Rott am Inn Diagonalbogen des Mittelraums), die Fensterrahmungen. Die spezifisch prämonstratensische Kunstkultur gewinnt der Raum durch die Proportionen, die reiche, modulierte Belichtung und die vornehme Ausgestaltung mit Freskomalerei, Stukkatur und Altarkunst.

Abb. S. 165

Einen beträchtlicheren Anteil Fischers kann man an der üblicherweise erst zuletzt ausgeführten Fassade annehmen. Sie ist der Vorderseite des Klosterrechtecks eingebunden. Durch eine Großordnung toskanischer Pilaster werden drei Felder gegliedert. Der breitere Mittelteil ist, der Reliefierung wegen, etwas vorgerückt, die Mitte selbst wieder zurückgezogen. Darüber liegt ein Dreieckgiebel mit offener Grundlinie. Die Stelle eines bei Fischer zu erwartenden Schaugiebels nimmt der Turmbau von 1712 ein, der aus dem Walmdach der Kirche aufsteigt. Das Turmachteck und die Kuppel samt ihrer obeliskförmigen Spitze sind altertümlich, etwas kleinlich, befangen. Man vergleiche die Turmbekrönung von Altomünster!

Abb. S. 144

Der untere Teil der Fassade ist wohl sicher von Fischer entworfen, wobei die Flächenhaftigkeit der Fassade von St. Anna am Lechl wieder aufgenommen und andrerseits die Fassade von Rott am Inn vorbereitet wird.

Die Benediktiner-Abteikirche Rott am Inn

In dem zwischen Rosenheim und Wasserburg gelegenen Kloster Rott am Inn war 1757 ein neuer Abt zur Regierung gekommen, dessen Kunstsinn vor dem Ablauf einer Epoche noch höchste Leistungen hervorrufen sollte.

Die bis dahin bestehende mittelalterliche Klosterkirche war nicht nur in ihrer Substanz gefährdet, sondern auch ungenügend für die Kunstvorstellungen des mittleren 18. Jahrhunderts. Daher schlugen 1758 zwei Augsburger Stukkatoren Wessobrunnischer Herkunft vor, nach Instandsetzung der schwersten Schäden in das alte Bauwerk eine neue Raumerscheinung bild- und zierkünstlerischer Art einzubringen. Die zur Reparatur bestellten »Werkleute« entdeckten derart bedenkliche Mängel, daß sie sich für einen Neubau aussprachen. An die Stelle der »gypsarii simul et architecti« mußte ein erfahrener und bewährter Baufachmann treten. Dem Hinweis eines nahe bei Rott amtierenden gelehrten Benediktiners von Weihenstephan folgend, machte der Abt einen Besuch bei Johann Michael Fischer in München und übertrug diesem dann die Planung eines Neubaus. Nachdem der Meister gewiß erst noch an Ort und Stelle sich über die Situation in Rott informiert hatte, arbeitete er seine Entwürfe aus.

Am 4. Juni 1759 wurde der Grundstein zur neuen Kirche gelegt, drei Wochen später der Vertrag mit Fischer ausgefertigt. Schon Mitte August kamen Chor und Presbyterium unter Dach, zu Anfang des November war das übrige Mauerwerk in Mannshöhe aufgeführt und 1760 die Wölbung fertig. Mit der Ausstattung wurden beste Künstler betraut, besonders solche aus München und Augsburg. Ihre Berufung und die Zusammenleitung zum gemeinsamen Werk ist ohne Zweifel dem Abt zu danken. 1763 endeten die Maurerarbeiten, wohl an der Fassade. Im Herbst dieses Jahres wurde die Kirche geweiht.

Abb. S. 178 Auch in Rott am Inn war vor dem Kirchenbau, seit 1718 schon, eine neue regelmäßige Anlage des Klosters geschaffen worden. In ihrer Mitte sollte die Kirche stehen, sodaß ihre Fassade sich in die Vorderflucht des Klosters eingliederte. Horizontale Leitlinien stellen die Verbindung der Bauteile her. Doch der Kirchenfassade wird, obwohl sie turmlos ist, der gebührende Vorrang zuerkannt. Ihre Höhe ist zur Breite wie 4 zu 3 proportioniert. Aus ihrer Gliederung ergibt sich ein vorzügliches Architekturrelief. Während die im System verwandte Fassade von Schäftlarn von dem schon vorhandenen Turm etwas belastet wurde, konnten in Rott eine freiere Komposition (deutlich in den Fenstern) und ein gekurvter Schaugiebel ausgeführt werden. Grundsätzlich ähnlich ist auch die Fassadenzeichnung von St. Anna am Lechl. Ist diese schmal, die Schäftlarner dagegen breit, so ist in der Fassade von Rott ein schöner Ausgleich der Proportionen und der Komposition gelungen. Auszeichnendes Element ist der Dreieckgiebel. In Fürstenzell ist das Verhältnis der Flankenteile zum Mittelfeld gedrängt, der Segmentbogen weniger vornehm als der Rotter Dreieckgiebel. Vollends gelangt in Rott der Schaugiebel zu bewegtem Aufstieg. Neben die turmlose Fassade von Dießen gestellt, sind in Rott die Gliederung und das Relief beruhigt, die Motive vermindert und lockerer. Aus solchen Vergleichen wird wieder Fischers Entwicklung deutlich. Die Qualität der Rotter Fassade erhellt auch beim Vergleich mit jener von Freising-Neustift. Im Verzicht auf die Säulenarchitektur bestätigt sich das Taktgefühl eines altbayerisch-landständischen Klosters.

Sonst ist außen nur die Mitte der Längsseiten akzentuiert, und zwar durch Übernahme des Pilaster- und Dreieckgiebel-Motivs der Fassade.

Nachdem Fischer seit Rinchnach immer wieder die Verbindung von Lang- und Zentralraum variiert hatte, fand er, zu seiner Reife gelangt, in Rott am Inn eine besonders glückliche Lösung. Günstig dafür war die reale Dimension der Aufgabe: Die Gesamtlänge dieser Kirche beträgt etwa 56 Meter, sie ist also jener von Fürstenzell ungefähr gleich. Somit war im Unterschied von Zwiefalten, Ottobeuren und Wiblingen hier ein Maß gegeben, das von Übersteigerung wie von Beengung gleich weit entfernt war. Anders auch als in Zwiefalten und Ottobeuren war Fischer hier nicht an frühere Planungen und Vorleistungen anderer Meister gebunden. Dabei wußte er aber doch Teile und Grundzüge der romanischen Kirche für den Neubau auszuwerten: die den Chor flankierenden Türme, offenbar auch die Flucht der drei Schiffe, die Pfeilerstellung und die Anlage des Vorraums. Innerhalb der Gesamterstreckung, die von der Klosteranlage bestimmt war, konnten der Eingangsteil (mit der darüber eingebauten Orgelempore) tiefer und hinter dem Hochaltar der Mönchschor als ein geschlossener eigener Raum angelegt werden.

Nach diesen Abgliederungen war der Hauptbereich der Kirche zur baukünstlerischen Komposition frei. Der Grundriß ist als ein Dreiersatz gegliedert: erster Raum – Mittelraum – Hochaltar-Presbyterium. Auf der Längsachse wird eine führende, diese drei Teile verbindende Raumbahn durchgeleitet. Der größte Teilraum nimmt genau die Mitte ein. Seine äußere Rahmenform ist ein Quadrat, dessen vier Ecken abgeschrägt sind, sodaß sich innen ein ziemlich volles Oktogon ergibt. Senkrecht zur Längsachse werden die zwei Flankenseiten des

Abb. S. 156

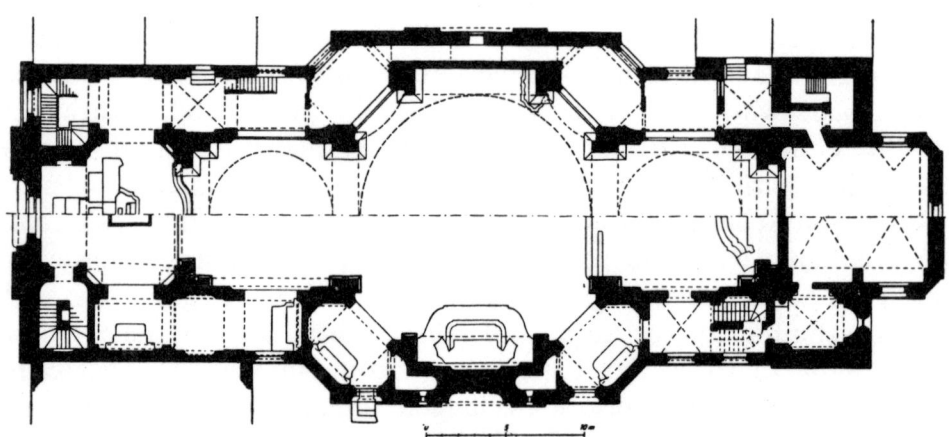

Rott am Inn: Grundriß der Kirche. Oben: in Emporenhöhe; unten: in Erdgeschoßhöhe

Achtecks durch eingesetzte Mauerzüge zu querarmartiger Wirkung gebracht. In den vier Diagonalseiten entsteht aus dem Zuschnitt des Quadrats zum Oktogon je ein breit-sechseckiger Nebenraum. Dem Achteck ist ein großer Kreis einbeschrieben. Vor und nach dem Mittelraum liegt je ein schmaleres, gedrungenes Tiefrechteck, in das ein Quadrat eingelassen ist. Im Vorgänger- wie im Folgeraum des Achtecks sind die Flanken ausgeweitet, im ersten Teil zu offenen Kapellen, im Hochaltar-Presbyterium zu Nebenräumen. Innerhalb des Dreisatzes wird also der vorherrschende Mittelraum von je einem verwandten, aber kleineren und vereinfachten Teilraum vorbereitet und wiederholt. Im Mittelraum ist jener Punkt, in welchem die Achsen von Länge und größter Breite der Gesamtkomposition sich kreuzen, zugleich Zentrum des Mittelkreises und Schnittpunkt der durch die Kapellen ziehenden Diagonalen.

Diese Grundkomposition wird durch Pfeilerstruktur in die Höhe geführt. Den Pfeilern sind in gleichmäßiger Ordnung große glatte Pilaster aufgelegt, die jeweils in rechten Winkeln auf eine gemeinsame Kante treffen und so einen kubischen Pfeilerkörper vorstellen, nicht in optisch-malerischer Illusionierung, sondern real. Den Pfeilerkörpern entsprechen verkröpfte Gebälklagen: Geradlinig und mit rechten Winkeln formiert, entziehen sie sich sowohl der diagonalachsialen Ausrichtung auf das Mittelachteck als auch einer Kurvenbeziehung zum Kuppelkreis. Vielmehr liegen die Gebälke immer parallel oder senkrecht zur Mittelachse, sodaß sie den Zug der mittleren Raumbahn angeben und gliedern.

Als zweite horizontale Begleitung ist an den Flanken des ersten und des dritten Raums eine Empore eingezogen. Sie erweitert sich, für den Gesamtraum besonders wirksam, an den Schrägseiten des Mittelachtecks zu Oratorien, deren Brüstungsgitter in Höhe der Pilasterkapitelle schließen. Die Oratorien sind auf jeder Längsseite durch schmale, hinter den Querarmmauerungen geführte Gänge miteinander verbunden. Auf diese Weise wird, anders als in Aufhausen und Ingolstadt, ein einziger zusammenhängender Umgang um den ganzen Raum möglich, von der Orgelbühne bis zum Mönchschor und umgekehrt. Eine zweckhafte Notwendigkeit dieser Gänge, ihre Verbindung mit dem Kloster kann nicht einleuchtend gemacht werden. Eher mag Freude an geistreicher Disposition als Erklärung angenommen werden. Entscheidend aber sind wohl künstlerische Überlegungen gewesen: Während die Gangführung den Raumgehalt nach außen verhüllt, sorgt sie innen für eine Abstufung auch des Lichts. Vor allem sind die Oratorien am Achteck sowohl unentbehrliche Mittel des Aufbaus und Verbindungsgelenke der Raumfolge als auch Fermaten in der Bewegung des Umgangs.

Abb. S. 155, 177 Ähnlich differenziert ist die um das Achteck gestellte, den Pfeilern ein- und übergeordnete Bogenarchitektur: an den Diagonalseiten unten kleine, etwas gedrückte Kapellenbogen; darüber leicht gehöhte, zum Innenraum hin gekehlte Halbkreisbogen der Oratorien; an den vier Hauptachsenseiten je ein breiterer und höherer Halbkreisbogen. Letztere sind nochmals unterschieden als offene Durchlässe des Raumzugs auf der Längsachse und als wandbezogene Schildbogen in den Querflanken. Die vier großen Bogen tangieren den Ansatz der Mittelkuppel; (ihr Durchmesser 14,80 Meter; Scheitelhöhe 3,50 Meter). Der

185

Rott am Inn: Längsschnitt durch den Kirchenraum

großen Kuppel ist auf der Längsachse je eine gleichartige, aber kleinere und niedrigere Flachkuppel zugeordnet.

Sowohl der Grundriß wie der Längsschnitt bezeugen überlegte Entwurfarbeit: Über der symmetrisch geregelten Dreierfolge liegen die drei Kuppeln ruhiger als in Ottobeuren, gegliedert und zusammengestimmt, ohne Pathos; (Scheitelhöhen über dem Boden: 15,80 Meter – 19,30 Meter – 15,80 Meter). Auch die Geschoßteilungen des ersten und dritten Raums sind miteinander zu Übereinstimmung und mit der Gesamtkomposition in Bezug gebracht. In den drei führenden Raumteilen ist die lichte Gesamtbreite jeweils der Scheitelhöhe gleich. Im Mittelraum liegt die obere Friesleiste in der Mitte der Gesamthöhe, die Oberkante der Emporenbrüstung in der Mitte der vom Boden bis zum Kuppelansatz reichenden Höhe.

Der Raum ist in seinen Ausmaßen keineswegs so groß wie man ihn nach Abbildungen erwartet und wie er nach dem Besuch im Gedächtnis bleibt. Das architektonische Gerüst und die Raumgehalte sind in mehrzoniger und doppelschaliger Anlage durchsichtig und übersichtlich ausgeglichen. Feierlich wirkt die Vertikalität der Pfeiler, vornehm die Schlankheit der Proportion. Der Mittelraum wird in seiner Bedeutung für das Ganze durch das große Rund bestimmt.

Als bei der Restaurierung 1962 die Kuppeln und ihre Freskomalereien durch Gerüstböden verdeckt waren, kamen der Grundplan, das Aufrißsystem, die Position und Körperlichkeit der Pfeiler in der oberen Schicht noch und besonders eindrücklich zur Geltung.

Der kultivierten Struktur entspricht die helle Ausleuchtung. Sie ist keineswegs stabil, vielmehr merkwürdig wandelhaft und empfindlich. Kommt man aus vollem Sonnen-Freilicht, so kann das Innere der Kirche aufs erste etwas trüb erscheinen. Anders hilft das vormittags von rechts her einfallende Licht zur schichtenweisen Gliederung der Gesamttiefe mit. Am Nachmittag wird der Raum wieder zeitweilig verschattet, in ein vornehmes Grau. Am späten Nachmittag vermag das von Westen einziehende Rücklicht das Innere wieder rein

186

auszuleuchten. Darnach kann an einem sich neigenden Sommertag die Raumerscheinung unvermittelt rasch stumpf werden, von Kälte berührt.

Ausgestaltet wird das Innere durch Altäre, Stukkatur und Freskomalerei. Ihre Aufgabe ist die Verbindung der struktiven Elemente, die Gliederung und Akzentuierung des Raums, die Entfaltung höherer Raumeinheit. Im ersten Gesamtblick, am Gitter des Vorraums, gewahrt man in indirektem Licht sofort eine leitende Tiefenrichtung. Nah herangerückt ist das Presbyterium mit dem Hochaltar und dem letzten Gewölbebild. Hat man nach wenigen Schritten dann den Mittelraum erreicht, so wird dessen Raumgehalt sowie die Gesamtkomposition offenbar – im Unterschied zur Ottobeurer Vierung nicht in einer grandiosen Überraschung, sonder fast wie selbstverständlich. An den Schrägseiten des Achtecks ziehen kleinere Altäre den Blick in die Kapellen, sie strahlen aber zugleich auch Bildlichkeit in den Mittelraum ein. Gerade Gebälklagen lenken

Abb. S. 180

den Blick in den Raum der Oratorien, umgekehrt tragen diese die Wendung schauender, hörender und betender Menschen nach innen, hinterlegt von dem aus großteils verdeckten Fenstern kommenden und doch voll existierenden Licht.

Die zurückgehaltenen, sozusagen nur als Schultern der Längsgestalt wirkenden Querarme sind im Raumbild durch zwei große Seitenaltäre aufgewertet. Zusammen mit dem Hochaltar bilden sie um das Mittelrund drei Seiten eines ikonostatischen Geheges. Ebenso sind bei einem Umblick aus dem Zentrum des Mittelraums die drei großen Altäre auch Teile eines Halbrunds. In wieder anderer Variation kann man den Hochaltar oder auch einen der Querarmaltäre zwischen je zwei kleineren Kapellenaltären als triptychonale Gruppe sehen.

Über all diesen hin und her gehenden Achsenverbindungen ruhen der Kreis und die Schale der großen Kuppel. In ihr ist der gemalte Heiligenhimmel ausdrucksvoll auch in seinen innerbildlichen Licht- und Strahlenführungen. Am Abschluß des Dreiersatzes wird der Hochaltar mit seinen Bildwerken und dem übergeordneten Bildgewölbe auch hier zum herrlichen Ziel des ganzen Raums.

Im Rückblick vom Presbyterium bleibt die tektonische Struktur und die Gesamtvorstellung der Raumkomposition durchaus gegenwärtig, ja sie wird als Ganzes vollends klar. Während die Altäre aus ihrer Herrschaft ausscheiden, gewinnen die Pfeiler und Arkaden, die Lichtverteilung, der Kreis und die Schale der großen Kuppel um so mehr an Wirkung. Was die raumbildliche Synthese von Architektur und Ausgestaltung betrifft, so mag der Stil und die überlegene Qualität von Rott am Inn an der Kirche von Zell am Ziller im salzburgischen Tirol (1772) gemessen werden.

Doch lassen sich auch manche Bedenken nicht von der Hand weisen. So erscheinen die zwei Querarmaltäre im Verhältnis zu Struktur und Ausmaßen des Mittelraums als zu groß. Waren hier etwa kleinere, niedrigere Altäre geplant, vor einem mehr offen geführten Emporenlaufgang und wurden dafür größere (und reichere) Altäre errichtet, um einen volleren bildlichen Akkord mit dem Hochaltar und dem großen Kuppelfresko zu erzielen? Gewiß vermögen die zwei ausgeführten Seitenaltäre die mittlere Querachse zu betonen und den längsachsialen Binnenraumzug zu geleiten. Andrerseits wird der Mittelraum durch diese Altäre und die Kanzel etwas beengt, zumal da er überdies durch das

Volksgestühl verstellt ist. Indem nach Vollendung des Bauwerks und nach dem Ausscheiden des Baumeisters der Auftraggeber den Bildkünsten im Mittelraum mehr Entfaltung gewährt hat, könnten Verschiebungen in der ursprünglichen Ausgeglichenheit entstanden sein.

Sind überdies nicht gar die Dimensionen des ganzen Raums an sich fast zu klein für die innere Größe der Raumkonzeption? Auch das Verhältnis der Architektur zum kultischen Gebrauch und sakralen Gehalt ist zu beachten. So sind die vier Oratorien am Achteck in Fischers Bauten seit Aufhausen und Ingolstadt in erster Linie für die Struktur bedeutsam; auf welchen Bezug sie im Gottesdienst ausgerichtet sind, ist jedoch eine andere Frage. Der erste Raumteil ist zweifellos der Gemeinde zugeteilt, doch erscheint eben dafür sein Grundriß als zu klein bemessen. Welche Funktion soll vollends dem Mittelraum zugedacht sein? In Zwiefalten und Ottobeuren ist die Vierung bestimmt als Raumkreuzung und als Distanzbereich zwischen Gemeinde und Chor. In Rott am Inn dagegen ist das große Achteck die Mitte einer eindeutigen Längskomposition, in sich kein reiner Aufenthaltsraum. Da der Mönchschor abgezogen ist, liegt das Presbyterium, ohne Stufenerhebung, dem Mittelraum ganz nah. Unverkennbar hat die Gruppierung der drei großen Altäre eine einseitige Gewichtsverlagerung zur Folge, die am Gehalt der Mitte zehrt. Anders als in Dießen, Berg am Laim oder Ottobeuren, wo Architektur und Ausgestaltung mit der sakralen Gesamtordnung und den kultischen Motivationen in Einklang stehen, wollen in Rott am Inn Architektur und Bildkünste und die spezifischen Aufgaben des Kirchenraums sich anschicken auseinanderzugehen.

Trotzdem bedeutet Fischers Bauwerk eine hohe Summe der ganzen vorangehenden und hier immer noch tragfähigen Epoche. Die Idee, einen großen Zentralraum in die Mitte einer dreiteiligen Raumkomposition zu legen und so Symmetrie zu gewinnen, ist vollendet gestaltet. Man kann Rott am Inn neben zwei andere gleichzeitige Bauten stellen: neben Balthasar Neumanns Neresheim und Peter Thumbs St. Gallen. Fischer konnte in Rott seine eigene, selbständige Konsequenz aus Ottobeuren ziehen. Das Schema der Komposition, die Durchbildung des Mittelraums mit Kapellen und Oratorien hatte er in Aufhausen und Ingolstadt vorbereitet. Die breit-sechseckige Grundform der Kapellen kommt schon in Aufhausen und im Entwurf Luzern I für Berg am Laim vor. Die jugendliche Geschmeidigkeit von Osterhofen, das Experimentieren von Rinchnach, das Spiel der Vernunft in St. Anna am Lechl ist allerdings jetzt ferngerückt, überwunden auch das große Pathos Zwiefaltens und Ottobeurens. Um so mehr hat in Rott am Inn die individuelle Art des Baumeisters ein Höchstmaß an kristallener Gemessenheit erreicht und dabei den Bezug zum Einzelmenschen bewahrt. Die Dimensionen und die Raumausgriffe sind bescheidener als in Ottobeuren. Aber von Verzichten hält die Baukunst in Rott sich frei. Eine gewisse Vorsicht mag erkennbar sein, doch mehr noch Zucht und Weisheit. Der Abstand zum kommenden Klassizismus ist noch weit.

Mehrfache Faktoren haben diese Schöpfung bestimmt: die allgemeine Entwicklungslage am Ausgang des sakralen Spätbarock – die persönliche Entwicklungslage Fischers, der beim Beginn dieses Baus 67 Jahre alt gewesen ist – die Aufgabe an sich und die Bauherrschaft, die beschränkte Position eines bayeri-

S. 189: Altomünster, Klosterkirche 1763–73; Blick aus dem großen Achteck durch den Laienbrüderchor (unten, darüber der Frauenchor) zum Herrenchor; Altäre von Johann Baptist Straub 1765–69.
S. 190: Altomünster, Klosterkirche; Westwerk und Turm, vollendet 1768; Statue Hl. Alto von Paul Arnold 1765.

schen Landklosters, aber auch die benediktinische Maßbewußtheit – wohl auch das altbayerische Kunstwesen und die Landschaft des voralpinen Inntals. Die Struktur, vergeistigt in den Flächen, Pilastern und Bogen, und die Helligkeit des Innenraums bedeuten Verklärung. Der Komposition liegt die wesentlich sakrale Kreuzform zugrunde.

Die Anordnung ist im Wertgehalt der drei Haupträume stufenweise gesteigert: Raum der Vorbereitung – Bereich der Sammlung und Strahlung in der Mitte – Ziel im allerheiligsten Hochaltarraum. Der vom Ende zum Eingang zurückgewendete Blick aber kann in der oberen Region im Orgelprospekt und in der Deckenmalerei wie zum Abschied noch ein Bild der Vermittlung zwischen Erde und Himmel gewahren. Das große Achteck ist von Zellen privater Andacht umgeben. Vielleicht hat die Gesamtkomposition der Mitte sogar mystischen Sinn: als Anspielung auf die Himmelsburg. Von oben her öffnet die große Bildkuppel die Sphären des Himmlischen.

S. 191: Altomünster, Klosterkirche; Blick durch das große Achteck zum Eingang; Stukkatur von Jakob Rauch 1765–68, Deckengemälde von Josef Mages 1766–68.
S. 192: Altomünster, Klosterkirche; Blick aus dem Herrenchor ins große Achteck; in der Mitte unten der Laienbrüderchor, darüber der Frauenchor (geschnitztes Gitter von Paul Arnold 1765).

Die Birgitten-Klosterkirche Altomünster

»Der berühmte Johann Michael Fischer Maurermeister von München führte den Bau«
(Franz Sebastian Meidinger, 1790)

Noch ein letztes Mal darf der Meister erleben, daß ein großes Werk ein andres nach sich zieht.

1763, als in Rott am Inn die Bauarbeiten vollendet sind und die Kirche geweiht werden kann, erhält Fischer den Auftrag zur Klosterkirche von Altomünster. Dort, im bäuerlichen Land nordwestlich von Dachau, bestand seit dem ausgehenden Mittelalter eine Niederlassung des Birgittenordens, und zwar ein Doppelkloster von Männern und Frauen. 1723/29 hatte der Münchner Stadtmaurermeister Johann Mayr den Neubau des »Herrenconvents« aufgeführt. Vierzig Jahre später sollte eine neue Kirche geschaffen werden. Dafür reichte Fischer, nach einer Ortsbesichtigung, am 6. April 1763 Entwurf und Kostenvoranschlag ein. Schon im Mai begann man den Abbruch der alten Kirche und die Zubereitung des Geländes, im Juni wurde der Grundstein gelegt. Bis Anfang November war der Neubau, wohl seine Fundamentmauerung, schon bis zum Choransatz gekommen. Von 1765 an folgte die Ausgestaltung und der Turmbau, im Spätsommer 1773 wurde die Kirche geweiht – im 400. Todesjahr der Ordensstifterin, St. Birgitta von Schweden.

Eigenartig ist die, von der natürlichen Lage vorgegebene, Situation: eine langsam, aber deutlich vom Marktort ansteigende Anhöhe. An der tiefsten Stelle erhebt sich als höchster Bauteil der Turm. Seine Vertikale leitet den Längszug der Kirche ein. Der dem Turm folgende erste große Teil kündigt durch ein Pyramidendach eine bedeutsame Zentralräumlichkeit an. Im Gegensatz zum Turm scheint es, als ob der Chorschluß am oberen Hang sich fast in den Boden einsenken wolle.

Abb. S. 190

Den Primat in der Fassade hat der Turm, mehr als in allen andern Fassaden Fischers. Mit 62 Metern Höhe kommt er der Gesamtlänge der Kirche fast gleich. Diese fast übersteigerte Höhe wird dem Standort eindrucksvoll gerecht, sowohl in der Nähe wie im Fernblick des Hügellands.

Über einem (wahrscheinlich romanischen) Unterbau erhebt sich eine echte Stirnseite. Ihr Mittelteil rückt, von Pilastern gerahmt, um eine Schicht vor. Eine Statuennische, Gebälkverkröpfungen, ein Bogengiebel und zwei seitliche Voluten steigern den dynamischen Aufstieg. Im ganzen ist der Aufbau sicher disponiert, noch immer bedachtsam und zugleich durchfühlt: Der Unterbau frontal-vorderansichtig, tragend; das kantige erste Obergeschoß vier Frontalansichten bietend; das zweite Obergeschoß diagonal-vielansichtig. Mit Eckvoluten und einer lebhaft konturierten, elegant modellierten Kuppelhaube (die mit Türmen Salzburgs verwandt ist) wird die letzte, höchste Freiheit gewonnen. Der frühe Turmbau von Deggendorf und dieser späte von Altomünster bezeichnen den Beginn und die Endphase der Baukunst Fischers.

Die Gesamtlänge von etwa 65 Metern übertrifft jene von Fürstenzell und nähert sich Dießen.

Abb. S. 189 Mehr als in Rott am Inn mußte der Meister in Altomünster verschiedenen besonderen Voraussetzungen und Aufgaben gerecht werden: Anpassung an das Gelände, Einschluß eines alten Westwerks und vermutlich auch der Mittelschiff-Fluchten der hochmittelalterlichen Kirche in den Neubau und Beibehaltung eines 1617 in »nachgotischer« Art errichteten Chors. Dazu kam vor allem aber die Beachtung spezieller Kult- und Baugewohnheiten des Birgittenordens und zumal eines birgittinischen Doppelklosters. So waren hier drei Chöre verlangt: für Patres, Nonnen und Laienbrüder. Ein anderer vorgeschriebener Teil, geradezu ein Wesenselement birgittinischer Klosterkirchen, waren inwendig den Rand des Raums begleitende Gänge. Mit diesen konnten hier auch die Geländeverhältnisse sich ausgleichen und interpretieren lassen. Schließlich forderte die Birgittenregel die bestimmte Anordnung einer größeren Zahl von Altären. Viel davon war schon in der alten Kirche von Altomünster befolgt: die Anlage des Nonnenchors in der »Höhe« und darunter eingerichtet der Brüderchor, die Ausgestaltung des Chorschlusses mit einem zweigeschossigen Hochaltar. Zu den Obliegenheiten der Ordensregel kam, daß in Altomünster die Klosterkirche auch Pfarrkirche des Markts und Wallfahrts-Grabkirche des Ortspatrons St. Alto war.

Der erste, größte Teil der neuen Komposition hat im Grundriß als Rahmung ein Breitrechteck (Breitdurchmesser etwa 20 Meter). Es wird durch Abschrägung in ein Achteck umgeformt. Dem Achteck folgt ein schmalerer Teil, der im Grundriß etwas über ein Quadrat hinaus in die Tiefe gestreckt ist, seine vier Ecken sind gleichfalls kurz abgeschrägt. Daran schließt sich, an Breite nochmals eingezogen, der lange Chor, der aus drei Abschnitten besteht und in dreiseitiger Brechung endet.

In den beiden letzten Abschnitten wird der Anstieg der natürlichen Bodenlage deutlich. Durch ihn ist es auch möglich geworden, die baukörperliche Masse bis zum Schluß allmählich zu reduzieren.

Schon kann man eine erste Definition der Raumfolge gewinnen: Unter und nach dem Turm liegen Eingang und Vorraum, ausgedeutet in einer äußeren Freitreppe und einem inneren Treppenanstieg. Das große Achteck ist Gemeinderaum, als solcher entschieden mehr akzentuiert als in Rott am Inn. Der folgende Teil enthält den Chor der Laienbrüder, mit zwei seitlichen Emporen. Darüber liegt

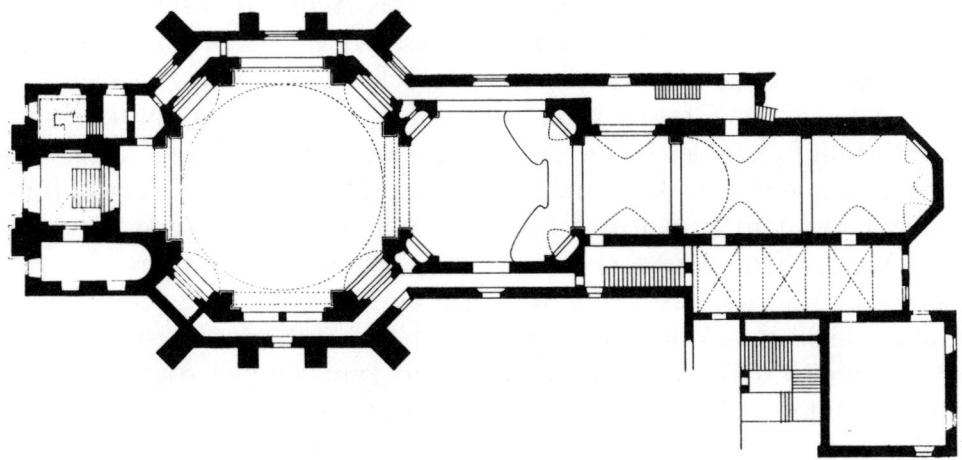

Altomünster: Grundriß der Kirche

195

der Nonnenchor. Die Raumfolge wird fortgesetzt im Presbyterium mit dem Hochaltar und beendet mit dem hinter dem oberen Hochaltar angeordneten Chor der Patres.

Der architektonisch am deutlichsten und besten durchgebildete Teil der ganzen Komposition ist das große Achteck. Gliederungsmittel ist, wie in Rott am Inn, eine einheitliche Ordnung glatter Pilaster. In paarweiser Zusammenstellung festigen sie gleich Pfeilern die inneren Ecken des Achtecks. Die zwei den Chor einleitenden Schrägen enthalten je eine flache Seitenaltarnische. Über den Pilastern wird eine durchgehende, in den Ecken kubisch verkröpfte Gebälkschicht um das ganze Achteck gelegt – im Unterschied zu Rott am Inn in langen, nicht unterbrochenen Zügen.

Abb. S. 191

Mit diesem resoluten Begriff von Pfeilerstruktur und Wand haben sich die Umgänge auseinanderzusetzen. Ursprünglich gab es drei Umgangszonen. Der Erdgeschoßumgang, der sogenannte Büßergang (Beichtraum) ist im frühen 19. Jahrhundert an den Flanken des Achtecks abgemauert worden, zum Nachteil des Aufbaus, der Raumbewegung und Lichtführung. Der erste obere Umgang, der dem Männerkonvent gehört hat, umzieht das ganze Achteck; (der Teil über der Vorhalle ist erst im 19. Jahrhundert als Orgelempore für den Pfarrgottesdienst eingerichtet worden). Nach dem Achteck wird dieser Emporenzug als Laienbrüderchor fortgeführt, schließlich erreicht er nach dem Presbyterium den Chor der Patres. Der zweite, oberste Emporengang ist dem Frauenkonvent reserviert. Auch er umgibt das ganze Achteck und bezieht den in gleicher Höhe gelegenen Nonnenchor in seine Zone ein. Während die Männerempore vom Westen, wo der alte Männerchor gelegen war, ausgeht, nimmt die Frauenempore ihren Anfang an der entgegengesetzten östlichen Seite des Achtecks. In ihrem Ausgang und Ziel umziehen also die beiden oberen Gänge den Gesamtraum in zwei einander entgegenlaufenden Richtungen.

Der Birgittenordnung gemäß sind die Gänge praktikabel und als solche wesentliche Bestandteile der Verbindung von Kloster und Kirche. Neben der Funktion im regulären Ordensleben hat sie Fischer aber auch künstlerisch zur Gliederung des Aufbaus, zur Verbindung der Raumteile und zur Lichtgestaltung auszuwerten gewußt. Dabei ist auch architektonisch die Motivik der Gänge variiert: Einmal sind die Emporen, an den Flanken des Achtecks, offene Laufgänge, Bewegung tragend und zugleich den Raum fassend wie die Gebälke. Aus diesen großen, offenen Lagen zweigen enge, versteckte Durchgänge in kleine, zum Verweilen bestimmte Oratorien ab; (am frömmsten sind jene Oratorien, die aus den westlichen Ecken des Brüderchors zum Hochaltar schauen). Diese Wandlungen werden von indirekten und direkten Lichtgehalten und Verschattungen begleitet. Über dem großen Achteck wölbt sich auf kreisrundem Ansatz (von etwa 15 Metern Durchmesser) eine große gemauerte Flachkuppel.

Auch in Altomünster lassen sich konkrete Ordnungsverfahren feststellen. So liegt im großen Achteck die erste Empore in halber Höhe der Pilaster, die zweite fußt auf dem Gebälk. Vom Kranzgesims bis zum Kuppelansatz beträgt der Abstand 4 Meter und ebensoviel der vom Ansatz bis zum Scheitel der Kuppel. Eine entsprechende kleinere und niedrigere, jedoch vollere Kuppel überdeckt den Nonnenchor, während der Brüderchor ein flaches, aber weiter gespanntes

Hängegewölbe hat. Nur wenig höher als der Ansatz der Nonnenchor-Kuppel liegt wiederum der Scheitel der Tonne, die über Presbyterium, Hochaltar und »Herrenchor« hingeführt ist. Im Längsschnitt zeigt sich, daß dem Anstieg des Bodens eine dreistufige Senkung der Gewölbescheitel entgegenkommt.

Abb. S. 189
Ist man die Vorraumtreppe hinaufgestiegen, so öffnet sich, gerahmt vom Gitterwerk, zunächst das Segment eines gerundeten Raumhorizonts. Aus dem Prospekt von Altären und Kanzel wird sofort der Zug zum Chor eingeleitet. Nach wenigen Schritten gewinnt der Innenraum an Boden, wird in gewandelter Aktualität das große Achteck präsent, in seiner architektonischen Konstitution und seiner von Bogen, Emporen und Lichtfeldern umgebenen Räumlichkeit. Und wieder erfährt man sogleich eine andere Wirkung: Aus der mittelachsialen Vorwärtsschau wird der Blick aufwärts in die große Kuppel und deren konzentrische Bildkomposition gelenkt. Zugleich entziehen sich Presbyterium und Chorschluß in der baulichen Rahmung, der Raumanlage und ihren Ausmaßen einer rationalen Begreifbarkeit. Im Arrangement der Altäre und Lichtgehalte vollendet sich das Erscheinungsbild des Endraums. Doch ergibt auch hier sich
Abb. S. 191, 192
als gegensätzliche Ergänzung schließlich noch der Rückblick aus dem Presbyterium. In der Schau unter dem Brückenbogen des Frauenchors offenbart das Achteck um so stärker seine Bau- und Raumwirklichkeit.

Als Fischer die Aufgabe von Altomünster übernahm, stand er in seinem 72. Lebensjahr. Die Auseinandersetzung oder Verbindung von Lang- und Zentralräumlichkeit hatte er früh in St. Anna am Lechl als Verschmelzung zur Ellipse gelöst, später nochmals in Benediktbeuern. Öfter freilich suchte er das Thema in kompositionellem Verfahren zu meistern. Den Zentralgehalt in die Mitte einer Langkomposition zu legen, war die Idee von Rinchnach; die vollkommenste Formulierung entstand dann in Rott am Inn. Die andere Möglichkeit, den Zentralraum an den Anfang zu stellen, erscheint 1735 im Projekt-Kupferstich von Berg am Laim. Altomünster bedeutet die späte Erfüllung dieser Komposition. Ihre besondere innere Bewegtheit ergibt sich damit, wie das Abnehmen realer Dimensionen und Architektonik einerseits und die Steigerung der bildkünstlerischen Darbietung andrerseits sich begegnen und zusammenwirken.

Da Fischer seit Osterhofen und Rinchnach das Begreifen des Raums von außen nach innen gern gepflegt hat, mußten ihm die raumbegleitenden Innengänge des birgittinischen Bauwesens besonders sympathisch sein. Sie haben in Altomünster auf einzigartige Weise die fließenden Wechsel von Ruhe und Bewegung gehalten und gelenkt. Die Motivik der bewegten Umzonung, die Mehrgeschossigkeit der Umgänge und der doppelschaligen Wandung ist hier über Rott am Inn hinaus nochmals gesteigert.

So mag man den Entwicklungsprozeß und Variationsreichtum der Architektur Fischers hier besonders an den Schrägseiten des Achtecks beobachten und dazu eine Vergleichsreihe aufstellen: In Rinchnach wird die Zentralität innerhalb eines Langraums durch Eckabschrägungen mit anschließenden apsidialen Kapellen zu gewinnen versucht. – Am Gemeinderaum von Berg am Laim ist aus einer Konfiguration von Quadrat, Achteck, Kreuz, Stern und oberem Kreis die Diagonalseite im Prinzip der Schalenwandung gestaltet. Aus ihrer Konkavität

197

wird nach oben allmählich ein Raumzylinder geformt, gleichsam die Hohlform eines an und durch den Rand der Wölbung aufgeführten Türmchens, oder auch, umgekehrt interpretiert, senkt sich von der Wölbung her ein zylindrisches helles Gehäuse zum unteren Raum. – In Aufhausen geht Fischer dazu über, die Abschrägung als raumhaltiges Gerüst zu strukturieren: Einfach, stabil, fast etwas hart sind die Pfeiler mit je zwei in stumpfem Winkel zueinander stehenden glatten Pilastern und geradlinigen Gebälklagen; die Brüstung des Oratoriums ragt einwärts geknickt vor; über dem Oratoriumbogen geht eine schirmförmige Überleitung aufwärts zum großen Gewölbe. – In Ingolstadt ist die entsprechende Stelle geschmeidig ausgeformt: Die Pilaster sind in etwas weiterem Abstand gestellt; das Gebälk buchtet zwischen geradlinigen und konvexen Lagen konkav zurück, die Brüstung des Oratoriums bogt dagegen leicht vor; die Oratoriumsarkade ist sehr schlank; über dem Kranzgesims liegt eine elastische Zwischenschicht, die zum Hauptgewölbe überleitet. Vornehm ist in Ingolstadt auch die Kannelierung der Pilaster und der Konsolenbesatz des Gesimses (Anteil des Stukkators!), reich das Licht. Das Ganze hat im Durchfühlen der Struktur, in der Eingängigkeit und Zugänglichkeit der Raumgehalte und Raumbeziehungen etwas Menschliches angenommen. – In Rott am Inn wird die Struktur dieser Stelle stereometrisch gefestigt. Die Pilaster sind glatt, in rechtem Winkel aneinander gerückt zu Pfeilerkörperlichkeit; ebenso sind die Gebälke kubisch gelegt, die Brüstungen der Oratorien geradlinig; der Rand des Hauptgewölbes fußt beinahe unmittelbar auf dem Kranzgesims; die Arkaden der Oratorien sind, ähnlich wie in Ingolstadt, gekehlt; das Verhältnis von Baukörper und Raum ist ausgeglichen.

In Altomünster werden die Schrägseiten des Achtecks gerahmt von dezidierten Wandpfeilerkörpern, die aus glatten Pilastern direkt zusammengestellt sind und die inneren Ecken des Achtecks innehaben. Entsprechend ist oberhalb der Pfeiler das Gebälk kubisch verkröpft. Darüber vermitteln zum Ansatz der Kuppel stukkierte Engelhermen, die aus spangenförmigen Rocaillen hervorkommen. Die Randraumgehalte sind nicht so frei wie in Ingolstadt und Rott am Inn, sie müssen sich gegen die konsolidierte Baukörperlichkeit behaupten. Der oberste Emporengang ist so sehr nach oben gerückt, daß sein Raumgehalt von unter her nicht wahrnehmbar, nur aus den Lichtverhältnissen zu erschließen ist.

Im ganzen wechselt die Belichtung zwischen indirekter Gedämpftheit und einer vollen, aber fast abstrakten Helligkeit. Über dem gefestigten Gebälk liegen die am meisten geöffneten Öffnungen. Innerhalb des Baukörpers ergeben sich Effekte der Freilegung wie auch des Versteckens und Verschwindens. Die zwei Grundarten der Raumerfahrung, Durchschreiten und Schauen, die in Ottobeuren so intensiv vereint sind, wollen sich hier eher trennen. Von Anfang an hat in Altomünster das Schauen Vorrang, nach dem Achteck wird der Raum der Begehbarkeit entzogen.

Das Strenge, ja Schwierige, das dem Auftrag von Altomünster eigen war, konnte im persönlichen Alter Fischers Resonanz und Verwirklichung finden. Der Baumeister hat die Erfordernisse der birgittinischen Doppelklosterkirche im Neubau veredelt und in einen neuen inneren Zusammenhang gebracht: Wie Tag und Jahr und das ganze Leben von Regula und Ordo bestimmt werden, das bildet hier die Architektur vor und nach.

Im Prinzip der Zentral-Langraum-Komposition läßt sich Altomünster einer Gruppe verhältnismäßig seltener, aber bedeutsamer Bauten des 18. Jahrhunderts zuordnen. Sie sind fast alle mit Wallfahrtskult verknüpft. Die Gruppe beginnt mit der Kirche von Maria-Einsiedeln (1705) und dem Neumünster in Würzburg (1711). 1745 folgt die Kirche in der Wies, 1771 endet die Reihe mit der Benediktiner-Stiftskirche St. Blasien. Die raumgliedernde Funktion der Nonnenempore von Altomünster ist in der Stiftskirche von Kempten (1654) vorbereitet, die Fischer von Ottobeuren aus hat kennenlernen können. Das System der doppelten Emporenanlage gab es schon in der Klosterkirche Fürstenfeld (1701).

Abb. S. 192 Als spätbarocke Kirche eines Birgitten-Doppelklosters ist der Bau von Altomünster ein Unikum. Der oberste Umgang wirkt als Schwebezone, der Nonnenchor als Schweberaum. Der Nonnenchor und die auf gleicher Höhe im Achteck liegende Nonnenempore sind durch inwendige Gegenzüge miteinander in Verbindung gehalten. Die Brüstungen von Emporen und Oratorien weisen zum Innenraum hin durchbrochene Ornamentfelder auf, die sich reizvoll vor dem Licht des Hintergrunds abheben. Nicht minder aber sind diese, an der Rückseite völlig schmucklosen Brüstungen Sichtschutz für die hier sich aufhaltenden und bewegenden Ordensleute.Im Pfeiler der Kanzel ist ein kleiner Raum der Sammlung verborgen. Eindrucksvoll ist auf der unteren Empore der Aufblick aus einer Schrägseite des Achtecks zur gegenüberliegenden Seite mit der oberen Empore und dem Ansatz der großen Kuppel. Die geheimnisvolle Wirkung der oberen Empore könnte von der Klosterkirche Fürstenfeld angeregt sein.

Die merkwürdigste Sonderform Altomünsters ist der heute noch seiner ursprünglichen Bestimmung dienende Nonnenchor. Er ist durch schmale, an seinen Flanken geführte Gänge zugänglich, zugleich aber auch isoliert. Für den Blick aus dem Achteck herauf wird er durch eine dunkel schimmernde Verglasung gedeckt. In mystischer Statik ist der in der Höhe angesiedelte Nonnenchor ein über einem tragenden Hohlraum schwebendes Gehäuse; als eine Oberbühne gleichsam pneumatisch bis nah ans Gewölbe gehoben, ebenso aber auch von oben herabgesenkt wie eine »casa santa« oder ein hängender »hortus conclusus«. Unter der Brücke des Nonnenchors ziehen die Blicke zum Hochaltar und Chorschluß, sich neigend und wieder erhebend.

Der Chor der Laienbrüder besitzt zwei eigene Altäre. Seine Emporen sind auf gleiche Höhe mit der Kanzel, dem oberen Hochaltar und dem Chor der Patres gebracht. Er ist in der Horizontalen also wie zwischen zwei Polen eingeordnet: Rückwärts liegt das große, tempelhaft erhabene Achteck, vorn ist der letzte heilige Bereich nah. So kann der Stand der Laienbrüder in der Raumordnung aufgewertet erscheinen, was einer dem endenden 18. Jahrhundert eigenen Tendenz entspricht. Der Nonnenchor ist in die Höhe entrückt, der Chor der Patres in die Ferne verborgen – ganz anders in Dießen der offene Beginn des Chors, die freie Treppe!

Bewußt ist der alte, gotisch stilisierte Chor bewahrt geblieben. (Die äußeren Strebepfeiler des Achtecks sind erst im 19. Jahrhundert angefügt worden).

Aber auch neues Leben behauptet sich, immer noch im Sinn der sakralen Barockkunst. Vom Introitus aufwärts zur Glorie der großen Bildkuppel und vorwärts bis zum Chorschluß ist die Raumkomposition voll von liturgischkultischer Zeremonialität. Feierlich wie der Turm, besteht und richtet sich innen das große Achteck des Gemeinderaums auf. Bereits in den ersten Blicken wird die geometrische Dimension der Länge in die geistige Dimension der Tiefe verwandelt. Geheimnisvoll erscheinen schon im Achteck die diaphanen Gloriolen in den Bekrönungen der Seitenaltäre. Das große Kuppelbild sammelt irdischen Grund, menschliche Gründungsgeschichte und himmliche Ewigkeit. Der Raum von Presbyterium, Hochaltar und Herrenchor ist aus aller Begrenztheit gelöst, aber doch als Ziel bestimmt. Wo der natürliche Erdboden seine Höhe erreicht, hat der am meisten vergeistigte Raum seinen Ort, transparent in Jenseitszuversicht. Hier wird auch ein letztes barockes Theatrum sacrum aufgeführt; mit einem doppelgeschoßigen Hochaltar und begleitenden Seitenaltären. Aus dem Nonnenchor und einst auch aus dem Mönchschor kommen dazu die Stimmen des Chorgebets und Choralgesangs.

In Altomünster steht der letzte große Bau Johann Michael Fischers und zugleich das Spätwerk einer ganzen Epoche. Anstrengung verrät sich, mehr als in Rott am Inn. Die baukörperliche Struktur ist nicht ganz vollkommen. Nach dem Achteck werden die Mauern des Chors einschalig, dünn. Die Folge der Chorteile ist gleichsam aus einer Verschachtelung gezogen. Aus der Beibehaltung alter Teile rührt manche Unausgeglichenheit in der Gesamtfigur des Grundrisses und des Längsschnitts. Die Komposition ist in den Verfahren des Einbaus etwas präpariert geraten, eine fast gestückelte Kombination an sich eigenwilliger Teile, im ganzen weniger kultiviert als die Anlage von Rott am Inn. Im Achteck, wo der Baumeister am selbständigsten hat gestalten können, sind die Bogen teils breitspurig, teils beschnitten, einmal gestelzt und einmal gedrückt. Ihre Konfiguration entbehrt des Wohllauts von Rott am Inn. In der Randung liegen einige Teile ganz offen, andere werden versteckt. Manche Stellen sind fast leer, andere enthalten verborgene Lebendigkeit. In der Gesamtkomposition bemerkt man da und dort Züge von Abkapselung und Kontaktlosigkeit. Empfindlich wechseln die Stimmungen: Schwere und Beklemmung, Druck, Stockung, Kälte, Blutleere – Symptome eines individuell-persönlichen wie eines allgemein-zeitlichen Altersstils?

Auf einmal aber ergeben sich, indem Askese und Mystik sich begegnen, doch auch Regungen innerer Heiterkeit. Von den Emporen aus kann man in die freie Naturlandschaft hinaus schauen. Das Achteck ist in seiner architektonischen Gestaltung autonomer als der Mittelraum von Rott. Seine Monumentalität stammt aus der alten Tradition des von Emporen umfaßten Achtecks.

Im Jahrzehnt nach Altomünster entsteht die Klosterkirche von Wiblingen, als Finale aus Entwicklung und Wesen schwäbischer Sakralarchitektur. Schon kurz vorher war im westlichen Gebiet mit der Stiftskirche von St. Blasien französischer Frühklassizismus zur Herrschaft gekommen. In Altomünster aber beschließt Johann Michael Fischer die barocke Kirchenbaukunst Altbayerns.

Wenn im damaligen Deutschland Religiosität und kirchlicher Kult sich in die Richtungen von Rationalismus und Mystizismus zu spalten beginnen – in Bau und Raum von Altomünster ist noch einmal die Einheit eines Weltbilds bewahrt und gewährt.

Letzte Bauten

». . . welcher niemalen geruhet«
(Fischers Grabmalinschrift, 1766)

Während Dominikus Zimmermann sein letztes Jahrzehnt anscheinend zurückgezogen bei seinem Meisterwerk in der Wies verbracht hat, ist Johann Michael
Fischer (wie Balthasar Neumann) bis an sein Lebensende tätig gewesen.
Verständlich, daß dabei Mitarbeiter zum Zug gekommen sind, die schon eine
gewisse Selbständigkeit erreicht hatten und diese nun noch steigern konnten, die
sich weiterentwickelten, aber doch nur Epigonen blieben. So führte Simon Frey,
der alte erprobte Palier, seit 1765 Bauten Fischers aus. Balthasar Trischberger,
ein Schüler Ignaz Anton Gunetzrhainers und seit 1759 Maurermeister in München, vollendete 1767/68 die Klosterkirche Altomünster. Vielleicht darf man
ihm auch St. Georg in München-Bogenhausen zuweisen (1766, Turm 1770/71).
Etwa 1766 arbeitete Josef Kirnberger aus München als Palier an einer von
Fischer entworfenen Dorfkirche; über diesen Berufsstand hat er es vermutlich
nicht hinausgebracht.
Die bedeutendste Nachwuchskraft in der Spätzeit Fischers war Franz Anton
Kirchgrabner. Nachdem er als Palier bei Fischer und kurze Zeit auch bei dessen
Witwe gedient hatte, erwarb er im Herbst 1766 Fischers Münchner Meister-
recht. Dazu erhielt er auch den Titel eines Hofmaurermeisters des Herzogs
Clemens Franz von Bayern. Soweit Kirchgrabner der Überlieferung zufolge an
der Spitalkirche St. Maximilian in München selbständig tätig gewesen ist, wird
dafür die Bauphase von 1766/69 in Betracht kommen.
Fischer sehr nahe steht die Kirche von ESCHENLOHE an der Loisach im Werden-
felser Land, deren Bauherrschaft das Kloster Ettal hatte. Die Wölbung des
Altarraums ist 1765 datiert und mit dem Monogramm Franz Kirchgrabners
versehen. In der Folgezeit entstand der Gemeinderaum, dessen Rohbau laut
einem Bericht Kirchgrabners im Mai 1768 fertig war. Man darf vermuten, daß
der Gesamtentwurf der Kirche noch von Fischer stammt. Kirchgrabner hat das
Altarhaus, noch vor Erlangung des Meisterrechts, in der Ausführung vollendet
und darnach den Gemeinderaum errichtet, wobei eine gewisse Überarbeitung
der Pläne Fischers nicht ausgeschlossen werden kann.

Abb. S. 201 In Ausmaßen und Gestaltung hebt sich der Eschenloher Bau ansehnlich aus der
Klasse der Dorfkirchen. Im Äußern des Gemeindebaus ist der Zusammenhang
mit Fischer deutlich: ein zum Achteck abgeschrägtes Quadrat, darüber eine
Dachpyramide entsprechender Art; die Stirnseite ausgestaltet in einem von
glatten Pilastern gerahmten, mit einer flachen Muldennische ausgefüllten und
durch einen unten offenen Dreieckgiebel überdeckten Vorsprung. Diese Schau-
seite entspricht sowohl dem landschaftlichen Standort wie dem Rang der
Bauherrschaft: gegenüber Bichl gehoben, im Vergleich mit Rott am Inn aber
Abb. S. 202 gemäßigt. Im Innern hat der Gemeinderaum die von Fischer seit Aufhausen bis
Altomünster durchgehaltene Komposition: Achteck mit vier raumhaften, von
Emporen geteilten Schrägseiten und mit einer dem Kernraum übergeordneten,

kreisrund ansetzenden Flachkuppel. Mit Rott am Inn verglichen, haben die Diagonalteile hier an Raumgehalt, Bewegung, Leben verloren. Die Emporen sind leer, in der Erscheinung (und meist auch praktisch) nicht zugänglich, »unheimlich«; ihre »Brüstungen« gerade, geschlossen und kahl. Während das Altarhaus glatte, kapitellbekrönte Pilaster aufweist, hat der Gemeinderaum anstatt Pilastern nur leere Wandstreifen, von einer unbestimmten, mit der kanonischen Architekturregel jedenfalls nicht faßbaren Struktur. Die Gebälklagen sind kubisch-rechtwinkelig, nüchtern und, im Unterschied zu Altomünster, in der Profilierung schwach. Die Einheit des Raumprospekts stockt und zerbröckelt. In all dem wird der Abstand der Nachfolgerschaft vom Meister selbst deutlich, zugleich der allgemeine Zug der Entwicklung.

Zur Zeit des Baubeginns von Eschenlohe ließ die im nordöstlichen Oberbayern, bei Neumarkt zwischen Altötting und Landshut im Rottal gelegene Benediktinerabtei ST. VEIT einen neuen Oberbau ihres schadhaft gewordenen mittelalterlichen Kirchturms aufführen. Ein in den Knauf eingelegtes lateinisches Schriftblatt meldet, daß der Turm im August 1765 vollendet worden ist und zwar durch Simon Frey, der in Vertretung Johann Michael Fischers als »Baudirector« genannt wird. In dieser Titulierung mag die Aufwertung des einstigen Paliers deutlich werden.

Abb. S. 203

Über dem alten rechteckigen Unterbau steht ein achteckiges Obergeschoß. Auf einem Mauergesims folgt die von einem Münchner Kupferschmiedmeister gefertigte achtseitige Kuppel. die in einer temperamentvoll konturierten, mehrfach abgesetzten und sich verjüngenden Spitze endet. Auf diese Weise gewinnt der schlanke, an sich einfache Turm sein Ansehen. Im Vergleich mit Altomünster ist die Kuppel etwas kleinteilig, gegenüber München-Bogenhausen aber hat sie mehr vitalen Zusammenhang – ein Entwurf Fischers ist glaubhaft vorauszusetzen. Der Turm sollte Auftakt zum Neubau der Kirche sein, der aber nicht zustande kam.

Noch ein anderer, ganzer Bau ist dokumentarisch mit Fischer verbunden: die Kirche des zwischen Rosenheim und dem Chiemsee gelegenen Dorfs SÖLLHUBEN. Ihr Bauherr und Gönner war Johann Maximilian V. Graf von Preysing auf Hohenaschau. Von ihm beauftragt, lieferte Fischer die Entwürfe zum Neubau. Als dieser 1766 angefangen wurde, war zunächst Josef Kirnberger Palier. An seine Stelle trat dann als Leiter der Ausführung Hans Thaller, der letzte Vertreter jener »Hausstätter Gruppe«, aus welcher Fischers Münchner Meister und Schwiegervater Johann Mayr hervorgegangen war – so schließt sich ein Kreis. Thaller brachte die Kirche 1767 bis zum Altarhaus unter Dach. Nach Überwindung finanzieller Schwierigkeiten konnte der Bau 1768/70 durch einige andere, aus der Umgebung stammende Meister zum Abschluß kommen.

Auch diese Kirche besteht aus einem zum Achteck zugeschnittenen, mit einem Pyramidendach gedeckten Gemeindebau und einem eingezogenen, niedrigeren, in dreiseitiger Brechung endenden Altarhaus. Die Außengestalt ist also mit Eschenlohe verwandt, doch in den Dimensionen viel kleiner, in der Formung nicht so straff. Alle Fenster haben gekehlte Laibungen. Von Fischers Art weicht der Turm ab, mit den Dreiecksgiebeln, der trockenen Kuppel und ihrer scharfen Spitze.

206

Innen hat der Gemeinderaum glatte, kubisch zusammengestellte Pilaster und verkröpfte Gebälke; in den vier Hauptseiten Halbkreisbogen, an den vier (emporenlosen) Schrägseiten gestelzte Bogen. Im Übergang zum Gewölbeansatz sind kantige Schnitte entstanden, die aber von Schattierungen gemildert und belebt werden. Gemeinde- und Altarraum haben je ein Hängegewölbe mit Stichkappen, deren Spitzen gestutzt und gerundet sind. Die Einwirkung einer hocharistokratischen Bauherrschaft ist wohl erkennbar. Gute Proportionen und Lichtführungen rufen eine vornehme und zugleich heitere Stimmung hervor. Bei aller Schlichtheit sind die Einzelheiten sicher, gepflegt. Härten werden abgeschliffen. Ein gewisses Lässigsein ist mit im Spiel, es verfällt jedoch nicht ins Nachlässige. Trotz aller Handwerklichkeit der Ausführung ist immer noch viel von Fischers Baukultur wirksam geblieben.

Abb. S. 204 Im Jahr nach Vollendung des Turm von Sankt Veit übernahm Simon Frey den Auftrag zum Kirchenbau des Augustiner-Chorherrnstifts SUBEN. Der Ort liegt rechts des unteren Inns, südlich von Passau, in damals noch Kurbayerischem Gebiet. 1766 wurde der Bau begonnen, von 1768 an das Innere ausgestaltet, im Herbst 1771 fand die Weihe statt. Eine unter der Orgelempore angebrachte stukkierte Inschrift nennt: »Simon Frey Baumeister in puellach nebst (!) München«.

Innerhalb eines harten Grundrißrahmens ist der Raum nach Art eines Aggregats angeordnet, »eingeteilt«. Das kann an Schäftlarn erinnern. Im Unterschied zur durchsichtigen Einheit der dortigen Raumanlage sind der Grundriß und das Innere von Suben aber mehr gestückelt und ineinander geschachtelt. Die Flankenwände sind flach, wie hingeklappt. Doch werden sie, Altomünster ähnlich, stellenweise auch zweischichtig aufgestemmt. Eine charakteristische Einzelheit: Zu Seiten der Orgelempore sind in die Pfeilerschrägungen zwei kleine Oratorien eingearbeitet – weniger Gehäuse persönlicher Andacht (wie in Altomünster) als »Zellen« der Skepsis. Lebendiger als der Grundriß ist die Gewölbeanlage durchgeformt und rhythmisiert, mit Hängegewölben böhmischer und österreichischer Art. Aber die Gesamtbewegung ist doch gehemmt. Anstatt der Durchwaltung eines Langraums mit Zentralgehalten überwiegt auch im Gewölbebereich die Methode der Addition. Der ganze Raum hat bei aller guten Dekoration etwas Abweisendes. Diese Eigenart erklärt sich aus den beschränkten Möglichkeiten des kleinen und etwas abgelegenen Stifts, aus geringerer Begabung des ausführenden Baumeisters und wieder auch und nicht zuletzt aus der Spätzeitlichkeit der Entstehung.

Gewiß deuten die Inschriften von Sankt Veit und Suben auf das wachsende Ansehen Simon Freys. Doch wird damit nicht ausgeschlossen, daß auch für Suben noch Entwürfe Johann Michael Fischers vorgelegen haben. Ob und wie Simon Frey sie etwa abgeändert hat oder ob Änderungen erst während der Ausführung nach 1766 erfolgt sind, bleibt ungeklärt. Immerhin lassen sich die Überleitungen am Anfang und Ende des mittleren Raumzugs, die Abschrägung der Ecken des Hochaltarraums, die Bildung der Hochaltarapsis, auch das Dachreitertürmchen auf Fischer beziehen. Er wäre mit dieser letzten Entwurfarbeit seines Lebens in die nächste Nähe von Schärding zurückgekehrt, wo vier Jahrzehnte vorher sein Schaffen begonnen hatte.

207

Ende des Lebens

München, 6. Mai 1766.

Im September 1766, ein Jahr nach der Weihe der Abteikirche von Zwiefalten, feierte Stift Ottobeuren das Jahrtausendjubiläum seiner Gründung und die Konsekration der neuen Kirche. Dabei apostrophierte einer der Festprediger, P. Sebastian Sailer, den Bau mit den Worten: »Du bist von der Baukunst eines Fischers, eines bayerischen Vitruvius, . . . herausgeputzet«.
Wenige Monate vorher, am 9. Juni, konnte in die Kuppel von Altomünster der Schlußstein eingefügt werden. Und wieder genau einen Monat davor, am 9. Mai 1766 wurde Johann Michael Fischer an der Südseite der Kirche Unserer Lieben Frau in München ins Grab gelegt.
Im gleichen Jahr starben am 4. März in Konstanz Peter Thumb und am 16. November Dominikus Zimmermann in der Wies. Wie in der Geburtsgemeinschaft begründet, so vollendete sich im Tod die Konkordanz der Lebenszeit der Baumeister mit der von ihnen getragenen ganzen Kunstepoche.
Fischers Grabmal, vielleicht ein Werk des Münchner bürgerlichen Steinmetzmeisters Johann Michael Matthaeo, ist 1944 im Krieg beschädigt und beim Wiederaufbau nicht mehr aus den Trümmern gerettet worden. Nur die Inschrifttafel ist seit 1959 im Innern des Liebfrauendoms, nahe der ursprünglichen Stelle, in die Wand der ersten Kapelle der Südseite eingesetzt. Sie läßt uns lesen:

Abb. S. 220d

Hier Ruhet
Ein Kunsterfahrn
Arbeitsam Redlich und Aufrichtiger
Mann Iob 1 v. 1

JOHANN MICHAEL FISCHER

Dreyer Durchlauchtigsten Fürsten
Bewährter Bau-Meister
Dan Burgerlicher Maurer-Meister in München
Welcher niemahlen geruhet
indem Er
durch sein Kunsterfahrne und Unermüdte Hand
32 Gotteshäuser 23 Clöster
nebst sehr vielen anderen Palästen
Gemüther aber viele hundert
durch sein Alt-Teutsche und Redliche Aufrichtigkeit
Erbauete
biß Er endlich den 6. Maij An. 1766
in den 75 Jahr seines Alters
zum letzten Gebäu des Haus der Ewigkeit
Ecc. 12 V. 5 als einen Grund Stein geleget
den Jenen Welcher ist die Veste und der Eckstein der Kirche. Ephes. 2 V. 20.

Zusammenfassung

Die umfangreiche und ansehnliche Tätigkeit Johann Michael Fischers ist in diesem Buch nicht gegliedert nach Aufgaben oder Bautypen, sondern in der zeitlichen Entstehungsfolge der Werke dargelegt worden. Diese Disposition bleibt dem Leben des Meisters selbst näher. Sie läßt den biologischen Verlauf des Schaffens wie das Verhältnis der individuellen Leistung zur allgemeinen Entwicklung beobachten.

Fischer steht in Generationsgemeinschaft mit führenden Künstlern des 18. Jahrhunderts. In ihm scheinen lang stillgelegte Begabungsreserven der Oberpfalz sich gesammelt zu haben. Seine Ausbildung findet in der erwartungsvoll gespannten Wendezeit um 1715 statt. Seine selbständige Tätigkeit beginnt um 1725, als mit dem Schaffen der Asam im Freisinger Dom und in Maria-Einsiedeln ein neuer Inbegriff des sakralen Bildraums lebendig wird. Diese Entwicklung hat Fischer in Osterhofen aufgenommen und in St. Anna am Lech schöpferisch fortgeführt. In den glänzenden 1730er Jahren errichtet er die Stiftskirche von Dießen und St. Michael in Berg am Laim. In der Kaiserzeit Karl Albrechts hat er den Weg nach Fürstenzell bei Passau wie westwärts zu den reichen Stiften Schwabens gefunden. Die Münster von Zwiefalten und Ottobeuren gehören zu den letzten großen Sakralbauten des alten Europa. In der Epoche des Kurfürsten Maximilian III. Josef baut Fischer Schloß Neuhaus und die Klosterkirche von Rott am Inn. Das ergreifende Schlußwerk ist die Kirche von Altomünster.

Deutlich werden in der Perspektive durch das gesamte Schaffen auch die besonderen Qualitäten der Architektur Fischers. Zuerst sei die Fähigkeit zur Abwandlung je nach der Aufgabe und nach dem Rang des Bauträgers genannt. Sie äußert sich in der Unterscheidung städtischer und ländlicher Kirchen; in der ausgeprägten Hofkirchlichkeit von St. Michael in Berg am Laim, in der besonderen Haltung von Kirchen strenger Orden oder in der Einbeziehung von Motiven des Wallfahrtskults. Verschieden gestaltet Fischer die Kunsträume der Prämonstratenser (Osterhofen), der Augustiner-Chorherrn (Dießen), der Zisterzienser (Fürstenzell) und die Eigengesetzlichkeit der Kirche des Birgitten-Doppelklosters Altomünster. Bei Bauten der Benediktiner meistert Fischer jene Rangunterschiede, die der alten Ordnung gemäß zwischen den landständischen Klöstern Altbayerns und den Reichsstiften Schwabens geboten sind. Erkennbar werden auch Wandlungen im Verhältnis der Bauten zu ihrer Umgebung, ihrer Landschaft: Niederalteich und Osterhofen im Donautal, Rinchnach im Bayerischen Wald, Dießen über dem Ammersee, Zwiefalten in einem Tal der Schwäbischen Alb, Ottobeuren im Wiesengrund des Allgäus. Stolz präsentieren sich Berg am Laim und Kloster Wiblingen, liebenswürdig Schloß Neuhaus am Inn. Vollkommen ist das Kapellsanctuarium von Benediktbeuern dem mächtigen Kloster zugeordnet. Die Kirchen von Unering, Bergkirchen und

Bichl sind unentbehrlich im Bild dieser Dörfer Oberbayerns, Altomünster steht richtig im altbayerischen Bauernland. Ähnlich gelingt jeweils auch die Wahl von Lang- und Zentralräumlichkeit, die Auseinandersetzung ihrer Gehalte, am besten aber ihre innere Verbindung und Abstimmung die Formung des Raumbilds zum Bildraum.

Seitdem im Fortschreiten der kunstgeschichtlichen Forschung die Kenntnis von Fischers Architektur sich geklärt hat, können manche früheren Zuschreibungen ausgeschieden werden. So ist die Pfarrkirche von Murnau für Fischer zu altertümlich, die Pfarrkirche von Sandizell gehört in den Kreis des Münchner Hofbauamts. Die Wallfahrtskirche von Harlaching und St. Georg in München-Bogenhausen müssen anderen, kleineren Vertretern des stadt-münchnerischen Bauwesens zugeteilt werden.

In den Hauptwerken der Asam vollzieht sich eine unauflösliche Synthese verschiedener Kunstgattungen in der schöpferischen Symbiose eines Bruderpaars. Von den Brüdern Zimmermann ist der eine Maurermeister, Stukkator und Marmorierer; der andere Maler, Stuckdekorator und Stuckplastiker. Gemeinsam haben beide, unter Mitarbeit von Wessobrunner Landsleuten, das Innere der Wallfahrtskirchen in Steinhausen und der Wies gestaltet. Sonst entstehen ihre Werke nur in gelegentlicher Gemeinschaft, meist in Parallelität. Ein drittes Bruderpaar, die Gunetzrhainer in München, arbeitet, soweit bekannt, getrennt, in hofbauamtlicher und stadtbauamtlicher Funktion.

Von den verschiedenen Gattungen der Baumeisterschaft des 18. Jahrhunderts vertritt Fischer den Typus das Maurer-Baumeisters. Bei den Asam gibt es in Rohr und Weltenburg, bei ihrer Bemühung um die Klosterkirche Fürstenfeld wie an St. Johann Nepomuk in München das Problem der baulichen Realisierung der Raumintuitionen. Für Johann Baptist Gunetzrhainer bleibt offen zuweilen die Frage nach der Einordnung seiner Entwurftätigkeit in die hofbauamtliche Pflicht und administrative Position. Dagegen erscheint Johann Michael Fischer immer als bestimmte Einzelpersönlichkeit eines Meisters seines einen Faches. Auf der Grundlage des praktisch-maurermeisterlichen Handwerks, seiner Übung und Erfahrung beruht die Einheit von Entwurf und Ausführung; entstehen aus Verstand und Gefühl Fischers Bauwerke, selbstbewußt und freundlich in der sie umgebenden Landschaft; ihre Räume durchgebildet in Ruhe und Bewegung, in Sammlung und Zielbezug, fest und festlich, von Helligkeit durchleuchtet, in einer eigenen Menschlichkeit.

Allgemeine Literatur

Feulner, Adolf, Johann Michael Fischers Risse für die Klosterkirche in Ottobeuren; in: Münchner Jahrb. der bildenden Kunst, VIII, München 1913, S. 46–62.

Feulner, Adolf, Unbekannte Bauten Johann Michael Fischers; in: Münchner Jahrbuch der bildenden Kunst, IX, München 1914/15, S. 41–66.

Demmler, Theodor, Johann Michael Fischer; in: Thieme-Becker, Allgemeines Lexikon der bildenden Künstler, 12, Leipzig 1916, S. 27–29.

Hauttmann, Max, Geschichte der kirchlichen Baukunst in Bayern, Schwaben und Franken 1550–1780, München-Berlin-Leipzig 1921; 2. Aufl. 1923.

Feulner, Adolf, Johann Michael Fischer = Süddeutsche Kunstbücher, 16/17, Wien (1922), 18 Seiten und 21 Bildtafeln.

Feulner, Adolf, Bayerisches Rokoko, München 1923.

Heilbronner, Paul, Studien über Johann Michael Fischer, Dissertation Universität München 1933.

Hoffmann, Ilse, Der süddeutsche Kirchenbau am Ausgang des Barock = Münchener Beiträge zur Kunstgeschichte, herausgegeben von Hans Jantzen, Band II, München 1938.

Lieb, Norbert, Der Münchener Barockbaumeister Johann Michael Fischer und seine Familie; in: Blätter des Bayerischen Landesvereins für Familienkunde, 16, München 1938, S. 97–107.

Lieb, Norbert, Johann Michael Fischer. Das Leben eines bayerischen Baumeisters im 18. Jahrhundert; in: Münchner Jahrbuch der bildenden Kunst, Neue Folge, 13, München 1938/39, S. 142–153.

Lieb, Norbert, Münchener Barockbaumeister. Leben und Schaffen in Stadt und Land, München 1941.

Ernst, Harro, Der Raum bei Johann Michael Fischer, Dissertation Universität München 1950 (Manuskript).

Neumann, Günter, Die Gestaltung der Zentralbauten Johann Michael Fischers und deren Verhältnis zu Italien; in: Münchener Jahrbuch der Bildenden Kunst, Dritte Folge, II, München 1951, S. 238–244.

Lieb, Norbert, Barockkirchen zwischen Donau und Alpen, München 1953; 4., überarbeitete Aufl. 1976.

Hagen-Dempf, Felicitas, Der Zentralbaugedanke bei Johann Michael Fischer, München 1954.

Franz, Heinrich Gerhard, Johann Michael Fischer und die Baukunst des Barock in Böhmen; in: Zeitschrift für Ostforschung, 4. Jahrgang Heft 2, 1955, S. 220–232.

Freiermuth, Otmar, Die Wandpfeilerkirchen im Werke des Johann Michael Fischer; in: Das Münster, 8, München 1955, S. 320–332.

Lieb, Norbert, Johann Michael Fischer; in: Gehört – Gelesen, herausgegeben vom Bayerischen Rundfunk, München 1958, 10, S. 929–937.

Rupprecht, Bernhard, Die bayerische Rokoko-Kirche = Münchener Historische Studien/Abteilung Bayerische Geschichte, herausgegeben von Max Spindler, Band 5, Kallmünz 1959.

Lieb, Norbert, Johann Michael Fischer, in: Bayerische Symphonie, II, herausgegeben von Herbert Schindler, München 1968, S. 176–183.

Ernst, Harro, Johann Michael Fischers europäischer Rang (Festvortrag); in: Johann-Michael-Fischer-Gymnasium Burglengenfeld, Jahresbericht 1971/72, Burglengenfeld 1972, S. 20–25.

Ernst, Harro, Zur Himmelsvorstellung im späten Barock, besonders bei Johann Michael Fischer; in: Zwischen Donau und Alpen, Festschrift für Norbert Lieb = Zeitschrift für Bayerische Landesgeschichte, 35, Heft 1, München 1972, S. 266–293.

S. 213: München, St. Anna am Lechl: a) Fassadenentwurf – b) Fassade, Aufriß aus dem frühen 19. Jahrhundert – c) Grundrißentwurf mit anschließendem Klosterbau – d) Grundriß; Kupferstich aus dem Cuvilliés-Werk, etwa 1755 – e) Innenansicht nach der Restaurierung von 1934 und vor den Zerstörungen von 1943/44.

S. 214: a) Dießen, Stiftskirche, Turm; Bestandsaufnahmen nach dem Brand von 1827, gezeichnet von Martin Dichtl – b) München-Berg am Laim, St. Michael, Projekt-Kupferstich von Simon Thaddäus Sondermayr 1735 – c) Berg am Laim, Grundriß von Johann Michael Fischer mit Turm-Fassaden-Projekt Philipp Jakob Köglspergers 1737/38 (Luzern) – d) Berg am Laim, Projekt Ph. J. Köglspergers, Kupferstich 1738/39.

S. 215: Ingolstadt, Klosterkirche: a) Inneres nach Restaurierung von 1933/34 – b) Äußeres, Eingangsseite, vor der Zerstörung von 1945.
Ottobeuren, Abteikirche: c) und d) Längsschnitt-Entwürfe J. M. Fischers mit Vorschlägen für die Stukkierung (Ottobeuren, Klosterarchiv; bis 1964 in Ingolstadt) – e) Grundriß-Entwurf Fischers aus Neresheim-Wiblingen (Regensburg, Fürstl. Thurn und Taxis'sches Zentralarchiv).

S. 216: Ottobeuren, Abteikirche, Entwürfe (Ottobeuren, Klosterarchiv; bis 1964 in Ingolstadt): a) und b) Fassaden-Aufrisse J. M. Fischers – c) Längsaufriß des Äußern von J. M. Fischer – d) Grundriß Simpert Kraemers 1738/39 – e) Grundriß Josef Effners 1744; f) und g) Grundrisse J. M. Fischers.

a

b

c

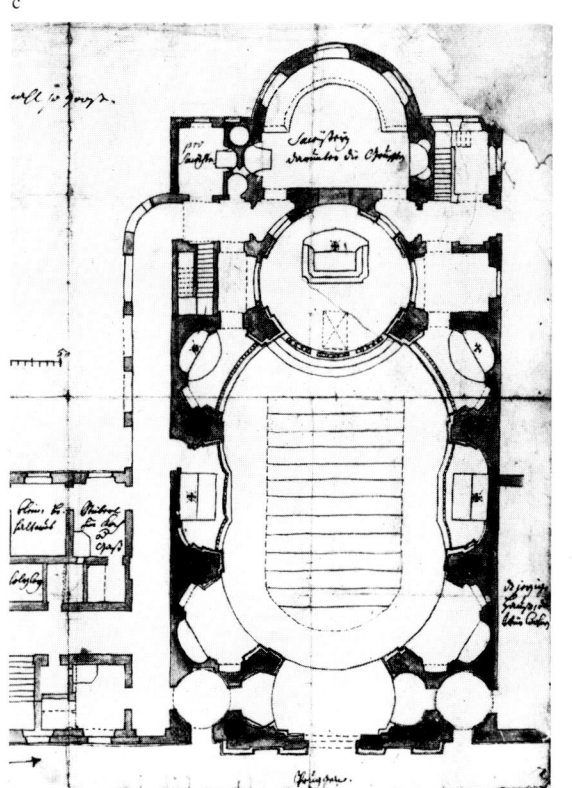

d

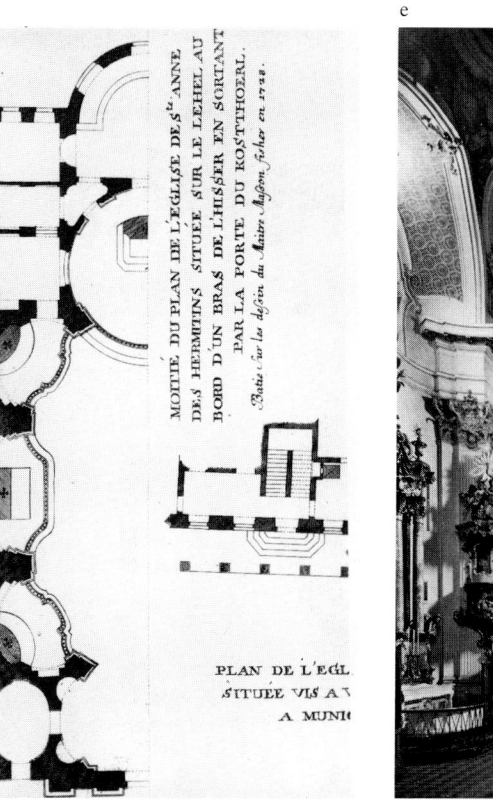

e

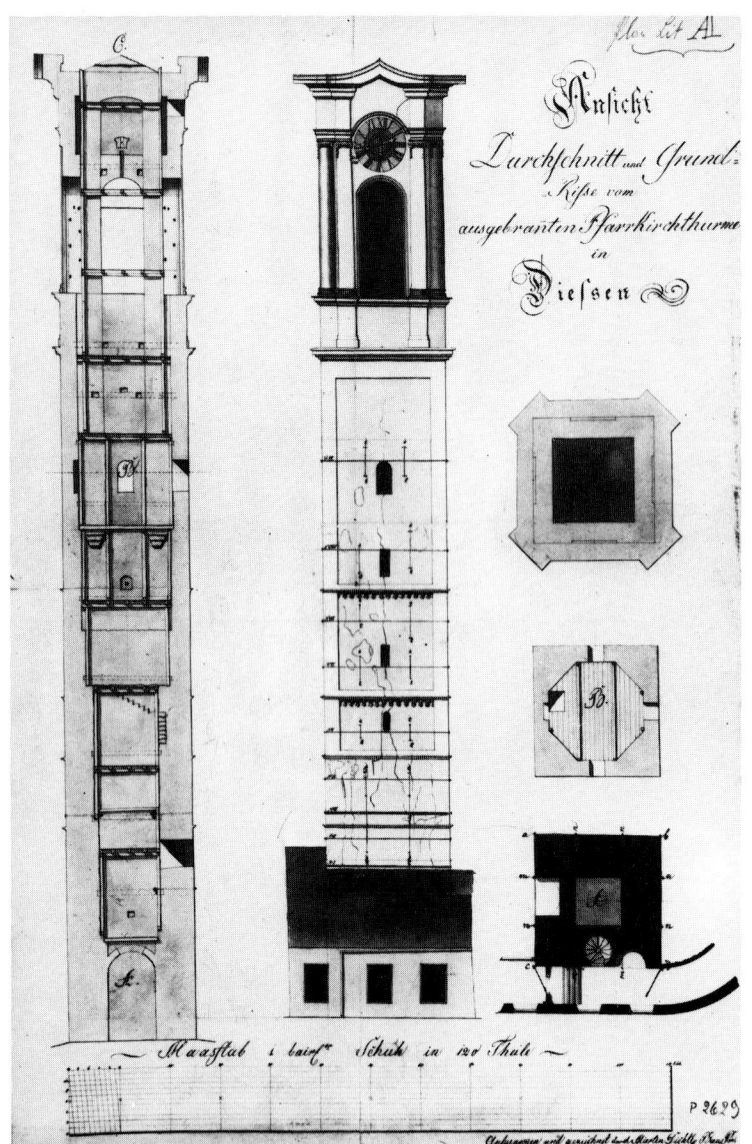

a

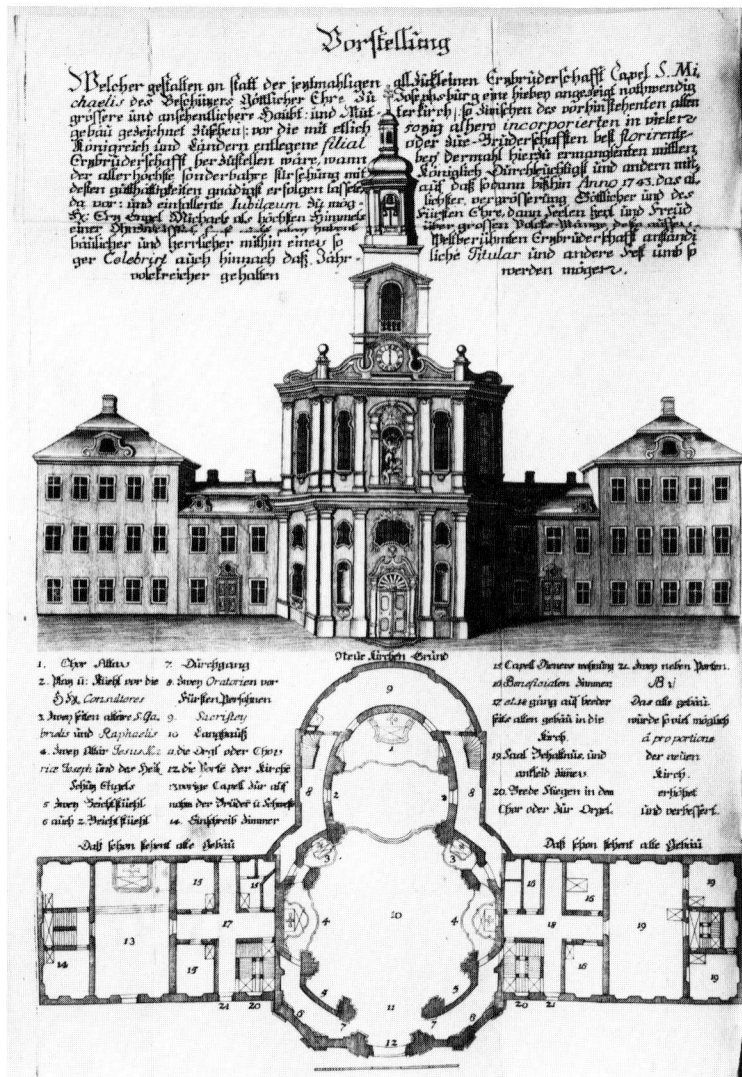

b

Vorstellung

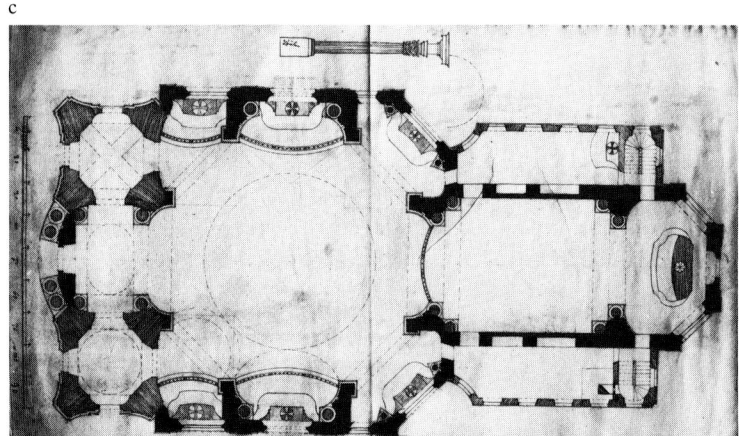

c

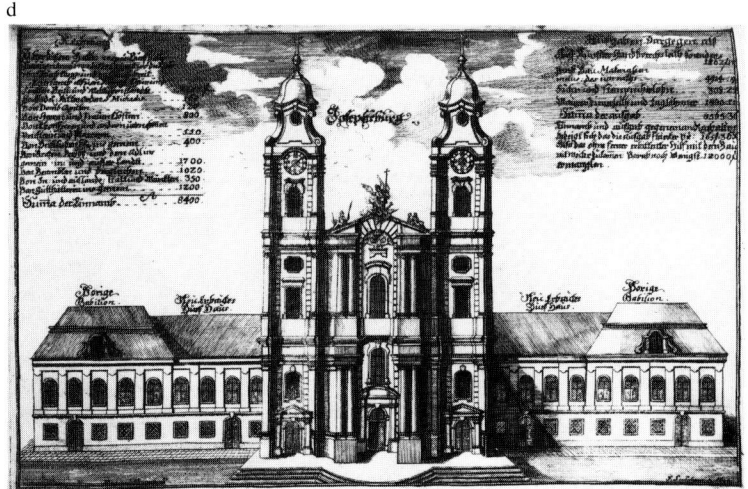

d

a

b

c

d

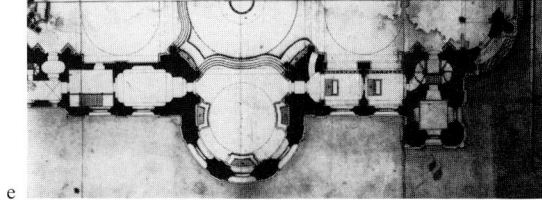

e

215

a

b

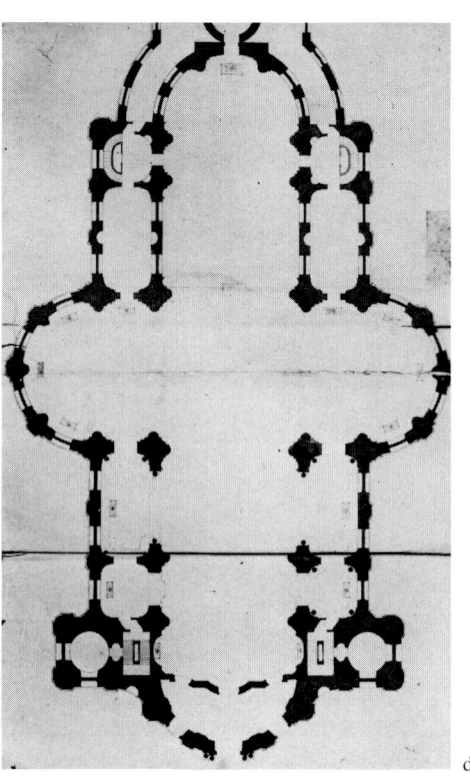

d

c

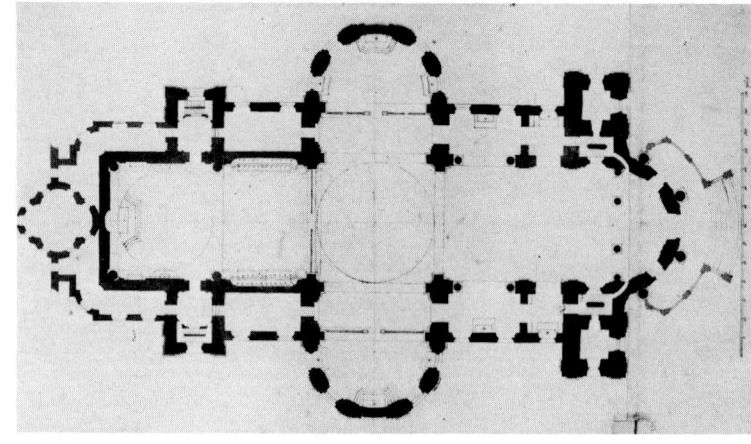

e

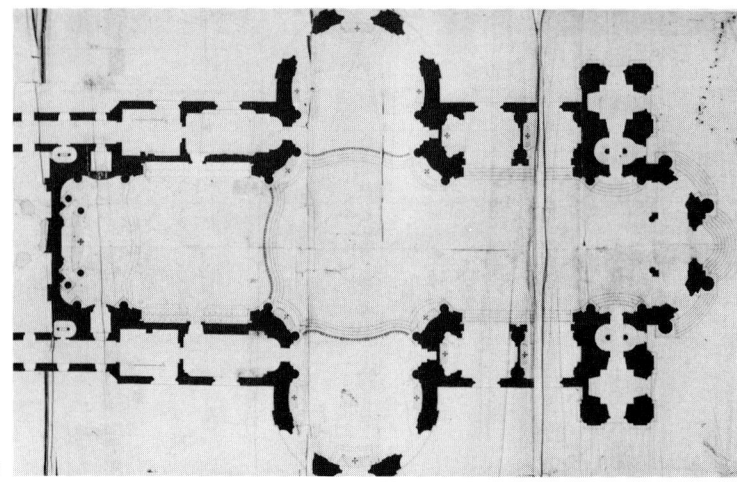

f

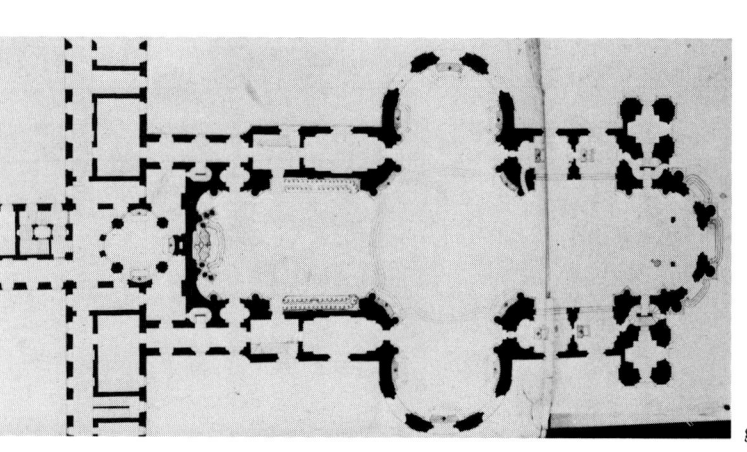

g

S. 217: Wiblingen, Abteikirche, Entwürfe J. M. Fischers (aus Neresheim; Regensburg, Fürstl. Thurn- und Taxis'sches Zentralarchiv): a) Querschnitt – b) Aufriß Fassade mit Chorflankentürmen – c) Längsaufriß des Äußern – d) Längsschnitt – e) Erdgeschoß-Grundriß – f) Grundriß in Emporenhöhe.

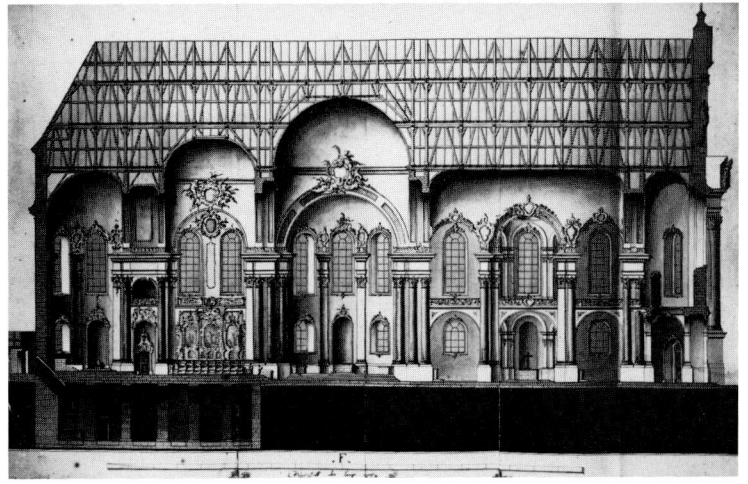
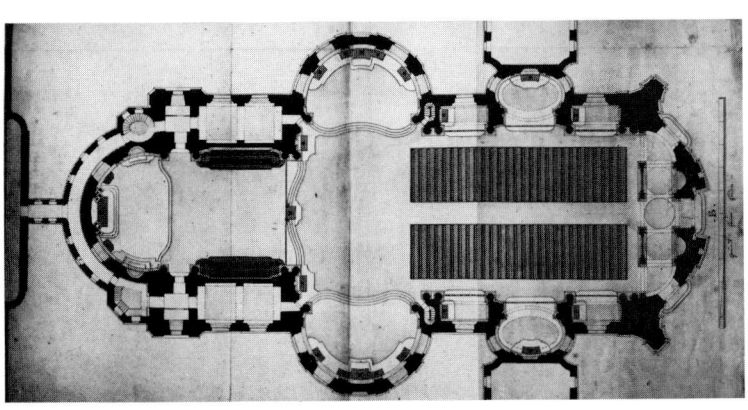
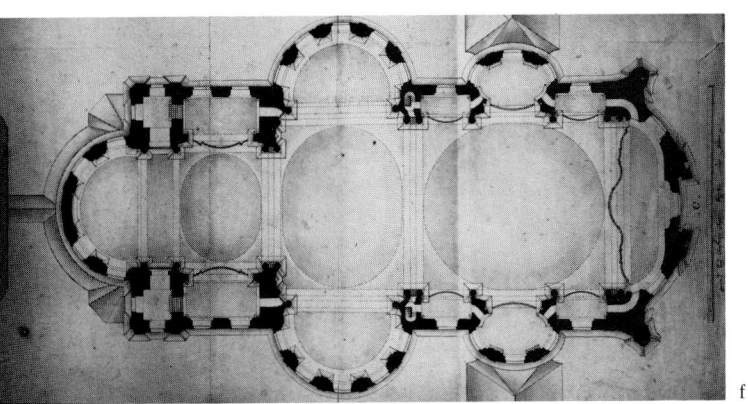

a

c

b

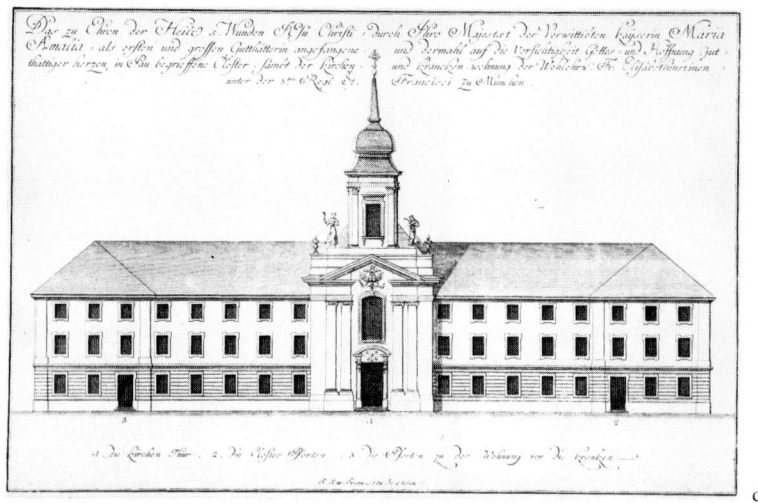

d

e

218

a

b

as zur Erbauung des uslizpalastes i. J. 1891 abgetragene
adetten – Corps – Gebäude am artsplatz,
vormals der erzogsgarten, angelegt von erzog Clemens
mit einem ommer – alais i. J. 1741.

c

S. 218: München, St. Elisabeth, Kirche und Spital-Kloster: a) –
c) Entwürfe zur Kirche von J. M. Fischer – d) Geplante Gesamtanlage, Kupferstich von F. X. Jungwierth – e) Ansicht von 1838.
S. 219: a) München, St. Elisabeth, Inneres nach dem 1965 abge-
schlossenen Wiederaufbau – b) München, Gartenschloß des Herzogs Clemens Franz von Bayern; Aquarell von J. Puschkin, etwa
1890 – c) München, Leopoldi-Schlößl; Aquarell von Ludwig
Huber.
S. 220: a) Polling, Bierkeller des Stifts (Zustand von 1937) –
b) München, Haus Johann Baptist Straubs (Zustand von etwa
1925) – c) München, Haus Johann Michael Fischers (Zustand von
etwa 1930) – d) München, Frauenkirche, Grabmal Johann Michael Fischers (Zustand von etwa 1935).

a

b

d

c

220

Werkliste

»... welcher ... 32 Gottshäuser, 23 Clöster ... erbaute«
(Inschrift des Grabmals 1766)

Zu den einzelnen Bauten werden nur die wichtigsten Veröffentlichungen aufgeführt.

1718
Schlehdorf
(Bayern, Oberbayern, Bad Tölz-Wolfrats-hausen; früher Weilheim)
Augustiner-Chorherrn-Stift
1718 28. August Grundsteinlegung. – 1724 der Neubau bezogen.
Mitarbeit Fischers als Palier Johann Mayrs (Zuschreibung).
Quelle: Bayerisches Hauptstaatsarchiv München, Kloster Schlehdorf Lit. Nr. 18.
Literatur: M. Hartig, Die oberbayerischen Stifte, 1; München 1935, S. 233. – N. Lieb, Münchener Barockbaumeister, S. 78.

1721
Lichtenberg
(Bayern, Oberbayern, Landsberg am Lech, Gemeinde Scheuring)
Kurfürstlich Bayerisches Jagdschloß
Mitarbeit als Palier Johann Mayrs bei Umgestaltungen im Schloß oder Neubau von Ne-ben- und Wirtschaftsgebäuden. Die ganze Anlage zwischen 1806 und 1809 abgebrochen.
Quelle: 1722, präs. 20. Februar Gesuch Fischers um das Maurermeisterrecht in München. Darin gibt Fischer an, er habe »vor einem Jahr zu Liechtenberg gearbeittet«. – 1722, präs. 15. April Einspruch des Handwerks der verbürgerten Maurermeister in München: ». . . ist von dem Pau zu Lichten-berg gar nichts zu röden, anerwogen unssers wissen alda schon vill Jahr her nichts mehr gebaut worden ausser dass man vielleicht ain oder den andern s. v. ross stall ausbössern lassen« (Stadtarchiv München: Akt Gewerbewesen Maurer 1701–1730, C VI 1. – P. Heilbronner, Studien über Johann Michael Fischer, S. 58, 60 f.

1722
Deggendorf
(Bayern, Niederbayern)
Turm der Heilig-Grab-Kirche
1721 Vorprojekt von Jakob Pawagner, Passau. – 1722 Platzwahl und Entwurf durch Johann Baptist Gunetzrhainer, Ausführung durch Johann Mayr; örtlicher Leiter der Bauarbeit Johann Michael Fischer (seit 1723 nachgewiesen). – 1728 der Turmknauf aufgesetzt.
Quellen: Bayerisches Hauptstaatsarchiv München, Gericht Deggendorf Lit. 671. – Stadtarchiv Deggendorf.
Literatur: Kunstdenkmäler Bayern: Niederbayern, 17 = K. Gröber, Stadt und Bezirksamt Deggendorf; München 1927. – Gehört – Gelesen, herausgegeben vom Bayerischen Rundfunk; München 1958, 4, S. 341 ff (H. Schindler).

1723
Schärding
(Österreich, Oberösterreich; bis 1779 Kurbayern, Rentamt Burghausen)
Stadtpfarrkirche
1720 begonnen von Jakob Pawagner. – 1721/22 durch Einsturz beschädigt. – 1722 Besichtigung durch Johann Baptist Gunetzrhainer. – 1723 übernimmt Johann Mayr den Bau, die Ausführung leitet Fischer (bezeugt 1725). – 1724 Rohbau vollendet. – Gegen 1727 Innenausbau abgeschlossen.
Literatur: A. Feulner, Unbekannte Bauten J. M. Fischers, S. 41 ff. – R. Guby, Schärding, eine bayrische Kunststätte; Passau 1927. – Österreichische Kunsttopographie, 21 = Denkmale des Bezirks Schärding; Wien 1927. – Kunstdenkmäler Bayern: Niederbayern, 21 = A. Eckardt, Bezirksamt Griesbach; München 1929, S. 147 (Beleg für Fischers Tätigkeit 1725).

1723
Altomünster
(Bayern, Oberbayern, Dachau; früher Aichach)
Birgitten-Kloster, »Herrenconvent«
1723/24 Ostteil. – 1729 der ganze Bau vollendet.
Den Auftrag zu Entwurf und Ausführung
hatte Johann Mayr. Mitarbeit Fischers bei
der Bauleitung ist möglich.
Literatur: N. Lieb, Münchener Barockbaumeister, S. 80.

1724
Niederalteich
(Bayern, Niederbayern, Deggendorf)
Benediktiner-Abteikirche: Chor, Sakristei
und Gruft
1724 28. September Grundsteinlegung. –
1726 vollendet. Gleichzeitig zwei Kapellen
an den Seitenschiffen in der Mitte des Langhauses, 1726 vollendet (1815 abgebrochen).
– 1727 2./3. September Weihe der Kirche.
Quelle: Gregorius Pusch, Neu vermehrte
Chronik des Klosters Niederaltaich (Bayerische Staatsbibliothek München, Cod. germ.
1757).
Literatur: Kunstdenkmäler Bayern: Niederbayern, 17 = K. Gröber, Stadt und Bezirksamt Deggendorf; München 1927. – J. Oswald, Alte Klöster in Passau und Umgebung;
Passau 1950. – Gg. Stadtmüller und B. Pfi-
ster, Geschichte der Abtei Niederaltaich;
Augsburg 1971.

1725
Kirchham
(Bayern, Niederbayern, Passau; früher
Griesbach)
Pfarrkirche
1725 legt J. M. Fischer Entwürfe und Voranschlag zum Neubau vor. – Nach 1729 Neubau
(beibehalten die Grundmauern des mittelalterlichen Altarhauses) vollendet. – 1914 ab-
gebrannt.
Quelle: Bayerisches Hauptstaatsarchiv München, Gericht Griesbach Lit. 1185.
Literatur: J. Blatner, in: Münchner Jahrbuch
der bildenden Kunst, Neue Folge 4; München 1927. – Kunstdenkmäler Bayern: Nie-

derbayern, 21 = A. Eckardt, Bezirksamt
Griesbach; München 1929.

1726
Aschau (früher Niederaschau) im
Chiemgau
(Bayern, Oberbayern, Rosenheim)
Pfarrkirche
1726 liefert J. M. Fischer zwei Entwürfe zur
Erhöhung des (südlichen) Turms. Nicht ausgeführt, aber vielleicht benutzt bei dem 1767/
69 vorgenommenen Turmaufbau.
Literatur: P. v. Bomhard, Die Kunstdenkmäler der Stadt und des Landkreises Rosenheim, 2 = Gerichtsbezirk Prien; Rosenheim
1957, S. 39, 313, 495. – P. v. Bomhard, Pfarrkirche Aschau = Kunstführer Schnell und
Steiner Nr. 39, 3. Auflage; München-Zürich
1967, S. 4.

1726
Osterhofen
(Bayern, Niederbayern, Deggendorf; früher
Vilshofen)
Prämonstratenser-Abteikirche
1726 beginnt J. M. Fischer nach Besichtigung
der schadhaften alten Kirche den Neubau. –
1727/28 Rohbau ausgeführt. – Seit 1731 Aus-
stattung durch die Brüder Asam. – 1740
25. September Weihe.
Literatur: A. Feulner, Unbekannte Bauten
J. M. Fischers, S. 42 ff. – Kunstdenkmäler
Bayern: Niederbayern, 14 = F. Mader, Be-
zirksamt Vilshofen; München 1926. –
M. Heuwieser, Führer durch die Rokoko-
Kirche Osterhofen; Passau 1932. – N. Lieb,
Barockkirchen zwischen Donau und Alpen.
– H. G. Franz, J. M. Fischer und die Bau-
kunst des Barock in Böhmen, S. 229 f. –
B. Rupprecht, Die bayerische Rokoko-Kir-
che. – H. Schindler, Reisen in Niederbayern;
München 1975.

1727
Rinchnach
(Bayern, Niederbayern, Regen)
Kirche der Propstei des Benediktinerklosters
Niederalteich
Neubau unter Verwendung älterer Teile. –
1729 vollendet.

Quellen: Bischöfliches Ordinariatsarchiv Passau. – Gregorius Pusch, Neu vermehrte Chronik des Klosters Niederaltaich (Bayerische Staatsbibliothek München, Cod. germ. 1757).
Literatur: Kunstdenkmäler Bayern: Niederbayern, 19 = K. Gröber, Bezirksamt Regen; München 1928. – R. Guby. Die niederbayerischen Waldklöster = Süddeutsche Kunstbücher, 13/14; Augsburg o. J. – F. Hagen-Dempf, Der Zentralbaugedanke bei J. M. Fischer – H. Ernst, Zur Himmelsvorstellung im späten Barock, S. 276/81, 284.

1727
Kirchdorf im Wald
(Bayern, Niederbayern, Regen)
Turm der Pfarrkirche. (Diese gehörte dem Kloster Niederalteich.) Entwurf vermutungsweise Fischer zugeschrieben.
Literatur: Kunstdenkmäler Bayern: Niederbayern, 19 = K. Gröber, Bezirksamt Regen; München 1928.

1727
Schlehdorf
(Bayern, Oberbayern, Bad Tölz-Wolfratshausen; früher Weilheim)
Augustiner-Chorherrn-Stiftskirche
Laut chronikalischer Überlieferung hat J. M. Fischer, nachdem er (bis 1724) das Kloster gebaut hatte, den Kirchenbau begonnen, d. h. wohl die Entwürfe desselben geschaffen. Die mit langen Unterbrechungen ausgeführte, erst in den 1780er Jahren vollendete Kirche läßt sich stilistisch nicht für Fischer sichern.
Literatur: M. Hartig, Die oberbayerischen Stifte, 1; München 1935, S. 233, 234. – Gg. Dehio-E. Gall, Handbuch der Deutschen Kunstdenkmäler: Oberbayern; München 1952.

1727
München, St. Anna am Lechl
Kirche und Kloster der Hieronymiten
Bauarbeiten beendet 1733/34.
Quelle: Bayerisches Hauptstaatsarchiv München, Kloster Lit. 442/4.
Literatur: St. Anna Klosterkirche in Mün-

chen, . . . Bildliche Darstellung ihrer ehemaligen Kunstschönheit, ihrer Zerstörung und des Wiederaufbaues 1946/48; Manuskript-Hausdruck; München 1948. – Denkschrift über den Wiederaufbau . . .; München 1949. – F. Hagen-Dempf, Der Zentralbaugedanke bei J. M. Fischer, S. 6ff. – H. G. Franz, J. M. Fischer und die Baukunst des Barock in Böhmen, S. 229f. – B. Rupprecht, Die bayerische Rokoko-Kirche. – P. S. Grän OFM, Klosterkirche St. Anna am Lehel München = Kunstführer Schnell und Steiner Nr. 42; 2. neubearbeitete Auflage München 1960, 3. völlig neubearbeitete Auflage, 1980. – N. Lieb, München. Die Geschichte seiner Kunst; München 1971, S. 192ff. – Katalog der Ausstellung »Bayern, Kunst und Kultur«; München 1972, S. 442 (Abb.), 443 Nr. 1306/07 (Entwürfe). – V. Loers, Klosterkirche St. Anna im Lehel, in: N. Lieb und H. J. Sauermost (Herausgeber), Münchens Kirchen; München 1973, S. 145ff (auch S. 28). – E. Schleich, Die Sankt-Anna-Klosterkirche im Lehel, in: Jahrbuch des Vereins für christliche Kunst, 8; München 1974, S. 96ff.

1729
Dießen
(Bayern, Oberbayern, Landsberg am Lech)
Augustiner-Chorherrn-Stiftskirche
Begutachtung des 1720 begonnenen Neubaus
Quelle: P. Joseph dall'Abaco, Chronik des Klosters Dießen (Bayerische Staatsbibliothek München, Cod. germ. 1769), 2. Band Teil 3/4, S. 5f.

1729
München, St. Peter
Stadtpfarrkirche
1729 11. April Protokoll einer Besprechung wegen baulicher Umgestaltung des Chors, in Zusammenhang mit dem Hochaltar-Entwurf der Brüder Asam. Fischer soll einen Riß und Kostenanschlag vorlegen. – 1730/31 Umbau vorgenommen durch Ignaz Anton Gunetzrhainer (wohl Entwurf) und Johann Mayr (Ausführung).
Quelle: Erzbischöfliches Ordinariatsarchiv

München, Pfarrakten München St. Peter / Bauten.
Literatur: J. Mois, in: Das Münster, 7; München 1954, S. 178.

1729, 1731
München, St. Johann Nepomuk
1729 7. Februar bezeugt und siegelt Fischer einen Kaufvertrag Ägid Quirin Asams über ein für St. Johann Nepomuk erworbenes Haus. Daher erscheint es möglich, daß Fischer sich auch unter den von März bis Mai 1731 tätigen Gutachtern und Entwurfverfassern zur Kirche befunden habe.
Literatur: R. Bauer u. a., St. Johann Nepomuk im Licht der Quellen; München 1977, S. 29 Anm. 9, S. 7 mit Anm. 9.

1730
München-Giesing
Mesner-Haus
1730 2. Mai Kostenvoranschlag für Bau »nach Anzeig des beygelegten Riss« (nicht erhalten). Gesamtbetrag für Baumaterialien und Taglohn der Maurer und Handlanger: 186 Gulden 8 Kreuzer. – 30. Juni Auftrag des Kurfürstlichen Geistlichen Rats an den Rat der Stadt München: »Der Riss (zum »Mösnerheußl«) dahin zu corrigieren, damit die Stallung nicht an das Gotteshaus komme«.
Quelle: Stadtarchiv München, Akt Kultuswesen (*D I e g aa*) Gotteshaus Obergiesing. – Zur topographischen Situation vgl. München und seine Bauten; München 1912, S. 61 (Photographie).

1730
Unering
(Bayern, Oberbayern, Starnberg)
Kirche
1730 Abbruch der alten Kirche. – 1731 Sommer der Neubau schon in Benutzung. – 1732 4. Februar quittiert J. M. Fischer sein Werkhonorar.
Literatur: A. Mayer-Pfannholz, Wandern und Sehen; München und Berlin 1930, S. 194ff, 238f (Quellen). – P. Heilbronner, Studien über Johann Michael Fischer, S. 29. – Die Kunst- und Kulturdenkmäler in der Region München, 1 Westlicher Umkreis; Deutscher Kunstverlag, München, 1977, S. 154ff.

1730
Weihenstephan
(Bayern, Oberbayern, Freising)
Benediktiner-Abteikirche
1730 ließ Abt Ildefons Huber auf Grund zweier Konventbeschlüsse von 1727 und 1729 zu einem Neubau der Kirche zwei »Ichnographiae« (bedeutet in erster Linie: Grundriß) anfertigen, die eine »a D(omino) Mario« (Johann Mayr oder Lese/Schreibfehler für Asam?), die andere »a D. Fischero«. Die Ausführung wurde verschoben. Die zwei erwähnten Entwürfe waren um 1792 in der »Sommerabtei« von Weihenstephan noch erhalten, heute sind sie verschollen.
Quelle: Benedictus Licklederer, Synopsis Historiae Weihenstephanensis (Bayerische Staatsbibliothek München, Cod. lat. 27154), 1792, Pars prior, S. 190.
Literatur: Kunstdenkmäler Oberbayern, 1; München 1895, S. 386 («Die Brüder Asam und Fischer»).

1730, 1735/36
Niederalteich
(Bayern, Niederbayern, Deggendorf)
Benediktiner-Abteikirche
Neuer Oberbau der zwei Türme: 1730 Südturm, 1735/36 Nordturm.
Literatur: Kunstdenkmäler Bayern: Niederbayern, 17 = K. Gröber, Stadt und Bezirksamt Deggendorf; München 1927, S. 214. – F. Hagen-Dempf, Der Zentralbaugedanke bei J. M. Fischer, S. 97.

1731
Niederviehbach
(Bayern, Niederbayern, Dingolfing-Landau; früher Dingolfing)
Augustiner-Eremitinnen-Kloster
1731 und 1733 inschriftlich datiert. – 1750 vollendet.
Quelle: Zwei im Hof angebrachte gemalte Inschriften nennen J. M. Fischer als »Baumeister« und Martin Wöger als Palier.
Literatur: Kunstdenkmäler Bayern: Niederbayern, 1 = A. Eckardt, Bezirksamt Dingol-

fing; München 1912. – A. Feulner, Unbekannte Bauten J. M. Fischers, S. 54.

1731
Bergkirchen
(Bayern, Oberbayern, Dachau)
Pfarrkirche
1731 21. Mai Vertrag mit J. M. Fischer. – 1734 Bauarbeiten beendet. – 1735/36 Freskomalereien. – 1739 Schlußzahlung an J. M. Fischer.
Literatur: P. Heilbronner, Studien über J. M. Fischer, S. 29f. – M. Gruber, Pfarrkirche St. Johannes Bapt. zu Bergkirchen; Dachau 1953. – Die Kunst- und Kulturdenkmäler in der Region München, 1 Westlicher Umkreis; Deutscher Kunstverlag, München, 1977, S. 206ff.

1732
Dießen
(Bayern, Oberbayern, Landsberg am Lech)
Augustiner-Chorherrn-Stiftskirche
1732 16. April Neubau begonnen. – 1736 datiert Freskomalerei des Langhauses. – 1739 Chorkuppel ausgemalt. – 1739 7. September Weihe.
Quelle: P. Joseph dall'Abaco, Chronik des Klosters Dießen (Bayerische Staatsbibliothek München, Cod. germ. 1769), 1. Band, S. 458ff; 2. Band, S. 5ff.
Literatur: O. Aufleger und K. Trautmann, Die Kgl. Hofkirche zu Fürstenfeld. Die Klosterkirche zu Dießen; München 1894. – J. Stenger, Die Kloster-Pfarrkirche zu Dießen; Dießen 1929. – N. Lieb, Barockkirchen zwischen Donau und Alpen. – N. Lieb, Dießen am Ammersee = Kunstführer Schnell und Steiner, München-Zürich; Nr. 34; 1954; 6. Auflage 1973. – B. Rupprecht, Die bayerische Rokoko-Kirche. – W. Th. Auer. Die Klosterpfarrkirche zu Dießen am Ammersee; Dießen 1964. – H. Bauer, Der Himmel im Rokoko; Regensburg 1965, S. 13, 15f, 27, 73 Anm. 9. – W. Neu, in: Lech-Isar-Land; Weilheim 1970 (Turm).

1733
München
Haus Jakob Stögmiller
1733 4. Juli Konzept eines Berichts der Stadtkammer an den Rat der Stadt München: ». . . wasmassen der verburgerte Maurmaister Johann Michael Fischer bey des Jakoben Stögmiller Burgers und Statthammerschmidts angehabten Haußpau an der Schwäbinggassen gegen unsers Herrn Thor unfuegsamb tentirt weithere Herausfahrung auf das weiße Pflaster gepflogen« (Stadtarchiv München, Akt Bau- und Kundschaftswesen B II 1, 1733). Das Haus war seit 1726 im Besitz Stögmillers. 1840 wurde es zum Bau der Feldherrnhalle abgebrochen (Häuserbuch der Stadt München, 1; München 1958, S. 407).

1733
Schleching
(Bayern, Oberbayern, Traunstein)
Pfarrkirche
1732 Eingabe an den Kurfürstlichen Geistlichen Rat wegen des »ruinierten Gotteshauses«. – 1733/34 hielt sich J. M. Fischer fünf Tage lang in Schleching auf. Da er aber die verlangten Entwürfe und den Kostenvoranschlag für den Neubau zu liefern versäumte, ging der Auftrag 1734/35 an den Maurermeister Abraham Millauer von der Hausstatt. Dieser führte den Neubau, wohl nach eigenen Entwürfen, 1735/37 aus.
Literatur: P. v. Bomhard, Pfarrkirche Schleching = Kunstführer Schnell und Steiner, Nr. 889; München-Zürich 1968; 2. neubearbeitete Auflage 1979 (mit Quellenangaben).

1733
Ganacker
(Bayern, Niederbayern, Dingolfing-Landau; früher Landau)
Pfarrkirche
1733 erstellte J. M. Fischer Pläne und Kostenvoranschlag zu Umbau und Vergrößerung der spätmittelalterlichen Kirche. Wegen der hohen Kosten (4 160 Gulden 20 Kreuzer) lehnte der Kurfürstliche Geistliche Rat den geplanten Bau ab.
Quelle: Bayerisches Hauptstaatsarchiv München, Ger. Lit. Landau Fasz. 1959.
Literatur: J. Blatner, in: Münchner Jahrbuch der bildenden Kunst, Neue Folge 4; München 1927, S. 84.

(vor?) 1734
Aicha vorm Wald
(Bayern, Niederbayern, Passau)
Pfarrkirche
Nachdem 1726 der Chor neuerrichtet war,
wurde der Neubau des Langhauses begon-
nen. Darauf bezieht sich wohl 1734 die Nach-
richt von einem »projektierten Überschlag
des hierher geschickten Münchnerischen
Paumeysters Michael Fischer«. 1735 die Kir-
che geweiht.
Quellen: Bischöfliches Ordinariatsarchiv
Passau, Akt Aicha v. W. Nr. 34. – F. Hagen-
Dempf, Der Zentralbaugedanke bei J. M.
Fischer, S. 97f (Erwähnung in den Akten
von Berg am Laim 1739).
Literatur: Kunstdenkmäler Bayern: Nieder-
bayern, 4 = F. Mader, Bezirksamt Passau;
München 1920, S. 10f.

1735
München – Berg am Laim
Kurkölnische Hof-, Ritterordens- und Erzbruderschaftskirche St. Michael
1735 erster Plan und Kostenvoranschlag (auf
11 584 Gulden) J. M. Fischers; Grundriß
und Außenansicht im August 1735 in Kupferstich veröffentlicht. – 1737 November
Grundaushebung unter Leitung Philipp Jakob Köglspergers. – 1738 4. Februar der Bau
Köglsperger übertragen. Er beginnt nach eigenem Entwurf die Errichtung der Fassade
und die Zubereitung des Geländes für den
Neubau der Kirche. – 1739 wird Fischer wieder eingesetzt. – 1742 Herbst das Dach vollendet. – 1749/50 Turmabschlüsse. – 1751
September Weihe. – 1758 Außenverputz.
Literatur: N. Barth, Die St. Michaelskirche
in Berg am Laim; München 1931. – N. Lieb,
Münchener Barockbaumeister (Ph. J. Köglsperger). – A. Reinle, in: Zeitschrift für
Schweizerische Archäologie und Kunstgeschichte, 12; Basel 1951 (Grundriß in der
Zentralbibliothek Luzern). – N. Lieb, Barockkirchen zwischen Donau und Alpen. –
F. Hagen-Dempf, Der Zentralbaugedanke
bei J. M. Fischer. – H. G. Franz, J. M. Fischer und die Baukunst des Barock in Böhmen. – B. Rupprecht, Die bayerische Rokoko-Kirche. – H. Bauer, Der Himmel im Ro-

koko; Regensburg 1965. – H. Ernst, Zur
Himmelsvorstellung im späten Barock. –
V. Loers, St. Michael in Berg am Laim, in:
N. Lieb und H. J. Sauermost (Herausgeber),
Münchens Kirchen; München 1973, S. 171 ff.
– V. Loers, Die Hofkirche St. Michael in
Berg am Laim, in: Ars Bavarica, herausgege-
ben von V. Liedke, 8; München 1977,
S. 55 ff.

1736
Aufhausen
(Bayern, Oberpfalz, Regensburg)
Kirche und Oratorium der Kongregation des
Hl. Philippus Neri
1734 Zuschuß der Kurfürstlich Bayerischen
Regierung. – 1735 12. Juli Zahlung an J. M.
Fischer, ebenso 1736 und 1738. – 1736
Grundsteinlegung der Kirche. – 1739 Bau in
der Hauptsache vollendet. – 1751 22. März
Weihe.
Literatur: Kunstdenkmäler Bayern: Ober-
pfalz, 21 = F. Mader, Bezirksamt Regens-
burg; München 1910. – Zeitschrift für
Schweizerische Archäologie und Kunstge-
schichte, 12; Basel 1951, S. 6 (A. Reinle). –
F. Hagen-Dempf, Der Zentralbaugedanke
bei J. M. Fischer (Grundriß-Entwurf Abb.
nach S. 32, oben). – Ars Bavarica, herausgegeben von V. Liedke, 8; München 1977,
S. 59, 61, 69, 70 (V. Loers).

1736
Ingolstadt
(Bayern, Oberbayern)
Augustiner-Eremiten-Kirche und Kloster
1736 11. April Grundsteinlegung. – 1740
27. September Weihe. – 1945 schwer beschä-
digt. – 1950 die Ruine abgebrochen.
Literatur: M. Hartig, Franziskanerkirche In-
golstadt = Kleine Kirchenführer Schnell und
Steiner Nr. 505/06; München 1941. – F. Ha-
gen-Dempf, Der Zentralbaugedanke bei
J. M. Fischer. – Th. Müller, Ingolstadt =
Große Kunstführer Schnell und Steiner, 24;
München 1958, 3. Auflage 1980. – S. Hof-
mann, in: Ingolstädter Heimatblätter, 28;
Ingolstadt 1965, Nr. 3/4. – Th. Müller und
W. Reissmüller (Herausgeber), Ingolstadt,
2; Ingolstadt 1974 (B. Rupprecht, N. Lieb).

226

– Ars Bavarica, herausgegeben von V. Liedke, 8; München 1977, S. 61/63 (V. Loers).

1739
München-(Unter-)Sendling
Pfarrkirche St. Margareth
1739 27. April – 9. Mai »Errichtung der baufälligen Kirchdachung«. – 30. Mai quittiert J. M. Fischer 21 Gulden 35 Kreuzer (14 Gulden 47 Kreuzer für Taglöhne und 6 Gulden 48 Kreuzer für Materialien).
Quelle: Stadtarchiv München, Akt Kultuswesen V D I e 10 aa (1731–40).

gegen 1740
München
Wohnhaus Johann Michael Fischers (Frauenplatz 9)
Umgestaltet wohl bald nach der 1735/36 erfolgten Erwerbung. – 1945 schwer beschädigt, erhalten nur das Erdgeschoß. – Grundriß auf dem Stadtplan von J. Consoni 1806 (Thiereckgäßchen Nr. 42. Abb.: A. v. Reitzenstein, Alte bayrische Städte; München 1967, S. 9).
Literatur: Häuserbuch der Stadt München, 2; München 1960, S. 16. – Süddeutsche Zeitung, München 28. Mai 1949, Nr. 62, S. 9 (Wiederherstellung). – Das Bayerland, 59; München 1957. S. 197 Abb. – Oberbayerisches Archiv, 101; München 1976, S. 397 Nr. 35 (Ansicht um 1870).

1740
Fürstenzell
(Bayern, Niederbayern, Passau)
Zisterzienser-Abteikirche
1739/40 Entwurf J. M. Fischers. – 1740 Sommer der Bau unter Dach; Herbst Wölbung des Altarhauses. – 1741 Wölbung der Kapellen. – 1743 großes Gewölbe des Langhauses. – 1744 Fassade. – 1748 27. Oktober Weihe.
Quelle: Bayerisches Hauptstaatsarchiv München, Kloster Fürstenzell Lit. Nr. 243/14 (Bauchronik).
Literatur: A. Feulner, Unbekannte Bauten J. M. Fischers. – Kunstdenkmäler Bayern: Niederbayern, 4 = F. Mader, Bezirksamt Passau; München 1920. – Niederbayerische

Heimatglocken, Beilage der »Donau-Zeitung«; Passau 1928, Nr. 31, 32 (R. Guby, Nacherzählung der Bauchronik). – J. Oswald (Herausgeber), Alte Kunst in Passau und Umgebung; Passau 1950, S. 265 ff (M. Heuwieser). – N. Lieb, Fürstenzell = Kunstführer Schnell und Steiner Nr. 690; München und Zürich 1959; 2. Auflage 1965. – Ars Bavarica, herausgegeben von V. Liedke, 8; München 1977, S. 79 f (V. Loers, zur Fassade).

etwa 1740/43
Ochsenhausen
(Baden-Württemberg, Biberach; früher Württemberg, Donaukreis)
Benediktiner-Reichsstift
Entwürfe zum Ausbau der Abteikirche und der Stiftsanlage. Die Tätigkeit Fischers ist für 1741 im »Baubeschrieb« von Zwiefalten bezeugt. In Betracht kommen von der Stiftsanlage der Refektoriumsbau im Südtrakt und das Treppenhaus in der Mitte des Osttrakts. Die im 19. Jahrhundert noch erhaltenen Entwürfe sind verschollen. C. Gurlitt (1889) kannte sie aus Kopien des Baurats Bahnholzer in Biberach; (C. Gurlitt, Geschichte des Barockstiles und des Rococo in Deutschland; Stuttgart 1889, S. 305 f).
Literatur: Kunst- und Altertums-Denkmale Württemberg, Donaukreis, 1; Stuttgart 1914, S. 4, 232, 246, 262. – A. Schahl, Kunstbrevier Oberschwaben; Stuttgart 1961, S. 127. – A. Kasper, Kunstwanderungen im Herzen Oberschwabens, 2; Schussenried 1963, S. 39 f; 3. Auflage 1978, S. 60.
A. Schahl, Dominikus Hermenegild Herberger; Weissenhorn 1980, S. 71; Abb. 75 (Treppenhaus).

1740
Reinstetten
(Baden-Württemberg, Biberach; früher Württemberg, Donaukreis)
Kirche (zu Stift Ochsenhausen gehörig)
1740 Bau. – 1742 Weihe. Vermutungsweise Zuschreibung des Verf.
Literatur: A. Kasper, Kunstwanderungen im Herzen Oberschwabens, 2; Schussenried

1963, S. 52; 3. Auflage 1978, S. 74, 158. –
Gg. Dehio, Handbuch der Deutschen Kunstdenkmäler: Baden-Württemberg, bearbeitet
von Fr. Piel; Deutscher Kunstverlag München, 1964, S. 393.

1740/41
München
Gartenschloß des Herzogs Clemens Franz
von Bayern
Vermutungsweise Zuschreibung. Fischer besaß den Titel eines Hofbaumeisters des Herzogs. Der Entwurf könnte aus dem Münch-
ner Hofbauamt stammen und Fischer nur die
Ausführung besorgt haben.
Das Schloß (»Clemens-Schlößchen«) lag vor
dem Neuhauser Tor (Karls-Tor) an der Süd-
ostecke der Elisenstraße. Die Anlage des
Baus und des zugehörigen »Herzogsgartens«
ist wiedergegeben auf dem Stadtplan von
1812 (Katalog der Ausstellung »Glyptothek
München 1830–1980«; München 1980, S. 526
Abb.). 1890 mußten Bauten und Garten dem
neuen Justizpalast weichen.
Literatur: L. Hübner, Beschreibung . . .
München 1803, S. 378. – Monatsschrift des
Historischen Vereins von Oberbayern, 5;
München 1896, S. 70 ff (K. Trautmann). –
Bildliche Darstellung von 1808: Katalog
der Ausstellung »Wittelsbach und Bayern«,
III/2, »Krone und Verfassung«; München
1980, S. 201 Nr. 389 (mit Abb., am linken
Rand).

1741
München
Haus des Bildhauers Johann Baptist Straub
(Hackenstraße 10).
Zuschreibung. 1741 Mai erwirbt Straub
das Anwesen. – 16. September wird die
»neu erbaute Behausung« erwähnt (Stadt-
archiv München, Grundbuchsprotokoll, 33,
Bl. 200 a). – 1759 datiert das Schnitzwerk der
Muttergottes an der Schauseite. – 1944/45
das Haus beschädigt.
Literatur: Häuserbuch der Stadt München,
3; München 1962, S. 154; Abb. nach S. 158. –
Das Bayerland, 35; München 1924, S. 241 f
(A. Feulner).

1741
Zwiefalten
(Baden-Württemberg, Münsingen; früher
Württemberg, Donaukreis)
Benediktiner-Abteikirche
1741 J. M. Fischer berufen. – 1745 Dachstuhl
und Wölbungen begonnen. – 1747 Vierungs-
gewölbe. – 1749/54 Vorhalle und Fassade. –
1751/54 Turmabschlüsse. – 1765 September
Weihe.
Quelle: P. O. Baumann, »Baubeschrieb«
(Ms., Staatsarchiv Stuttgart); veröffentlicht
von E. Paulus, in: Württembergische Vier-
teljahreshefte für Landesgeschichte, 11;
Stuttgart 1888, S. 170 ff.
Literatur: Kunst- und Altertums-Denkmale
. . . Württemberg, 4 Donaukreis, 3 =
E. Fiechter und J. Baum, Oberamt Münsin-
gen; Stuttgart 1926, S. 134 ff. – N. Lieb, Ba-
rockkirchen zwischen Donau und Alpen. –
R. Zürcher und H. Hell, Zwiefalten. Die
Kirche der ehemaligen Benediktinerabtei;
Konstanz-Stuttgart 1967. – H. D. Ingenhoff,
Das Zwiefaltener Münster. Neue For-
schungsergebnisse, in: Denkmalpflege in Ba-
den-Württemberg, 7; Stuttgart 1978, S. 42 f.

1745
Passau und Vilshofen
(Bayern, Niederbayern)
Reise zur Besichtigung der im Österreichi-
schen Erbfolgekrieg entstandenen Schäden
und der nötigen Baureparaturen an den Kur-
fürstlichen Bräuhäusern in Passau (St. Niko-
la) und Vilshofen.
Literatur: A. Feulner, Unbekannte Bauten
J. M. Fischers, S. 58.

1745
Polling
(Bayern, Oberbayern, Weilheim-Schongau;
früher Weilheim)
Märzenbierkeller des Augustiner-Chorherrnstifts
1745 18. Mai Grundarbeit begonnen. – 1. Juni Grundsteinlegung. – 1746 Bau vollendet.
Quelle: Tagebuch des Propstes Franz Töpsl
von Polling (Bayerische Staatsbibliothek
München, Cod. lat. 26461), Bl. 12 v und
18 r.

Literatur: Gg. Rückert, in: Lech-Isar-Land, Monatsschrift des Heimatverbandes Huosigau, 5; Weilheim 1929, S. 81 f.

nach 1746
München
Haus des Josef Anton von Schönberg (Dienerstraße 21)
1746 Erwerbung des Anwesens durch Schönberg. – 1944/45 beschädigt. – 1959/60 verändert wiederaufgebaut. Zuschreibung (A. Feulner, 1924).
Literatur: Häuserbuch der Stadt München, 1; München 1958, S. 72, – Das Bayerland, 35; München 1924, S. 241 (A. Feulner Zuschreibung). – Bayerische Heimat. Unterhaltungsblatt zur »Münchener Zeitung«, 19, Nr. 21; München 22. Februar 1938, S. 165 (I. Held). – E. Schleich, Die zweite Zerstörung Münchens; Stuttgart 1978, S. 98 f, mit Abbildungen.

1747
Apfeldorf
(Bayern, Oberbayern, Landsberg am Lech; früher Schongau)
Pfarrhof
Bauherr: das Augustiner-Chorherrn-Stift Polling. Der Bau für Fischer gesichert.
Literatur: Lech-Isar-Land; 1971, S. 153 (S. Hofmann). – Die Kunst- und Kulturdenkmäler in der Region München, 1 Westlicher Umkreis; Deutscher Kunstverlag, München 1977, S. 11 (mit Grundrißaufnahme und Außenansicht).

1747
München
Gartenschlößchen des Josef Anton von Schönberg (Müllerstraße/Pestalozzistraße 1); später »Leopoldischlößl« genannt.
Zuschreibung. 1756 von Schönberg verkauft an Kurfürst Maximilian III. Josef. – 1900 abgebrochen.
Literatur: Wiener Allgemeine Bauzeitung, 69, 1904, S. 145 ff (H. Steffen). – München und seine Bauten, München 1912, S. 180 (Abb.).

1747
Aufkirchen
(Bayern, Oberbayern, Starnberg)
Pfarr- und Wallfahrtskirche
Entwurf zur Wiederherstellung des durch Sturm beschädigten Turms (Kuppel), Leitung der Bauarbeiten. – Neubau des Turms nach anderem Entwurf 1795.
Literatur: 80 Jahre Land- und Seebote, Heimatzeitung für den Landkreis Starnberg . . . 1875/1955, Jubiläumsausgabe (S. Hofmann). – Die Kunst- und Kulturdenkmäler in der Region München, 1 Westlicher Umkreis; Deutscher Kunstverlag 1977, S. 14.

1748
Starnberg
(Bayern, Oberbayern)
Pfarrkirche
Besichtigung der »Baufälligkeiten«. (Neubau 1764/66 von Leonhard Matthäus Gießl nach eigenen Entwürfen.)
Literatur: H. Schnell, Katholische Kirchen Starnberg am See = Kirchenführer Schnell und Steiner, Nr. 168; 2. Auflage, München-Zürich, 1954, S. 3. – 80 Jahre Land- und Seebote, Heimatzeitung für den Landkreis Starnberg . . . 1875/1955, Jubiläumsausgabe (S. Hofmann). – Die Kunst- und Kulturdenkmäler in der Region München, 1 Westlicher Umkreis; Deutscher Kunstverlag, München, 1977, S. 142.

1748
Ottobeuren
(Bayern, Schwaben, Unterallgäu; früher Memmingen)
Benediktiner-Abteikirche
1748 J. M. Fischer berufen. Ausführung nach überarbeiteten Entwürfen. – 1753/54 Dachstuhl und Dachdeckung. – 1754/55 Dachtürmchen. – 1755/60 Fassade und Türme. – 1766 September Weihe.
Die erhaltenen Grundriß-Entwürfe Fischers können entstehungszeitlich folgendermaßen geordnet werden: 1.) Regensburg, Fürstl. Thurn und Taxis'sches Zentralarchiv, vielleicht von Fischer in Wiblingen vorgelegt. Veröffentlicht von P. Weissenberger in: Zeitschrift für Kunstgeschichte, N. F. 3;

Berlin 1934, S. 249 ff, Nr. 3. – 2.) Ottobeuren, Klosterarchiv, L LXXXII. Lieb, Barockkirchen zwischen Donau und Alpen, Abb. 29. – 3.) Luzern, Zentralbibliothek, (April 1755 Modell der Chorgestühle). Veröffentlicht von A. Reinle, in: Zeitschrift für schweizerische Archäologie und Kunstgeschichte, 12; Basel 1951, S. 5 f; Taf. 1 lks. – 4.) Ottobeuren, Klosterarchiv, L LXXXIII. Lieb, Barockkirchen . . . Abb. 28. Der Ausführung verhältnismäßig nah entsprechend Chornebenräume und Chorgestühl; abweichend von der Ausführung: die Stufen um die Vierung geschwungen, keine höhere Chortreppe.

Literatur: A. Feulner, J. M. Fischers Risse für die Klosterkirche in Ottobeuren, in: Münchner Jahrbuch der bildenen Kunst, 8; München 1913. – N. Lieb, Ottobeuren und die Barockarchitektur Ostschwabens; Augsburg 1933 und Memmingen 1934. – N. Lieb, Barockkirchen zwischen Donau und Alpen. – Fr. Wolf, J. M. Fischers Kirchenpläne von Ottobeuren, in: Zeitschrift des Deutschen Vereins für Kunstwissenschaft, 17; Berlin 1963. – M. Seidel, Texte Chr. Baur, Unbekannter Barock Ottobeuren; Stuttgart 1976. – Jahrbuch des Vereins für Augsburger Bistumsgeschichte, 11; Augsburg 1977, S. 112 ff (Kl. Schwager). – Zeitschrift des Historischen Vereins für Schwaben, 71; Augsburg 1977, S. 76 ff (Kl. Schwager).

1749
Gossenzugen
(Baden-Württemberg, Münsingen; früher Württemberg, Donaukreis)
Kapelle St. Magnus
Zuschreibung
Literatur: A. Feulner, Unbekannte Bauten J. M. Fischers. – Kunst- und Altertums-Denkmale . . . Württemberg, 4 Donaukreis, 3 = Oberamt Münsingen; Stuttgart 1926. – A. Kasper, Kunstwanderungen im Herzen Oberschwabens, 4; Schussenried 1965, S. 33 f.

1750
Wiblingen
(Baden-Württemberg, Ulm; früher Württemberg, Donaukreis, Laupheim)

Benediktiner-Abtei Klosteranlage
1750/59 Osttrakt (Räume des Konvents, in der Mitte Kapitelsaal); anschließend der Südtrakt.
Literatur: W. Fuchs. Die Abteikirche zu Neresheim; Stuttgart 1914, S. 29 (Beleg für Fischers Tätigkeit 1753). – Kunst- und Altertums-Denkmale . . . Württemberg, Donaukreis, 2; Stuttgart 1922, S. 397, 404, 571, 580 f (H. Klaiber). – N. Lieb, Wiblingen bei Ulm, in: H. Schindler (Herausgeber), Europäische Barockklöster; München 1972, S. 178 ff; 323 f, 335. – L. Altmann, Ulm-Wiblingen ehemalige Benediktinerabtei = Schnell und Steiner Kunstführer Nr. 1038; München 1975.

1750
Neuhaus am Inn
(Bayern, Niederbayern, Passau)
Schloß der Reichsgrafen von der Wahl
1752 Datierung über der Mitte des Nordtrakts außen.
Literatur: A. Feulner, Unbekannte Bauten J. M. Fischers, S. 54 f. (Zuschreibung). – Kunstdenkmäler Bayern: Niederbayern, 4 = F. Mader, Bezirksamt Passau; München 1920. – Darstellungen des Vorgängerbaus: Österreichische Kunsttopographie, 21, Bezirk Schärding; Wien 1927, Abb. 182 (um 1588) und Kunstdenkmäler Niederbayern, a. a. O., S. 193 (M. Wening).

1750
Benediktbeuern
(Bayern, Oberbayern, Bad Tölz-Wolfratshausen; früher Tölz)
St.-Anastasia-Kapelle
1750 6. Mai Grundsteinlegung. – 1752 datiert das Gewölbefresko. – 1758 Weihe.
Literatur: Kunstdenkmäler Bayern: Oberbayern, 1; München 1902 S. 653, 657, 659; Tafelband Taf. 90. – P. K. Mindera, Benediktbeuern. Das Handwerk im Dienst der Kunst; München 1939, S. 28, 31, 42, 48 f. – F. Hagen-Dempf, Der Zentralbaugedanke bei J. M. Fischer, S. 76, 82, 103. – P. K. Mindera, Benediktbeuern = Große Kunstführer Schnell und Steiner, 23; München 1957; 3. neubearbeitete Auflage 1970,

S. 33 ff. – P. L. Weber, Benediktbeuern = Schnell und Steiner Kunstführer Nr. 34; 3. völlig neubearbeitete Auflage; München-Zürich 1974.

1751
Bichl
(Bayern, Oberbayern, Bad Tölz-Wolfratshausen; früher Tölz)
Kirche
1750 18. November Neubau beschlossen. – 1751 14. April Abbruch der alten Kirche begonnen. – 15. Mai Grundsteinlegung zum Neubau. – 1751/52 Wölbung. – 1758 Weihe.
Quelle: Bayerisches Hauptstaatsarchiv München, Kloster Benediktbeuern Lit. 225 (Kirchenbaurechnung 1751/56).
Entwurfzeichnungen: zwei Grundrisse (zu ebener Erde und im Emporengeschoß) Bayerisches Hauptstaatsarchiv München, Plansammlung Nr. 10254 (Bestell-Nr. 3890). Der ebendort verwahrte Emporenentwurf stammt von Thomas Sporer (Fr. Wolf, in: Oberbayerisches Archiv, 87; München 1965, S. 90, 96).
Literatur: A. Feulner, J. M. Fischer . . ., Taf. 21 (Grundrißentwurf. Der links abgebildete Längsschnitt stammt nicht von J. M. Fischer und gehört nicht zu Bichl, sondern zu einer Kapelle in Stallau). – P. Heilbronner, Studien über Johann Michael Fischer, S. 51 f. – P. K. Mindera, Benediktbeuern. Das Handwerk im Dienst der Kunst; München 1939, S. 34, 36, 52 f, 58. – F. Hagen-Dempf, Der Zentralbaugedanke bei J. M. Fischer, S. 100 (Entwürfe). – P. K. Mindera, Benediktbeuern = Große Kunstführer Schnell und Steiner, 23; 3. neubearbeitete Auflage; München 1970, S. 35, 37.

1751
Schäftlarn
(Bayern, Oberbayern, München; früher Wolfratshausen)
Prämonstratenser-Abteikirche
Seit 1751 Ausführung des Langhauses, nach Entwurf Johann Baptist Gunetzrhainers. – 1752 das Langhaus unter Dach, der Chor gewölbt. – 1753 Wölbung des Langhauses. – 1754/56 Stukkatur und Freskomalerei. – 1757

Ostern: Gottesdienst in der neuen Kirche. – 1760 Weihe.
Literatur: P. L. Absreiter, Geschichte der Abtei Schäftlarn; Schäftlarn 1916. – R. Hoffmann, Kloster Schäftlarn = Deutsche Kunstführer, 17; Augsburg 1928. – P. Heilbronner, Studien über J. M. Fischer. – M. Hartig, Die oberbayerischen Stifte, 2; München 1935, S. 7 ff. – Fr. B. Moschick, Kloster Schäftlarn = Kleine Kunstführer Schnell und Steiner, Nr. 537; München 1951. – N. Lieb, Barockkirchen zwischen Donau und Alpen. – P. H. Solf, Kloster Schäftlarn = Kunstführer Schnell und Steiner, Nr. 537, 3. Auflage; München-Zürich 1965. – Fr. Wolf, François de Cuvilliés, in: Oberbayerisches Archiv, 89; München 1967, S. 48, 57. – Chr. Thon, Johann Baptist Zimmermann als Stukkator; München und Zürich 1977, S. 162 ff, 165, 208, 267 (Anm. 619), 342 f.

1752
München
Spital der Barmherzigen Brüder vor dem Sendlinger Tor
1750 Niederlassung des Ordens. – 1752 Grundsteinlegung zum Spital. – 1754 das Spital vollendet. – 1808/09 abgebrochen, die Hauptmauern einbezogen in den Neubau des »Allgemeinen Krankenhauses (links der Isar)«, Ziemssenstraße 1.
Literatur: Oberbayerisches Archiv, 29; München 1869/70 (E. v. Destouches). – H. Kerschensteiner, Geschichte der Münchener Krankenanstalten . . ., 2. Auflage, München 1939. – N. Lieb, Münchener Barockbaumeister, S. 184 f.

1753
Neresheim
(Baden-Württemberg, Aalen; früher Württemberg, Jagstkreis)
Benediktiner-Abteikirche
1753 19. August Balthasar Neumann gestorben. – 1. September Schreiben J. M. Fischers aus München an den Neresheimer Abt: Fischer will im Zusammenhang mit einer Reise nach Wiblingen in Neresheim seine Aufwartung machen, zur Bewerbung um die Weiter-

führung des dortigen Kirchenbaus. Die Bewerbung wurde nicht angenommen.
Literatur: W. Fuchs, Die Abteikirche zu Neresheim; Stuttgart 1914, S. 28f. – P. P. Weissenberger, Baugeschichte der Abtei Neresheim = Darstellungen aus der Württembergischen Geschichte, 24; Stuttgart 1934, S. 103f.

1753
Weihenstephan
(Bayern, Oberbayern, Freising)
Benediktiner-Abteikirche
Umgestaltung des mittelalterlichen Baus (Wölbung, Vergrößerung der Fenster). Beteiligung Fischers wäre möglich. 1810 die Kirche abgebrochen.
Literatur: H. Gentner, Geschichte des Benediktinerklosters Weihenstephan bey Freysing = M. Deutinger (Herausgeber), Beyträge zur Geschichte . . . des Erzbisthums München und Freysing, 6; 1854, S. 167.

1754
Sigmertshausen
(Bayern, Oberbayern, Dachau)
Kirche
1755 datiert das Fresko des Gemeinderaums.
Als Werk Fischers genannt von Lorenz Westenrieder (Beyträge zur vaterländischen Historie usw. 4; München 1792, S. 285).
Literatur: P. Heilbronner, Studien über J. M. Fischer, S. 51. – F. Hagen-Dempf, Der Zentralbaugedanke bei J. M. Fischer. – Die Kunst- und Kulturdenkmäler in der Region München, 1 Westlicher Umkreis; Deutscher Kunstverlag 1977, S. 371f (mit Grundriß).

1755
Straßlach
(Bayern, Oberbayern, München)
Kirche (gehörte zu Kloster Schäftlarn), Dachreiterturm.
Fischer erhält Gesellengeld im Gesamtbetrag von 3 Gulden 42 Kreuzern. Um 1870 ist der Turm durch Brand zerstört worden.
Quelle: Bayerisches Hauptstaatsarchiv München, Kloster Schäftlarn Lit. 851 und 166 (Kirchenrechnungen 1716/71).

1755
Endlhausen
(Bayern, Oberbayern, Bad Tölz-Wolfratshausen; früher München)
Kirche (gehörte zu Kloster Schäftlarn)
1755–57 erhält Fischer Gesellengeld. – 1756 datiert das linke Oratorium im Altarhaus. – 1760 11. November Weihe.
Quelle: Bayerisches Hauptstaatsarchiv München, Kloster Schäftlarn Lit. 851/82 und 170 (Kirchenrechnungen 1743/67).
Literatur: Oberbayerischer Gebirgsbote, Holzkirchen 22. Dezember 1953, Nr. 305 (J. Eismann). – B. Heller, 1000 Jahre Endlhausen; München 1973. – Bayerisches Jahrbuch für Volkskunde 1976/77, Volkach, 1978 S. 88 (B. Heller).

1755
Freising
(Bayern, Oberbayern)
Fürstbischöfliche Residenz auf dem Domberg, »Kühturm«
1755 9. August Fischer hat die »Hauptmauer« des Turms »wiederholter besichtigt und haltbar genug erfunden«, nur der »Anbau« gegen St. Andreas soll mit Schlaudern gesichert werden. – 10. August dazu Kostenvoranschlag des Freisinger Stadtmaurermeisters und Hofpaliers Ignatius Reiser.
Der Kühturm stand an der Nordseite der Residenz, am jetzigen Übergang zwischen dem alten und neuen Teil der Residenz; im 19. Jahrhundert abgetragen (Mitteilungen von H. H. Dr. S. Benker).
Quelle: Bayerisches Hauptstaatsarchiv München, HL Freising 85/56 und 85/13.

1755
Aibling
(Bayern, Oberbayern, Rosenheim)
Pfarrkirche
1755 8. Oktober Vertrag mit J. M. Fischer auf »Führung des Gebäus«. – 1756 Freskomalereien.
Literatur: N. Lieb, Münchener Barockbau-

232

meister, S. 73, 243 (Anm. 948. Das Schreiben ist jetzt separat archiviert).

1756

München-Sendling

Pfarrhof (gehörte zu Kloster Schäftlarn)
1756 18. Juni Überschlag über den Wiederaufbau der abgebrannten Stallungen und Stadelgebäu bei dem Pfarrhof. Kosten fast 1 385 Gulden.
Quelle: Bayerisches Hauptstaatsarchiv München, Kloster Schäftlarn Lit. 851/125.

1756

München

Jesuitenkollegium bei St. Michael, Anlage eines »Museum Physicum« (Experimentierraum)
1756 4. August Vertrag mit J. M. Fischer. – 12. August quittiert Fischer eine Zwischenzahlung von 700 Talern.
Das »Museum« war angelegt als »Salett-Gebäu« auf der »Dachung des Collegii neben dem Glockenturm« (Nordseite). Im 19. Jahrhundert abgebrochen.
Quelle: Bayerisches Hauptstaatsarchiv München, HR 290/23.
Literatur: N. Lieb, Barockkirchen zwischen Donau und Alpen, 4. Auflage 1976, S. 152. – Vgl. G. Dischinger und R. Bauer (Herausgeber), München um 1800 . . . gezeichnet und beschrieben von J. P. Stimmelmayr; München 1980, S. 120 (»Observatorium«), Abb. 125 unten (Nr. 11).

1756

Romenthal

(Bayern, Oberbayern, Landsberg am Lech)
Kapelle im Gutshof des Stifts Dießen
1757 Deckengemälde datiert.
Zuschreibung.
Literatur: N. Lieb, Münchener Barockbaumeister, S. 184, 185, 192. – A. Kraut, Die St. Anna-Kapelle zu Romenthal; in: Lech-Isar-Land; Weilheim 1961, S. 44ff. – Heimatbuch Landsberg am Lech; Assling-München 1966, S. 597. – Die Kunst- und Kulturdenkmäler in der Region München, 1 Westlicher Umkreis; Deutscher Kunstverlag 1977, S. 126 (mit Grundriß).

etwa 1757

Wiblingen

(Baden-Württemberg, Ulm; früher Württemberg, Donaukreis, Laupheim)
Benediktiner-Abteikirche
Entwürfe (7 Bll.) für Neubau (Regensburg, Fürstlich Thurn und Taxissches Zentralarchiv).
Literatur: P. P. Weissenberger, Johann Michael Fischers Kirchenbaupläne für Wiblingen; in: Zeitschrift für Kunstgeschichte, Neue Folge 3, Berlin 1934, S. 249ff. – N. Lieb, Barockkirchen zwischen Donau und Alpen, 2. Auflage, 1958, S. 137.

1757

München

Spital, Kloster und Kirche St. Elisabeth der Elisabethinerinnen (Mathildenstraße 2)
Seit 1750 Haus- und Grunderwerbungen. – 1756 Stiftung des Spitals. – 1757 23. April Grundsteinlegung zum Kloster. – 1758 9. April Grundsteinlegung zur Kirche. – 9. November Grundsteinlegung zum Spital. – 1760 November die Kirche benediziert, Spital, und Kloster bezogen. – 1765 Freskomalereien der Kirche. – 1777 27. August Weihe der Kirche. – 1783 das Klostergebäude und die »Auszierung der Kirche« noch nicht ganz vollendet. – 1943 die Kirche schwer beschädigt. – 1963/65 Wiederherstellung der Kirche abgeschlossen.
Entwürfe (Längsschnitt und zwei Varianten der Fassade) der Kirche im Stadtmuseum München. – Schauseite der Gesamtanlage: Kupferstich von Franx Xaver Jungwierth, um 1770.
Literatur: Oberbayerisches Archiv, 29; München 1869/70, S. 273ff (E. v. Destouches). – N. Lieb, Münchener Barockbaumeister, Zuschreibung an J. M. Fischer; Taf. 77/79 (Abb. der Entwürfe), Taf. 9 (Gesamtanlage 1838). – N. Lieb und H. J. Sauermost (Herausgeber), Münchens Kirchen; München 1973, S. 30 (Abb).

1759

Rott am Inn

(Bayern, Oberbayern, Rosenheim; früher Wasserburg)

Benediktiner-Abteikirche

1758/59 Entwürfe J. M. Fischers zu Neubau. – 1759 Juni Vertrag mit Fischer. – Mitte August Chor und Hochaltarhaus unter Dach. – Anfang November Das übrige Mauerwerk ist bis in Mannshöhe aufgeführt. – 1760 Wölbung. – 1760/63 Stukkaturen. – 1761/63 Freskomalereien. – 1763 23. Oktober Weihe der Kirche. – Möglicherweise von Fischer entworfen auch der gleichzeitig gebaute, südlich der Kirche gelegene »Abteistock«; er stand 1770 als Rohbau unter Dach.

Quellen: Bayerisches Hauptstaatsarchiv München, Kloster Rott Lit. 61 und (zur Finanzierung) 628/8.

Literatur: N. Lieb, Barockkirchen zwischen Donau und Alpen (mit Angabe früherer Literatur). – H. Ernst, Zur Himmelsvorstellung im späten Barock, S. 284ff.

1759

München-Bogenhausen

Pfarrkirche St. Georg

1759 25. April eigenhändiger Kostenvoranschlag J. M. Fischers zur Instandsetzung (Gesamtkosten für Baumaterialien und Taglöhne: 1294 Gulden).

Quelle: Bayerisches Hauptstaatsarchiv München, Ger. Lit. 2733/Nr. 715.

Der 1766 nach »neuen Rissen« (verschollen) begonnene Bau kann nicht mehr auf Entwürfen Fischers beruhen. (1770 Freskomalerei, 1771 Turmkuppel).

Literatur: M. Hartig, St. Georgskirche München-Bogenhausen = Kleine Kirchenführer Schnell und Steiner, Nr. 57; München 1934 (Zuschreibung des ausgeführten Baus an J. M. Fischer); 5. neubearbeitete Auflage 1966. – I. Hoffmann, Der süddeutsche Kirchenbau am Ausgang des Barock, 1938. – N. Lieb, Münchener Barockbaumeister, S. 138 (für den ausgeführten Bau vorgeschlagen Balthasar Trischberger). – F. Hagen-Dempf, Der Zentralbaugedanke bei J. M. Fischer, S. 64. – V. Loers, St. Georg in Bogenhausen; in: N. Lieb und H. J. Sauermost (Herausgeber), Münchens Kirchen; München 1973, S. 185ff.

1759

Babenhausen

(Bayern, Schwaben, Unterallgäu; früher Illertissen)

Altes Fugger-Schloß (Rechberg-Bau)

1759 Mai – 1760 Februar Umgestaltungen im Innern, Gesamtkosten über 8000 Gulden.

Quelle: Fürstlich und Gräflich Fuggersches Familien- und Stiftungsarchiv Dillingen an der Donau (Sign. 67, 4, 2; zwei Exemplare).

Literatur: Th. Neuhofer, in: Zeitschrift des Historischen Vereins für Schwaben und Neuburg, 53; Augsburg 1938, S. 157. – N. Lieb, Die Fugger und die Kunst im Zeitalter der hohen Renaissance; München 1958, S. 248ff, 251 (mit Grundrißaufnahmen).

1759

München-Baumkirchen

Pfarrhof

1759 10. Dezember eigenhändiger Voranschlag J. M. Fischers für »Reparation der Pfarrhofgebäu samt Stallung und Stadel u. a.«. Die Unkosten für Maurer und Handlanger sowie für Baumaterialien geschätzt auf insgesamt 295 Gulden 24 Kreuzer. Beigegeben eine Bleistiftskizze.

Quelle: Bayerisches Hauptstaatsarchiv München, Ger. Lit. 4566/Nr. 115.

1763

Altomünster

(Bayern, Oberbayern, Dachau, früher Aichach)

Birgitten-Klosterkirche

1763 begonnen Neubau (unter Beibehaltung des Chors von 1617). – 21. März Honorarvereinbarung mit J. M. Fischer. – 2. Mai Beginn der Bauarbeiten. – 7. Juni Grundsteinlegung – 4. November der Neubau ist bis zum Ansatz des alten Chors gekommen. – 1764 beginnt die Tätigkeit des Münchner Zimmermeisters Josef Mahl. – 1766 6. Mai J. M. Fischer gestorben. Weiterführung des Baus durch Balthasar Trischberger. – 9. Juni das große Gewölbe vollendet. – Sommer Freskomalerei und Stukkierung begonnen. – 1767/68 Turm. – 1773 29. August Weihe.

Literatur: H. Dürscherl und R. Hoffmann, 1200 Jahre Altomünster; München 1930. – M. Hartig, Altomünster = Kunstführer

Schnell und Steiner, Nr. 589; München 1953; 7. Auflage 1974. – F. Hagen-Dempf, Der Zentralbaugedanke bei J. M. Fischer. – H. Ernst, Zur Himmelsvorstellung im späten Barock, S. 272, 283f, 284, 287, 293. – N. Lieb, Altomünsters Bau- und Raumkunst und ihr birgittinisches Wesen, in: Festschrift Altomünster 1973, herausgegeben von T. Grad; Aichach 1973, S. 271ff (mit Quellenregistern). – Die Kunst-und Kulturdenkmäler in der Region München, 1 Westlicher Umkreis; Deutscher Kunstverlag 1977, S. 194ff. – Der Altlandkreis Aichach; Aichach 1979, S. 81ff (W. Liebhart).

1764
München
St. Maximilian
Kirche (im Südtrakt) des Spitals der Barmherzigen Brüder vor dem Sendlinger Tor
Zuschreibung des Entwurfs
1764 14. Juni Grundsteinlegung. – 1766/69 Weiterführung durch Franz Anton Kirchgrabner. – 1772 11. Mai Weihe. – 1808/09 beim Neubau des »Allgemeinen Krankenhauses (links der Isar)« abgebrochen.
Literatur: siehe 1752 Spital!

vor 1765
Eschenlohe
(Bayern, Oberbayern, Garmisch-Partenkirchen)
Pfarrkirche (gehörte zu Kloster Ettal)
Entwurf von J. M. Fischer (Zuschreibung). Ausführung durch Franz Anton Kirchgrabner.
1765 Wölbung des Altarhauses. – 1768 Mai Rohbau des Gemeinderaums vollendet.
Literatur: N. Lieb, Münchener Barockbaumeister. – Der Familienforscher in Bayern, Franken und Schwaben, I 20; (Festschrift für J. Demleitner), Dezember 1954, S. 50ff (N. Lieb).

1765
Neumarkt – Sankt Veit
(Bayern, Oberbayern, Mühldorf am Inn)
Benediktiner-Abteikirche Sankt Veit
1765 29. August vollendet Oberbau und

Kuppel des Turms; Entwurf von J. M. Fischer, Ausführung durch Simon Frey (bezeugt durch ein in den Turmknopf eingelegtes Schriftblatt: »Simon Frey . . . rei aedilis Director a D. Joan. Michaele Fischer . . . Substitutus totum opus direxit et . . . perfecit«).
Literatur: B. Hubensteiner, in: Zeitschrift Der Zwiebelturm, 5; Regensburg 1950, S. 67f. Dazu ebendort Heft Mai 1950, 2. Umschlagseite (N. Lieb). – M. Lechner, Neumarkt-St. Veit = Kunstführer Schnell und Steiner, Nr. 948; München-Zürich 1973.

1765
Söllhuben
(Bayern, Oberbayern, Rosenheim)
1765 Herbst Entwürfe. – 1766 Frühjahr Bau begonnen; Palier Josef Kirnberger. – 1766 Bauleiter Hans Thaller. – 1767 der Neubau bis zum Altarhaus unter Dach. – 1768 der Bau vollendet. – 1774 2. November Weihe.
Literatur: J. Neumeyr, Die Pfarrkirche zu Söllhuben, in: Rosenheimer Caritaskalender 1950, S. 56ff. – P. v. Bomhard, Die Kunstdenkmäler der Stadt und des Landkreises Rosenheim, 2, Gerichtsbezirk Prien; Rosenheim 1957, S. 39, 236ff, 524f; Taf. 26/28.

etwa 1765
Suben
(Österreich, Oberösterreich, Schärding; bis 1779 Kurbayern)
Augustiner-Chorherrn-Stiftskirche
Entwürfe von J. M. Fischer (Zuschreibung).
1766 Bau begonnen. Inschriftlich als »Baumeister« Simon Frey genannt. – 1768 Freskomalereien. – 1770 Ausstattung vollendet. – 1771 Herbst Weihe.
Literatur: Österreichische Kunsttopographie, 21; Wien 1927. – P. Heilbronner, Studien über J. M. Fischer, S. 42. – N. Lieb, Münchener Barockbaumeister. – N. Lieb, Barockkirchen zwischen Donau und Alpen, 3. Auflage, 1969, S. 155. – B. Schütz, Stift Suben am Inn = Kunstführer Schnell und Steiner, Nr. 953; München-Zürich 1970, S. 15.

Erklärung von Fachausdrücken

Belvedere wörtlich »Schönblick«; Bau oder oberer Teil eines Baus, der eine schöne Aussicht bietet.

»Böhmische Kappe« siehe Hängegewölbe!

Chor siehe Presbyterium!

Emblem darstellerische Verbindung von Bild und Wort zur Veranschaulichung gedanklicher Vorstellungen und Begriffe.

Enfilade wörtlich »Einfädelung«; Raumfolge mit achsial durchgehender Reihung der Türflucht.

»Griechisches Kreuz« Kreuz mit vier gleich langen Armen.

Gurtbogen zur statischen Sicherung einer Tonne oder eines tonnenartigen Gewölbes untergelegte Querbogen; dienen auch der Gliederung des Raums.

Hängegewölbe »böhmische Kappe«; Gewölbe, das ohne feste Begrenzung seines Ansatzes mit meist sphärisch-dreieckigen Zwickeln in den Unterbau übergeht.

Ikonostasis wörtlich »Bildergestell«, Bilderwand; in der Ostkirche die mit Bildern besetzte Abschlußwand des Altarraums gegen den Gemeinderaum. Hier in übertragenem Sinn: eine mit Bildwerken (Altären) aufgerichtete sakrale Raumumhegung.

Kannelierung Gliederung des Schafts einer Säule oder eines Pilasters mit eingetieften vertikalen Rillen; manchmal werden die Rillen im unteren Teil durch eingelegte Stäbe gefüllt.

Kapitell wörtlich »Köpfchen«; oberer Abschluß der Stütze (Säule, Pfeiler, Pilaster) gegen Gebälk, Bogen oder Wölbung.

Keilstein im Scheitel eines Bogens eingesetzter Stein. Sein Gewicht sichert statisch den Bogen, zugleich betont er dessen ästhetische Funktion.

Konsolengesims durch kleine Kragsteine (Konsolen) ausgestaltete Abschlußlage eines Gesimses.

»Korinthisch« antikische Säulenordnung mit kanneliertem Schaft und reich durch Akanthus-Blattwerk verziertem Kapitell. Sonderart: das Kompositkapitell, welches das Blattwerk mit den Voluten (spiralförmigen Rollungen) der ionischen Ordnung verbindet.

Lisene der Wand vorgelegter senkrechter Streifen; im Unterschied zum Pilaster (s. dort) nicht durch die Regeln der »Säulenordnungen« gebunden, in der Proportion frei.

Mansarddach Dach von horizontal geteilter, in schräge oder konkav-kurvierte Flächen und Kanten gegliederter Form.

Oculus wörtlich »Auge«; rundliches, meist breitrundliches Fenster, besonders in der oberen Fensterordnung verwendet.

»Ordnungen« »Säulenordnungen«; in der Antike entwickelte, von der Renaissance wieder aufgenommene und weiterentwickelte Regelung des Aufbaus von Säulen, Pilastern und Gebälklagen. Im Barock am meisten vorkommend die in der Kapitellgestaltung charakterisierte korinthische Ordnung (s. dort).

Pilaster flache vertikale Wandvorlage, im Unterschied zur Lisene (s. dort) gegliedert nach den Regeln der »Ordnungen« (s. dort); abgesehen von den verschiedenen Leistungen der Statik, Gliederung und Rahmung kann der Pilaster im 18. Jahrhundert als flächenhaft-reliefbildliche Projektion der Säule aufgefaßt werden.

Presbyterium wörtlich »Priesterraum«; dem Altarraum (Apsis) unmittelbar zugeordneter Raum der liturgischen Hauptfunktionen. In Klosterkirchen dem Presbyterium vorgeschaltet der Chor (Raum des »Chorgebets« der Mönche) als Übergang zwischen dem Laien-Gemeinderaum und dem Presbyterium.

Risalit wörtlich »Vorsprung«; aus der Flucht eines Baus in der Mitte und an den Ecken vortretender, meist auch höherer Teil, oft auch in der Dachform (vergl. Mansarddach) betont. Im Verein mit den dazwischen liegenden niedrigeren und einfacher gestalteten »Rücklagen« bewirken die Risalite eine repräsentative Gliederung.

Rustika wörtlich »bäuerische« (Bauart); Mauerwerk mit an der Vorderseite roh behauenen Steinquadern; im 18. Jahrhundert auch in Verputztechnik nachgebildet.

Säulenordnungen siehe »Ordnungen«!

Spiegelgewölbe Gewölbe mit ebener Deckfläche (»plat fond«, Plafond).

Stichkappe in den Raum des Hauptgewölbes eingreifendes kleineres Seitengewölbe von sphärisch-dreieckigem Schnitt, die Spitze manchmal auch abgerundet. Funktion: wechselseitige Verbindung von Wand und Gewölbe, von Hauptraum und Randräumen, auch für die Lichtführung bedeutsam.

Tambour »Trommel«; ein zylindrischer, manchmal auch ellipsoider gemauerter Unterbau der Freikuppel; dient vor allem dem Einlaß von Licht.

Tonnengewölbe Gewölbe von halbkreis- oder kreissegmentförmigem, auch gedrücktem (»Korbbogen«) Querschnitt.

Triptychon wörtlich »Dreifalt«; dreiteiliges klappbares Bildgefüge, mit einem größeren Mittelteil und zwei kleineren flankierenden »Flügeln«; entwickelt in der Altargestaltung. Hier in übertragenem Sinn: raumumgreifende Dreiergruppe von Altären.

Wandpfeiler mit der Innenwand verbundene, in den Raum eingezogene Stützkonstruktion (im Außenbau »Strebepfeiler«). Wandpfeiler festigen die Struktur der Wand, sichern den auflagernden Druck und Schub der Wölbung. Im 17. Jahrhundert weiterentwickelt als künstlerisches Mittel zu Aufbau und Gliederung des Raums (»Wandpfeiler-Halle«). Bei Einziehung von Emporen, Durchführung von Verbindungsgängen und durch Lösung der Wandpfeiler aus der Bindung an die Wand entstehen bewegte Rand- und Lichträumlichkeiten, die den großen Mittelraum begleiten.

Register der Künstler und Bauhandwerker

Register der Orte

Kursive Zahlen verweisen auf Abbildungen

241

Nachweis der Vorlagen ergänzender Abbildungen

Die einzelnen *Grundrißaufnahmen und Schnitte* wurden entnommen aus:

Kunstdenkmäler Bayern . . ., 1892–1929.
Kunst- und Altertumsdenkmale von Württemberg, Atlas Band IV, 1928: S. 111
Die Vorlagen der Abbildungen auf den Seiten 55, 61, 68, 109, 122, 184, 186 stammen von Max Gruber, Bergkirchen. Sie sind entnommen dem Werk: N. Lieb · M. Hirmer, Barockkirchen zwischen Donau und Alpen⁴, München 1976, Verlag Hirmer

Dokumentaraufnahmen:

Stadtarchiv Ingolstadt: S. 215a und b
Zentralbibliothek Luzern: S. 214c
Bayerisches Landesamt für Denkmalpflege, München: S. 213e (Aufnahme von Martin Hamacher, Konstanz)
Bayerisches Hauptstaatsarchiv, München: S. 213a–c
Bayerisches Staatsarchiv, München: S. 214a
Münchner Stadtmuseum: S. 218a–e, 219b und c, 220d
Doris Lieb, München: S. 48 unten
Dr. Veit Loers, Regensburg: S. 214b und d
Wolf-Christian von der Mülbe, Dachau: S. 219a
Aufnahme des Verf.: S. 220a
Abbildungssammlung des Verf.: S. 213d, 215c–e, 216a–g, 217a–f, 220b und c

Verfasser und Verlag danken den Archiven und Bibliotheken, dem Verlag Hirmer sowie den privaten Leihgebern für die freundliche Bereitstellung der Reproduktionsvorlagen.

Die Übersichtskarte auf dem Vorsatz zeichnete Fritz Markmiller, Dingolfing

Schon die Zeitgenossen sprachen von den „hochberiemten" Brüdern Cosmas Damian und Egid Quirin Asam und priesen die an ein Wunder grenzende Schönheit ihrer Kirchen.

Bernhard Rupprecht · Wolf-Christian von der Mülbe

DIE BRÜDER ASAM

Sinn und Sinnlichkeit im bayerischen Barock

256 Seiten, mit 100 Bildtafeln, davon 26 vierfarbig,
Format 23,5 × 28 cm, Leinen DM 86,–

„Endlich ein Buch über die Brüder Asam, einfach und klar in der Sprache, präzis beobachtet und randvoll an Wirklichkeit. Rupprecht verdeutlicht das Zusammenwachsen von Architektur, Skulptur, Malerei und Ornamentik, zeigt dieses künstlerische Wirken als Ausdruck der Religiosität jener Epoche. Dieses Buch kann nicht nachdrücklich genug empfohlen werden: keiner, der je eine Barockkirche gesehen hat, kann darauf verzichten."
Bayerland, München

„Diese neue Monographie über die Brüder Asam ist gleich vorzüglich durch die Zuverlässigkeit der wissenschaftlichen Aussage wie auch durch die eigens für diesen Band angefertigten technisch vollendeten Abbildungen. Der Band setzt in unserer bildbandgesättigten Literaturlandschaft einen neuen Maßstab, er ist ein Spitzenerzeugnis der heutigen Buchkunst."
Dr. Karl Böck in „Die neue Bücherei", München

VERLAG FRIEDRICH PUSTET · REGENSBURG

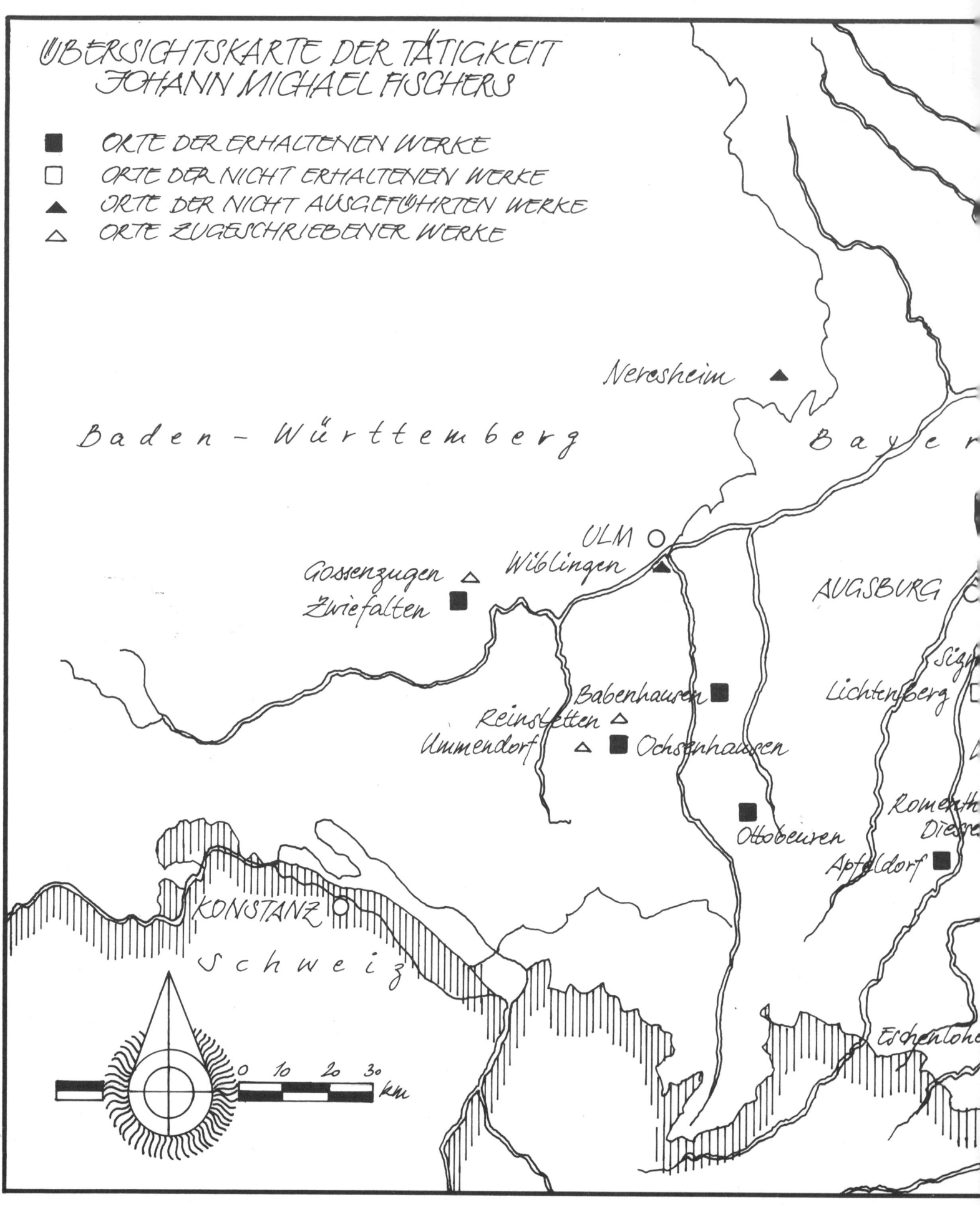

ÜBERSICHTSKARTE DER TÄTIGKEIT
JOHANN MICHAEL FISCHERS

■ ORTE DER ERHALTENEN WERKE
□ ORTE DER NICHT ERHALTENEN WERKE
▲ ORTE DER NICHT AUSGEFÜHRTEN WERKE
△ ORTE ZUGESCHRIEBENER WERKE

Baden - Württemberg

Neresheim ▲

B a y e r

ULM ○
Wiblingen ▲

AUGSBURG

Gossenzugen △
Zwiefalten ■

Sig

Lichtenberg

Babenhausen ■
Reinstetten △
Ummendorf △ ■ Ochsenhausen

Romenth
Diesse

Ottobeuren ■

Apfeldorf ■

KONSTANZ ○

S c h w e i z

Eschenlohe

0   10   20   30
km